군사 안보법 연구

이계수 저

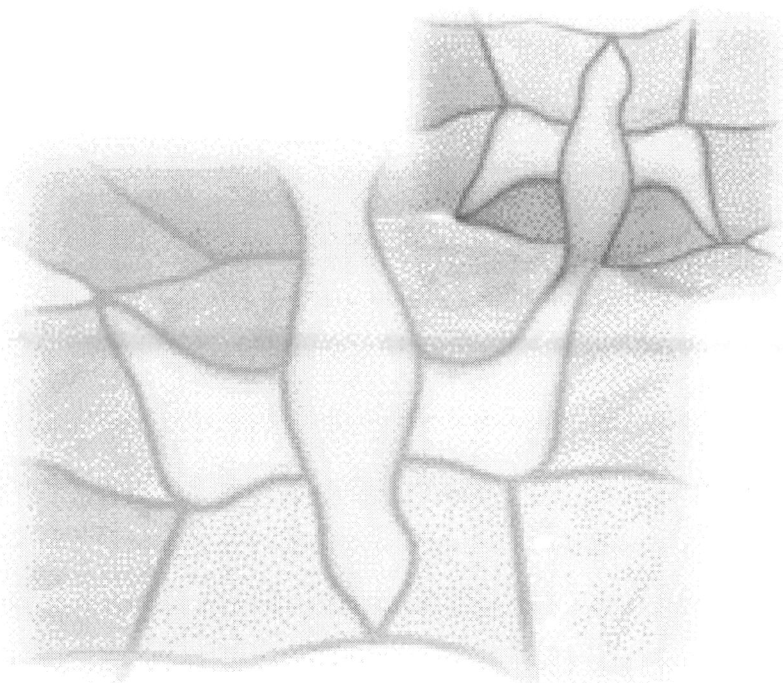

UUP

군사 안보법 연구

2007년 2월 12일 초판 인쇄
2007년 2월 19일 초판 발행

지은이 | 이계수
발행인 | 정정길
발행처 | UUP(울산대학교출판부)

출판등록 | 제 370-1996-000001호(1996.3.13)
주소 | 680-749 울산광역시 남구 무거 2동 산29번지
전화 | (052) 259-2488
팩스 | (052) 277-3011
편집·표지 디자인 | 지미정·김수연

값 13,000원

ISBN 978-89-7868-965-6

* 이 책은 2003학년도 울산대학교 저서연구비를 지원 받아 출판되었습니다.

책을 내면서

전통적으로 군사문제, 안보문제는 그것이 갖고 있는 '고도의 정치적 성격' 때문에 대체로 군사관료, 안보권력자들의 판단 및 결단의 영역에 속했다. 그러한 판단과 결단의 기초가 된 자료에 대한 접근은 철저히 비밀에 붙여졌다. 법적으로 보면 이 분야는 통치행위의 영역이거나 아니면 아예 법적인 문제제기조차 어려운 영역으로 남아 있다. 군사와 안보분야는 법적 통제와 무관한 영역 혹은 친하지 않은 영역으로 인식되어왔던 셈이다. 어디 법적 통제만이겠는가. 군사안보 영역에 대한 민주주의적 통제 자체가 애시 당초 불가능한 것 아닌가 하는 회의는 언제나 있어 왔다. 군사안보의 영역은 마치 '국가 속의 국가(Staat im Staate)'처럼 통상의 정치적 통제로부터 벗어나 있었던 것이 현실이기도 했다. 이는 한국만의 문제는 아니다.

군사, 외교, 안보에 관한 권한은 국가의 대내외적 안전과 밀접히 연관되어 있으며, 전통적으로 국가원수에게 유보되어 있었다. 그러한 권한들 중의 일부가 의회에 넘어간 이후에도 그것들은 사법적(司法的) 통제와 별로 친하지 않았다. 법률가들은 사법적 통제와 무관한 영역에 대해서는 특별한 관심을 기울이지 않는다. 그 결과 어느 나라에서나 군사, 외교, 안보 영역에 대한 법적 통제와 관련한 논의는 축적된 것이 별로 없다. 그러나 그렇다고 전혀 없는 것도 아니다. 우리 헌법에도 군사, 외교, 안보에 관한 중요한 조문들이 있으며, 그 조문들에 대한 몇몇 해석이 이미 나와 있다. 그러한 논의들을 발전시켜 나가면 군사, 외교, 안보에 관한 중요한 법리들을 만들어낼 수 있을 것이다. 중요한 것은 한번 시도해 보는 일이다. 필자의 이 연구는 이렇게 해서 시작되었다.

군사 안보법의 연구는 우리의 경우 그 어느 나라보다도 중요하다. 누가 뭐랄 것도 없이 한반도의 평화와 통일 그리고 군축을 준비하며, 군사문화에 여전히 한쪽 발을 담그고 있는 우리사회를 문민화 하는 것은 절대로 소홀히 할 수 없는 과제이다. 이러한 과제를 수행하는 데 법률가들도 기여해야 한다. 대국민 정보활동을 통해 국내정치에 관여해왔던 정보기관들을 민주주의 시대에 맞게 개편하자면 한국의 현실을 분석하는 안보법 연구도 반드시 이루어져야 한다. 정보공개소송 등을 통해 외교 정책에 대한 국민통제, 국내법적 통제를 강화하는 방안도 연구해 보아야 한다. 미국과의 자유무역협정(FTA) 체결을 둘러싸고 2006년 내내 한국 시민사회의 논제는 '외교통상 권력의 한계와 그에 대한 법적 통제'였다. 그것은 '군사, 외교, 안보에 관한 그들만의 리그'를 '국민참여형 군사, 외교, 안보시스템'으로 전환시키려는 논의 중의 하나라고 하겠다. 군사 안보법 연구도 그러한 논의에 참여하고 기여해야 한다.

이처럼 출발점과 문제의식은 거창했으나 이번에 내놓는 성과물은 미약하기 그지없다. 원래는 체계적인 교과서 성격의 책을 내겠다고 생각했으나, 역량부족으로 처음의 의도를 구현하지 못했다.

단지 몇 편의 논문을 묶어서 내는 형식의 연구서를 내놓으려고 보니 부끄럽기까지 하다. 저자가 군사 안보법 분야에 관심을 갖게 된 것은 2001년 9·11 이후이고 보면 그럴 만도 하겠지만, 그것만으로는 변명되지 않는 저자의 무능을 고백하지 않을 수 없다. 9·11 이후 벌어진 전 세계적인 대테러전쟁 국면에서 인권을 옹호하는 방안을 고민하면서 그때그때 시의에 맞게 쓴 글을 묶어서 낸 책이 되다 보니 앞뒤 장절(章節) 간에 체계적이지 못한 부분도 많다. 전부 손보지 못한 채 세상으로 내보내게 되어 송구한 마음이지만, 앞으로 열심히 연구하여 체계적인 교과서를 출간할 수 있도록 노력하겠다는 다짐으로 그 미안함을 조금 덜어보려고 한다.

부족하나마 이 책을 내기까지는 필자가 6년 동안 몸담았던 울산대학교의 지원이 큰 힘이 되었다. 이 연구를 재정적으로 지원한 울산대학교와 저자가 연구하고 가르치는 데 늘 힘이 되어주신 김우성, 도회근, 유영일, 오문완, 김유미 울산대학교 법학과 교수님들께 감사의 마음을 전한다. 울산대학교 출판부 관계자들께도 고마운 인사를 전한다.

누구도 피해갈 수 없었던 한국전쟁의 참화와 전쟁과도 같았던 개발독재의 어려운 시기를 견뎌내셨던 부모님(이종오, 박귀남) 영전에 이 책을 바친다.

차례

군사 안보법 연구 - 개관

법이란 결코 현실로부터 괴리될 수 없다. 군사법도 마찬가지이다. 한국의 군사법은 한국군과 한국의 군사 현실과 무관할 수 없다. 법이 현실의 변화를 이끌기도 하지만, 대체로 법은 (정치) 현실이 발전하는 만큼 진보한다. 한국 군사법의 현재는 한국의 군이 처한 현실의 반영이다. 그런 만큼 한국 군사법의 발전을 위해서는 군사 현실을 변화시키는 정치력(정치적 현장의 노력, 군사문제에 대한 일반대중의 관심)이 필요하다. 이것을 우리는 간단히 군사에 대한 정치의 우위(Primat der Politik)라 부를 수 있다. 그러한 정치력이 발휘된다면 군사헌법에서 개별 군사법령에 이르는 군사법의 개혁에 시동이 걸릴 수 있다.

군사법 연구자들은 항상 자국의 군사 현실에 대해 주목해야 한다. 독일의 군사현실에는 독일 군사법이 조응한다면, 한국의 군사 현실에는 한국의 군사법이 대응하는 것이다. 제1장은 필자가 군사법 연구에 관심을 갖기 시작한 시점에 쓴 글로, 이른바 민간영역과 군의 관계를 군사법과 치안법을 중심으로 살피고 있다. 특히 군대의 새로운 역할에 대해 논한 제2절은 앞으로 더 세밀한 분석이 필요한 부분이다.

군에 대한 정치의 우위는 군 지휘관, 군사 전문관료에 대한 국민의 우위이며 현재의 민주주의 조건 아래에서는 무엇보다도 군에 대한 의회의 우위, 의회통제로 나타난다. 통일이후 군의 임무와 역할이 변화하고 있는 독일에서는 군대의 출동(테러사태 시 군의 출동, 해외파병 등)에 대한 의회의 권한을 둘러싸고 여러 논의가 진행 중이지만, 그러한 논의도 궁극적으로는 군에 대한 입헌적 통제와 연결된다. 군사영역이 과도하게 민간영역을 지배했던 우리의 경우 군에 대한 입헌적 통제라는 논의자체가 과거에는 거의 전무했다. 이러한 상황은 이른바 민주화 이후에도 별로 나아진 게 없다.

제2장에서는 이러한 현실을 염두에 두면서 군에 대한 입헌적 통제의 의미와 방향을 정리해 보았다. 입헌주의란 헌법에 입각한 국가운영을 말하며 구체적으로 그것은 군대를 기본권의 척도에 따라 구조개혁하는 것, 전체 헌법질서가 군대에도 타당하게 만드는 것, 군대를 국민과 국회의 지배하에 두는 것으로 정의하였다. 그런데 사실 이러한 접근은 다분히 법률학적이다. 군에 대한 입헌적 통제라고 하나, 현실에서 과연 군이라는 존재·제도 자체에 대한 민주주의적 통제가 가능하기나 한 것일까 하는 의문이 들지 않을 수 없다.

제3장은 제2장의 논문을 쓰고 난 뒤 한 참 있다가 다시 '국방에 대한 민주주의적 통제'에 대해 발표할 기회가 생겼을 때 쓴 글로서 제2장의 논지보다 훨씬 회의주의적인 시각을 보여주고 있다. 현실에서 국방관료들의 힘은 결코 줄어들지 않는다는 점, 의회와 사법부의 통제는 거의 작동하지 않는다는 점, 거버넌스적 지배의 핵심이 국방 거버넌스에 있다는 점 등 국방과 관련한 현실을 들여다본

다면 누구나 저자와 같은 생각을 하게 될지 모른다. 그러나 그럼에도 불구하고 어디선가 희망을 찾아나서야 하지 않겠는가. 제3장 제5절은 국방관료권력에 대한 시민불복종이라는 쟁점을 중심으로 그러한 희망 찾기에 동참하고 있다.

제4장에서는 국가안보와 의회라는 제목 하에 '국가안보'의 영역을 '관리'하는 비밀정보기관의 문제를 다루었다. 특히 쟁점은 의회가 이 비밀정보기관(들)을 어떤 식으로 통제할 수 있는가에 맞추어져 있다. 저자는 결론부분에서 비밀정보기관을 통제하는 여러 방법들, 대안들을 내놓았지만 실상 비밀정보기관을 의회 혹은 그 어떤 기구가 통제하는 것이 과연 가능한가 하는 문제에 대해서는 근본적인 회의를 갖고 있다. 그러기에 비밀정보기관의 폐지를 둘러싼 독일의 논쟁을 소개한 제2절 "비밀정보기관과 민주주의적 시민사회" 부분에 대해서는 앞으로 더욱 발전된 형태의 연구를 내놓고자 한다.

제2장에서는 입헌주의에 입각한 군대 통제는 군인에게도 인권이 있음을 확인하고 이를 보장하는 데서(헌법 제10조 제2문) 출발해야 함을 지적하였다. 군인에게도 불가침의 기본적 인권이 있음을 국가가 확인하고 그를 보장한다는 것. 그러나 이것은 말만큼 쉬운 일은 아니다. 우리 군대의 한쪽 구석에는 구타와 가혹행위를 통한 군기(軍紀) 유지라는 오래된 폐해가 여전히 똬리를 틀고 앉아 있다. 구타와 가혹행위를 이겨내지 못하고 자살하는 병사들의 수가 예전에 비해 줄어들었다고는 하나, 불행히도 우리들은 여전히 자살병사에 관한 뉴스를 듣는다. 이러한 현실을 개선할 수 있는 길을 찾아보기 위해 제5장과 제6장에서는 군인인권의 현주소를 확인해

보고, 그 개선방안에 대해 검토하였다. 특히 독일에서 군인인권보장기구로 이용되고 있는 '국방감독관(군 옴부즈만)'에 대해 살펴보았고, 그러한 제도를 우리의 경우에도 도입할 수 있는지 살펴보았다.

군인, 특히 의무복무 중인 사병들에 대한 가혹행위는 한국만의 현실은 아니다. 보고된 바에 의하면 냉전 체제 이후 군사영역에 대한 재정지출이 현저하게 줄어든 러시아의 경우 군대 내 구타, 가혹행위가 심각한 수준인 것으로 알려져 있다. 군에서의 가혹행위를 의미하는 러시아 신조어 Dedovshchina(дедовщи́на)가 영어권에서는 군대에서의 가혹행위를 의미하는 보통명사처럼 쓰이고 있는 현실이 이를 반증한다.[1)] 구타, 가혹행위를 매개로 한 군기유지를 통해 과거 군사강국의 면모를 유지하는 러시아 공화국의 안타까운 현실을 개탄하지 않을 수 없다. 그러나 놀랍게도(!) 이른바 군인 인권보장에 관한 한 모범국가의 하나로 평가되어온 독일의 병영에서도 2004년 가혹행위 사례가 밝혀져 전 독일이 경악하는 일이 발생했다. 어떠한 가혹행위 예방장치라도 그것은 완벽할 수 없으며 문제는 어디서곤 발생할 수 있다. 그런데 여기서 우리가 주목해야 할 것은 그러한 일이 발생했을 때 한 사회가 느끼는 민감성, 그리고 그 문제에 대응하는 능력과 방식이다.

러시아에서는 군대 내 폭력이 한 사회 전체가 민감하게 반응하는 중요한 이슈가 되지 못하며, 가혹행위를 한 자에 대한 처벌조차

---

1) Peter Rowe, *The Impact of Human Rights Law on Armed Forces*, Cambridge University Press, 2006, 32쪽, 각주 7번 참고. 한편 Dedovshchina라는 단어는 할아버지를 뜻하는 러시아어 'ded'와 일종의 명령(지배, 체제)을 의미하는 접미사 -shchina가 붙어 합성된 신조어이다. 여기서 할아버지는 우리식으로 말하면 최고참 병사를 지칭한다.

명료하지 않다. 그러나 독일에서의 상황은 다르다. 평시 군 통수권자인 국방부장관(독일 헌법 제 65a조 제1항)에서부터 일반 국민에 이르기까지 병영 내 가혹행위에 대한 반응은 즉각적이었고 지속적이었다. 그리고 민간검찰 - 독일에는 군사법원과 군 검찰이 없으므로 - 이 곧바로 사건에 대한 수사를 개시하였다.

러시아와 독일을 비교하여 군대에서의 인권문제에 대한 민감성의 차이를 지적하였지만, 그렇다고 해서 독일이나 미국의 군대에 아무런 문제가 없는 것은 아니다. 필자가 2005년 1월에 독일 국방부를 방문했을 당시, 독일 국방부 관계자는 독일 군대의 인권감수성에 대해 여러 번 강조했으나 필자를 동행한 마르틴 쿠차 교수는 "정도의 차이는 있을 뿐 군대란 어느 나라나 똑같다. 독일 군대에 인권문제가 거의 없다는 국방부 측의 주장은 이해하기 어렵다"는 식의 반응을 보였다. 어느 쪽의 말이 진실에 보다 가까울 런지는 구체적인 실증연구를 통해 검증해 볼 수밖에 없다. 다만, 여기서 하나 생각해 보아야 할 점은 러시아와 구 동유럽 국가의 군대에서의 인권에 대한 서구학자들의 집중적인 연구와 비판[2)]은 어떤 의미에서는 다분히 '이념적'일 수 있다는 사실이다.

서구(유럽, 미국) 학자들이 '군대와 인권' 문제에 대해 관심을 갖기 시작한 것은 대체로 1980년대 말 이후가 아닐까 싶다. 그것도 다소 '정치적인' 의도를 갖고서 말이다. 인권 자체에 대한 관심조차 2차 세계대전이후에나 생긴 마당에 군대와 인권의 문제는 인도주의법(전쟁법) 영역을 제외하고는 서구의 인권법학자들에게도 오랫동안

2) 여러 저작 중, 우선 다음의 책을 참고하라. Biljana Vankovska, *Legal framing of the Democratic Control of Armed Forces and the Security Sector: Norm and Reality/ies*, Centre for the Democratic Control of Armed Forces(Geneva)/ Centre for Civil-Military Relations(Belgrade) 공동발간, 2001.

> 관심 밖의 대상이었다.[3)]
>
> 1989년 이후 구소련의 영향력 아래 놓여있던 동유럽 사회주의가 붕괴하자, 프란시스 후쿠야마는 역사의 종말, 자유주의의 승리라고 말했다. 그러면서 미국의 군사적 이해와 자본은 '민주주의와 인권'의 이름을 앞세워 물밀듯 구 동구사회주의 진영의 국가들로 돌진해갔다. 냉전체제를 뒷받침한 것이 군사력이었고, 사회주의 국가가 버틸 수 있었던 군사력이 기실 '인권침해의 종합선물세트'라는 사실을 들추어내고 공격하는 것만큼 그 체제에 대한 효과적인 공격이 또 어디 있었을까. 그런 비판들은 그 체제에 대한 '돌이킬 수 없는 결정타'가 되었을 것이다. 이쯤 되면 커스틴 셀라스의 『인권, 그 위선의 역사』[4)]라는 책을 떠올리지 않을 수 없다.
>
> 물론 이런 식의 추론을 구 동구사회주의 체제에서 있었던 군대 내 인권침해와 지금도 계속되고 있는 러시아 군대에서의 가혹행위에 대한 두둔으로 오해하지는 말았으면 한다.

우리 군대의 인권이 여전히 러시아형에 가깝다고 말한다면, 이는 우리 군에 대한 모독이 될 것이다. 1970년대 80년대와 달리 2000년대 한국의 병영은 빠르게 변하고 있다. 특히 지난 2005년 벽두에 논산의 육군훈련소에서 이른바 인분사건이 발생한 이래 국방부의 장병인권정책은 진화하고 있다. 그러나 우리 군에서의 인권법제 및 인권보장체제가 독일형에 가깝게 개혁되고 있다고 보기는 이르다. 독일형의 특징은 군인도 '제복 입은 시민'이라는 사실을 인정하는 것이며, 그러한 '시민들'의 권리와 의무를 법률로서 재차 확인하고 구체화하며, 군에서 일어나는 각종의 불합리한 행위, 위법행위들을 철저히 징계하고 처벌하는 구조를 갖추고 있다는 데

---

3) Peter Rowe, 앞의 책, 5쪽.

4) 커스틴 셀라스/ 오승훈 역, 『인권, 그 위선의 역사』, 은행나무, 2003.

있다. 그들은 "의도가 좋더라도 위법한 명령은 허용되지 않는다"는 법리를 견지하고 있다. 지나치게 권리중심적인 독일식 부대운영은 군의 고유한 기능적 적합성을 훼손할 수 있다는 강력한 반론(이른바 인권 대 지휘권 논쟁)을 이해하지 못할 바는 아니다. 그러나 독일의 국방감독관이 매년 발간하는 연례보고서의 내용들을 읽어보면 그러한 반론은 설득력이 떨어짐을 알 수 있다.

오늘날 군대의 패러다임은 바뀌고 있다. 예전에는 "작전에 실패한 지휘관은 용서할 수 있어도 보급(병참)에 실패한 지휘관은 용서할 수 없다"는 말이 유행했지만 오늘날에는 그 보급의 자리에 인권이라는 단어가 치고 들어오고 있는 양상이다. 인권이라는 개념, 접근방법이 한국의 군대사회 내에서도 확고하게 자리 잡아 가도록 노력해야 할 것이다.

제7장에서는 군 사법제도 개혁 문제를 다루었다. 군 사법제도 개혁은 군대를 시민사회로부터 분리된 특수한 사회로 보는 시각을 배격하고, 한국군대를 인권친화적인 독일형 군대로 진화시키는 데 중요한 계기가 될 수 있을 것으로 보았다.

부록으로 필자가 번역한 두 개의 글을 덧붙였다. 하나는 독일 하급심 법원의 판결문이고 다른 하나는 독일연방행정법원의 판사이자 반전평화주의 국제법학자인 디터 다이저로트 박사의 글이다. 이 두 개의 글에 대한 간단한 소개는 부록의 첫머리에 적어 두었다.

제1장
한국의 군사법과 치안법: 군사와 치안의 착종(錯綜)과 민군관계의 전도(顚倒)*

제1절 한국의 군사법과 치안법

1. 군사법과 치안법: 과잉과 결핍의 역사

흔히 어느 나라에서건 외국인법과 같은 분야에 대한 관심은 매우 낮은 것으로 나타난다. 정상적인 법절차(입법절차, 사법절차 등)를 통해 문제를 해결하기 어려운 소수의 외국인들에게 관심을 갖는 법률가들이 별로 없기 때문이다. 반면 외국인법처럼 한 사회 내 소수집단에 관련된 것도 아니면서 대중과 법률가들의 관심사에서 벗어나 있는 법도 적지 않다. 군사법과 치안법이 그런 예에 속한다.

군사법 혹은 군사관련법의 현 실정은 이렇다. 우선 관련법령은

---

* 이 글은「韓國の軍事法と治安法: 軍事と治安の錯綜と民軍關係の顚倒」,『立命館法學』제285호(2002년 제5호), 907-932에 기고한 논문을 가필한 것임.

한편으로는 과잉의, 다른 한편으로는 결핍의 양상을 보이고 있다.[1] 유신독재가 시작된 1970년대에 제정된 군사시설보호법, 군사기밀보호법 등이 군사영역을 외적 통제로부터 과도하게 보호해왔다면 군인기본법 혹은 군인권법 등이 전혀 제정되어 있지 않아 군사 영역에서의 기본권 보장은 결핍 그 자체이다. 계엄법, 위수령 같은 위헌적인 법령들은 고쳐지지 않은 채 그대로 남아 있다.[2] 법령의 현실이 이렇다보니 군사문제와 관련한 소송이 제기되는 경우도 아주 드물다. 최근에 와서야 국가유공자 인정여부와 관련한 소송이 몇 건 제기되고 있으나,[3] 본격적인 군사관련소송이라고 보기는 어

---

1) 군사관련법률의 수는 대략 40여 개 정도이며, 그나마 계엄법, 위수령과 같은 위헌적인 법령이 많이 포함되어 있다. 군사관련 대표 법률들을 분야별로 정리하면 다음과 같다. ① 군행정조직: 군국조직법 등 ② 군인사 및 징계: 군인사법 ③ 군수/재무: 군수품관리법, 방위산업에 관한 특별조치법 ④ 군사시설보안: 군사기밀보호법, 군사시설보호법 ⑤ 군통신: 군용전기통신법, 군사우편법 ⑥ 비상대비: 계엄법, 통합방위법, 전시근로동원법, 비상대비자원관리법 ⑦ 군법/군사법원: 군형법, 군사법원법, 군행형법 ⑧ 병무: 병역법, 향토예비군설치법. 이상 분류는 박선섭 외, 『군사관련 법체계 정비방향 연구』, 한국국방연구원 연구보고서, 1998. 8, 49쪽을 따랐다.

2) 1981년 이른바 초헌법적 비상입법기구인 '국가보위입법회의'에 의해 개정된 현행 계엄법에 따르면 적과의 교전상태가 아니더라도 비상계엄을 선포할 수 있다. 그런데 전시나 사변시가 아닌 평시의 경우에는, 비상계엄이 아닌 경비계엄을 선포하더라도 군을 출동시켜 치안질서유지활동을 할 수 있으므로 비상계엄선포는 '전쟁과 같은 적과의 교전사태시'로 엄격히 한정하는 법개정이 이루어져야 한다는 의견이 군 내부에서도 제기되고 있다. 박선섭 외, 앞의 책, 85-86쪽.

3) 현행 「국가유공자예우 및 지원에 관한 법률」 제4조 5항 4호는 "자해행위"로 인해 사망하거나 상이를 입은 자는 국가유공자에서 제외하도록 규정하고 있다. 이 규정을 근거로 보훈처는 공상처리 및 국가유공자 인

렵다.

이런 현실에 대해 문제를 제기하는 글을 만나기란 아주 힘들며,[4] 군사문제와 관련된 현안에 대해 법적 평가가 이루어지는 경우도 드물다. 예를 하나 들어보자. 2002년 봄 한국에서는 차기전투기사업으로 불린 이른바 '에프엑스 사업'을 둘러싸고 시민사회와 정부 간에 뜨거운 논쟁이 벌어졌다. 미국정부가 자국의 퇴역전투

정에서 지나치게 형식 논리적인 판단을 해왔다. 이에 반해 하급심법원은 보훈처의 판단과 달리 군인이 자유로운 의지에 따른 자해행위로 인해 숨진 경우에는 순직 제외 사유에 해당하나 군인의 자살행위가 선임병들의 구타와 가혹행위를 피할 수 있는 유일한 수단으로써, 절망감속에서 이루어졌기에, 직무수행과도 관련이 있다면 순직한 경우에 해당한다고 판단하여 자살자에 대해서도 국가유공자로 인정한 바 있다. 서울행정법원 제11부 2002구합110 판결, 서울고법 2003. 1. 23. 선고 2002누9034 판결 등 참조. 그러나 이러한 하급심 판결들은 대법원에서 모두 파기되었다. 대법 2004. 3. 12. 선고 2003두2205 판결은 "망인의 자살은 나약한 성격에 기인한 것이기는 하나 군 생활에 제대로 적응하지 못한 그의 자유로운 의지에 따라 행하여진 것이라 할 것이므로 자해행위에 해당한다"고 하여 자살자를 국가유공자로 인정하지 않는 보훈처의 결정이 적법하다고 판단하였다. 자살자에 대한 국가유공자 판정 및 국가배상 문제와 관련한 판례 분석으로는 임성훈, 「영내 구타·가혹행위로 인한 자살에 대한 배상과 보상」, 『행정판례연구』, 제10권, 2005, 박영사, 233쪽 이하 참고.

4) 군사관련 법률에 대한 법 연구자들의 관심은 아주 적다. 군사행정법, 군형법, 군 사법제도에 대한 개별적인 논의는 있으나 군사법을 종합적이고 체계적으로 다룬 문헌은 드물다. 문헌검색작업을 해보면 군사법에 대한 관심이, 특히 시민사회의 관심이 매우 낮다는 사실을 쉽게 확인할 수 있다. 필자가 확인한 군사법 문헌은 육군사관학교, 『군사법원론』, 일신사, 1996; 강영훈·이규찬, 『군사법개설』, 세경문화사, 1996; 이상철, 『군사행정법』, 경세원, 1997; 임천영, 『군인사법』, 법률문화원, 2004 정도이다.

기 에프-15를 개량한 '에프-15 케이' 전투기를 구매하도록 한국정부에 압력을 넣었다는 사실이 알려지면서 반미감정도 거세게 일어났다. 그러나 그뿐이었다. 당시의 에프엑스 사업이 어떠한 법적 근거 하에서 진행되었는지 관심을 가지는 이는 별로 없었다. 5조원이 넘는 국가예산을 지출하게 될 그 사업이 국방부 훈령인 '국방획득관리규정'에 근거해 진행되었다는 사실을 알고 있는 국민은 몇 되지 않았다.[5] 에프엑스 사업 이후 '차세대 구축함 전투체계 도입사업'이 그나마 있는 국방획득관리규정마저 어기면서까지 진행되었다는 사실은 법률가들조차 눈치 채지 못했다.[6] 향후 몇 십 년 동안의 국가방위체계에 영향을 줄 무기도입정책이 국방부가 만든 훈령에 의해 좌지우지되고 있고, 이것을 감지하지도 못하고 있는 것이 현행 대한민국 군사법(학)의 현실이다. 국방획득체계만이 아니다. 논란의 여지가 있는 유엔평화유지활동(PKO)도 국방부와 그 소속기관 직제 및 훈령에 의해 이루어지고 있다.[7]

군사문제에 대해 법적 평가를 사전 봉쇄한 군사정권시절도 아닌데 군사법의 발전은 왜 이렇게 더딘가? 대략 세 가지 이유를 들 수

---

5) 2006년 12월 현재 국방조달관계법령 및 제도는 이 글을 처음 썼을 때와 비교할 때 '어느 정도' 개선된 모습을 보이고 있다. 대표적으로 「방위사업법」에 근거하여 2006년 1월 1일자로 방위사업청이 출범한 사실을 들 수 있다. 방위사업청이 출범하면서 국방부, 합동참모본부, 조달본부 등 8개 기관에 의해 분산 운영되어오던 무기체계 획득 및 조달업무가 방위사업청이라는 단일기관으로 통합되었다.

6) 정욱식, 「이지스 전투체계 도입 결정 국방부 획득관리규정 위반 아닌가? 국방부에 보내는 문제제기(1) '개발 안된 무기 도입'은 문제」, 오마이뉴스, 2002. 7. 25자.

7) 박선섭 외, 앞의 책, 97쪽.

있을 것 같다. 첫째, 군사적 필요성에 대한 지나친 강조가 군사법에 대한 무관심을 조장하고 있다. '국민의 자유와 권리를 제한할 때에는 반드시 법률에 의거해서 하라'는 헌법의 원칙(헌법 제37조 제2항 참조)은 군의 효율적 운영과 군사적 필요성 앞에서 후퇴하고 만다. 그 결과 오늘날 그 존재필요성이 부인되고 있는 '특별권력관계법리'가 적어도 한국군대에서는 여전히 현실적인 힘을 발휘하고 있다. 현행 군인사법 제47조의2는 군인의 복무에 관한 것을 대통령령에 위임하고 있고, 대통령령인 군복무규율은 군인의 내부생활에 관한 규율을 국방부장관·각 군 참모총장이 정하도록 하고 있다. 군인의 기본권을 법률의 근거 없이도 얼마든지 제한할 수 있게 되어 있는 구조라 하겠다.[8] 둘째, 법보다는 명령을 앞세우는 경직된 내부문화로 인해 군사법의 발전이 지체되고 있다.[9] 방위예산 지출을 위해 필요하다면 '국가를 당사자로 하는 계약에 관한 법률'을 개정해서라도 무기도입절차를 법적으로 정비해야 할 터인데, 국방부 훈령인 국방획득관리규정에 의거해 사무를 처리하려는 국방부 고위관료들의 머리에는 법보다는 명령을 앞세우는 사고방식이 깊숙이 자리 잡고 있다. 셋째, 군 관련 사항이면 더 이상 법이 침투할 수 없는 '국가안보사항'으로 인정해주는 외부의 시각과 그것을 이용하여 비밀주의로 일관하는 군의 태도로 인해 군사영역에 대한 법적 통제가 사실상 불가능한 상태에 있다는 사실도 빠뜨릴

---

8) 김철용, 『행정법 I』 제9판, 박영사, 2006, 114쪽.
9) 한국국방연구원이 주최한 토론회에서 한 현역 군인은 다음과 같은 취지의 발언을 하였다. "군은 내부적으로 지나치게 명령에 의존하는 경향이 있는데, 이로 인해 법체계의 정비, 군이 수행할 권한의 법제화가 느리게 진행되고 있다." 박선섭 외, 앞의 책, 252쪽.

수 없다. 군 관련 현행법률 중에는 그것이 군사비밀로 묶여 있는 것도 있다. 전시자원동원법은 법률 그 자체가 3급 비밀로 묶여있어, 법제처 법령집에도 수록되어 있지 않다. 지나친 비밀주의로 인해 일반인들은 군과 관련한 법률 혹은 법률문제를 이해하는데 어려움을 느끼고 있다.

치안법을 둘러싼 상황도 군사법과 별반 다르지 않다. 우선 그 이야기를 하기 전에 일단 치안법이란 무엇인가 하는 점을 잠시 살펴보자. 일본에서와 달리 한국에서는 통상 치안법이라는 표현 대신에 경찰법이라는 표현을 쓴다.

그렇다면 경찰법과 치안법은 같은 개념일까? 자세한 검토가 필요하겠으나 일단 치안법은 경찰법보다 그 개념의 외연이 큰 것으로 보아야 한다. 예를 들어 일본에서는 한국의 국가보안법과 같은 안보형법도 치안(형)법이라 하여 치안법의 범주에 집어넣는다. 한국의 국가정보원과 같은 기구의 임무와 권한에 관한 법제도 치안법의 범주에 들어가는 것으로 본다. 경찰법을 포함하여 널리 대내적 치안활동에 관한 법을 치안법이라고 부르는 것이다. 그렇다면 치안법은 대내적 안전(innere Sicherheit)에 관한 법[10]+경찰법이라고 일단 정의해도 무방할 것이다.

군사법과 달리 치안법이라는 표현은 일본에서는 일반적으로 사용되나 한국에서는 거의 쓰이지 않는다. 필자는 제1장의 이 글을 일본의 리츠메이칸 대학(立命館大學) 교수들이 중심이 되어 조직한 「현

10) 9·11 테러 이후 각국에서 제정된 반테러(anti-terror)법은 대내적 안전에 관한 법의 대표적 사례라고 할 것이며, 일본의 파괴활동방지법이나 한국의 국가보안법도 대내적 안전에 관한 법률의 예로 볼 수 있다.

대한국의 안전보장·치안법제의 실증적 연구」의 일환으로 개최된 제1회 한일공동연구(2002년 10월 26일, 서울대학교)에서 처음 발표하였다. 당시 일본 측 학자들은 필자에게 "한국의 군사법과 치안법"에 대해 발표해 줄 것을 요청하였고, 한국에서는 거의 사용되지 않는 개념인 '치안법'을 두고 고심 끝에 필자는 치안법을 통상의 경찰법을 포함하여 널리 대내적 안전에 관한 법으로 이해하는 선에서 정리하게 되었다. 치안법을 이렇게 이해한다면 이는 결국 '대내적 안전에 관한 법'과 같은 범주의 개념이라 하겠다. 그에 반해 군사법은 국가의 대외적 안전에 관계된 군사작용에 관한 부분으로 주된 규율영역으로 하는 법으로 이해할 수 있고 그 점에서 군사법과 치안법은 국가의 대내외적 안전에 관한 법제로 통합하여 이해할 수 있다. 어쨌건 치안법은 경찰법 보다는 넓은 개념인데 이러한 개념을 우리 법 하에서도 사용하는 것이 타당한지에 대해서는 좀 더 고민해 볼 필요가 있어 보인다.

치안법을 이렇게 이해한다면 한국 치안법의 역사도 과잉과 결핍이라는 두 측면을 갖고 있음을 쉽게 확인할 수 있다. 국가보안법으로 대표되는 국가안보법 분야는 기형적으로 성장하여 국가안보를 다루는 안기부와 보안사 같은 기구를 '국가 안의 국가'로 만들었지만 진작 국민들의 기본적 인권과 관련되는 경찰관련 입법의 진척 정도 및 그와 관련한 연구실적은 놀라울 정도로 미미하다.[11] 미국은 물론 최근 한국, 일본에서도 문제가 되고 있는 테러방지법제에 대한 연구(테러방지법제에 대해 비판적인 입장을 취하든 그렇지

11) 반면 국가보안법에 대한 연구는 상당히 축적되어 있다. 박원순, 『국가보안법 연구』 제1권~제3권, 각각 1989, 1992, 1992년 발간, 역사비평사. 최근의 자료로는 조국, 『양심과 사상의 자유를 위하여』, 책세상, 2001, 특히 103-138쪽 참고.

않든 간에)가 제대로 이루어지지 않고 있는 것은 일례에 불과하다.[12] 국민의 기본적 자유와 관련되어 있는 치안관련 법률의 민주주의적 정비와 반인권적 치안관련법에 대한 학문적 비판이 제대로 시행되지 않는다는 것. 그것은 자유주의적 법치국가를 지향하는 국가의 현실치고는 대단히 문제가 있다.

2. 군사법과 치안법: 착종과 전도

군사법과 치안법, 이 둘은 유사하면서도 또한 이질적이다. 군사법과 치안법은 법의 궁극적 이념인 공동체의 평화유지에 복무한다는 공통점을 갖고 있다. 반면 그 평화유지를 위해 권력을 발동해야 할 방향과 대상에서는 차이가 있다. 군사법이 대외적 안전의 확보 및 전쟁과 같은 비상시기에서의 헌법수호를 위한 조직과 작용에 관한 법체계라면 치안법은 대내적 안전을 확보하기 위한 조직과 작용에 관한 법체계이다. 또한 군사법이 국가에 적대하는 세력 그리고 이른바 특별권력관계에 놓여있는 군인에 대해 공권력을 발동한다면, 치안법은 원칙적으로 일반국민에 대해 공권력을 발동한다. 군사법과 치안법은 이처럼 권력발동의 방향과 대상에서 차이가 있으므로 각국은 군사문제와 대내적 치안유지 문제를 엄격히 분리하

12) 필자는 테러방지법체제와 관련하여 몇 편의 글을 쓴 바 있다. 이계수, 「반테러법과 위험에 처한 인권」, 『민주법학』 제21호, 2002, 233-258쪽; 이계수, 「정부의 테러방지법안에 대한 의견서」, 『민주법학』 제21호, 2002, 377-400쪽; 이계수, 「테러방지법안의 쟁점」, 『민주법학』 제25호, 2004, 371-402쪽; 이계수 외, 「테러대응 법령과 기구에 대한 비교연구」, 『치안논총』, 제22집, 2006, 451-599쪽.

여 양자를 각각 다른 조직에게 맡겼다. 쉽게 말해 군사영역과 치안영역은 엄격히 분리한다는 얘기다. 자유주의적 법치국가에서는 바로 이 점이 오랫동안 헌법적 원리로 강조·실천되어 왔다. 다만 그 원리의 유지가 9·11 테러 이후 위협받고 있는 상황이라고 하겠다.

반면 한국에서의 현실은 이와 사뭇 달라 군사와 치안의 영역이 처음부터 제대로 구분되지 못했다. 특히 군사영역이 민간영역을 '지도'하는 위치에 있었던 과거에는 군사활동과 치안활동이 구분되지 않고 행해지는 경우가 많았다. 정상적으로 군대에 입대한 이가 전투경찰로 전임(轉任)되어 데모대를 막는 일선에 투입된다든지 군과 경찰이 합동으로 검문소를 설치하여 민간인에 대해 검문검색활동을 펼친 예가 그런 것이다. 대부분의 국민들은(법률가들까지 포함하여) 그것이 왜 문제인지도 몰랐거니와, 알아도 당연한 것으로 여겨왔다.13) 이 점은 그 자체로 이미 여러 가지를 설명하고 있다. 그것을 한 마디로 표현하면 이렇다: 한국에서는 군사와 치안이라는 양대 영역의 착종(錯綜)이 일상적이었고, 문민우위·문민헌법원칙을 뒤엎는 민군관계(民軍關係)의 전도(轉倒)를 당연하게 받아들이는 문화가 잔존해있다.

이 글에서는 바로 이러한 현실에 대해 문제제기를 해보려고 한다. 즉 군대가 전혀 혹은 분명한 법적 근거도 없이 널리 대내적 치안·안보수요에 응하고 경찰권을 행사했던 혹은 행사하는 현실과 그러한 사태를 통제할 법적·제도적 장치를 전혀 혹은 거의 마련하

---

13) 군과 경찰이 합동으로 검문소를 설치하여 합법적으로 민간인에 대해 검문검색활동을 펼칠 수 있도록 한 '통합방위법개정법률'이 국회를 통과했을 때(2001년 12월), 이 개정법률의 위험성에 대해 주목한 사람은 거의 없었다.

지 못하고 있는 현실에 대해 문제제기를 하려고 한다. 그 구체적인 사례들은 제3장에서 본격적으로 다루게 될 것이다. 다만 그에 앞서 우선 제2장에서는 우리에게는 일상적 현상이었던 군사와 치안의 착종현상이 미국, 독일 등지에서는 최근에야 본격적으로 나타나기 시작했으며, 그것이 현재 헌법적 논쟁의 대상이 되고 있다는 사실을 지적하였다. 한국군이 주장하는 '전투 이외의 작전'에 대한 헌법적 평가는 어떠해야 하는지 하는 부분도 정리해보았다. 결론부분이 될 제4장에서는 위에서 민군관계의 착종과 전도라는 현실을 극복하기 위해 군사법과 치안법이 나아갈 방향에 대해 언급하였지만 이 부분에 대한 보다 구체적인 서술은 후속연구로 미룬다.

제2절 전쟁 이외의 작전: 군대의 새로운 역할은 헌법적으로 정당화될 수 있는가?

1. 군대의 새로운 역할에 대한 논의: 미국, 독일의 경우

원래 군대는 계엄상황과 같은 비상사태 시에만 민간인에 대해 경찰력을 행사할 수 있다.[14) 그런데 최근에는 비상사태가 아닌 상황에서도, 그것도 합법적으로 군대를 국내치안유지활동에 동원하

14) 한국에서는 물론 계엄이 선포되지 않은 상황에서 군이 경찰력을 행사하는 경우도 있었지만 그 자체는 위헌·위법한 행위이었거나 적어도 탈법적인 것이라 보아야 한다. 위수령에 근거하여 군이 대학구내에 진입한다든지, 병사가 총기를 휴대하는 등 무장한 채 탈영했을 시 군이 경찰과 합동으로 검문소를 운영하는 것이 그런 예에 해당한다.

려는 경향이 각국에서 나타나고 있다. 9·11 테러는 바로 그러한 상황변화에 중요한 계기가 되고 있지만 변화는 이미 일찍부터 시작되고 있었다.

1990년대 초 냉전이 끝나면서 군대의 역할을 새롭게 설정해야 한다는 논의가 미국에서부터 나오기 시작했다. 미 육군은 1993년 6월에 발간된 미 육군 '야전교범 100-5: 작전. FM 100-5: Operations'에서 처음으로 전쟁이외의 작전(Military Operations Other Than War. MOOTW)이라는 개념을 사용하기 시작한다. 이와 같은 개념변화는 군사교리가 냉전 시대의 군으로부터 위기대응군으로 바뀌게 되면서 나타났다고 한다.[15] 군대는 외부적 도발에 대처해야 할뿐만 아니라 국내의 주요문제들인 국가지원활동(군 가용병력의 지원 및 제공, 지역사회경제발전에 기여), 인도주의적 구호활동(자연 및 인공재난으로 인한 위험제거 및 재해를 입은 자들에 대한 구호활동), 마약유입차단활동, 대 테러작전 등의 평화유지활동에도 대처할 수 있는 능력을 구비하여 안보와 국내평화증진이라는 이중적 임무를 수행해야 한다는 논리이다.[16] 외부에서 침입하는 자들만이 적이 아니라, 난민, 국제마피아, 극우·극좌세력, 외국인, 테러리스트들도 국가를 위협하는 적이므로 그들과 맞서기 위해 군을 투입해야 하며, 그들과 맞서는 문제는 더 이상 대내적 치안문제가 아니라 대외적 안보문제로 된다는 주장이다.

군대에게 국내평화유지활동임무(국내치안유지임무)를 맡겨야 한

15) 양해성, 「사회발전과 군의 역할」, 신정현 편, 『선진국방의 비전과 과제』, 나남출판, 1996, 488쪽의 각주 5번.
16) 양해성, 앞의 글, 488-489쪽 참고.

다는 주장은 미국 이외의 나라에서도 제기되고 있다. 독일에서는 이미 1968년 당시, 시위대 및 파업노동자에 대해 연방군대를 투입하는 문제가 논의되었다. 비록 당시의 기본법개정법률에 반영되지는 못했지만 이 부분에 대한 논의는 지속적으로 이루어져 왔다.17) 예를 들어 1992년 당시 국방장관 뤼에는 통일독일군을 순수 방위군에서 위기대응군으로 전환시키는 내용을 담은 '국방정책지침'을 발표한 바 있다.18) 1993년에는 당시 내무부장관이던 쇼이블레가 군대에게도 경찰권한을 일반적으로 부여해야 한다고 처음으로 주장했다.19)

---

17) Stefan Gose, "Bundeswehr im Innern," *Bürgerrechte & Polizei/Cilip*, 2001년 3호(통권 70호), 50-51쪽.

18) 국방정책지침(방위정책지침이라고 번역할 수도 있음, Verteidigungs-politische Richtlinien)은 국방부업무에 대한 내부적 구속력 있는 행정규칙으로서 국방부장관이 공포한다. 동 지침은 연방군대의 임무와 국방정책의 기본원칙을 정의하며, 정책수행에서의 우선순위 등을 정한다. 국방부장관은 안보정책의 변화를 고려하여 정기적으로 위 지침을 점검·발전시킬 권한을 갖고 있다. 국방정책지침은 대략 10-15년의 기간을 대상으로 작성된다. 국방장관 폴커 뤼에(Volker Rühe)가 발표한 1992년의 국방정책지침은 페터 슈트룩(Peter Struck)이 2003년 5월에 발표한 새로운 국방정책지침에 의해 대체되었다. 1992년 이전에는 1972년과 1979년에 각각 동 지침이 발표되었다. 국방정책지침에 관한 설명 및 2003년 국방정책지침의 내용은 독일 국방부 홈페이지에 pdf파일로 게시되어 있다. 자세한 주소는 다음과 같다. http://www.bmvg.de/pic/sicherheit/030521_VPR_text.pdf(국방정책지침원문); http://www.bmvg.de/pic/sicherheit/030521_VPR_Begleittext.pdf(동 지침에 대한 설명서). 한편 1992년 지침의 원문은 다음 주소에서 찾을 수 있다. http://www.ngo-online.de/ ganzes_dokument.php4?Nr =4899.

19) Schleswig-Hollsteinischer Landtag, 제15대 주 의회, 제80차 회의 의사록, 2003년 2월 19일. 6056쪽 참고. 이 의사록은 다음 주소에 pdf파일

그러나 그러한 지침과 주장이 헌법의 명문 규정을 무시할 수 있는가 하는 점을 둘러싸고는 당시에도 논란이 많았다. 독일의 경우, 방위를 위한 경우 외에는 기본법이 명문으로 허용하는 한도에서만 군대의 출동이 가능하기 때문이다(기본법 제87a조 제2항). 기본법이 명문의 규정을 둔 예로는 자연재해 혹은 특히 중대한 재난사고시 군대출동을 규정한 제35조밖에 없다. 제35조에는 군이 행하는 행정응원(군사응원)부분도 규정되어 있다.[20] 그런데 테러사태를 자연재해나 중대한 재난사고의 한 내용으로 포함시킬 수는 없으므로 대 테러활동 등에 군대를 투입할 수 없다는 것이 지금까지의 일반적 해석이었다. 이러한 제약을 타파할 요량으로 기독교 민주동맹/기독교 사회동맹 등 보수세력들은 헌법의 규정이 군대의 대민활동 폭을 부당히 제한하고 있다고 비판하면서, 군대의 대민활동 범위를 확대하는 헌법개정안을 제안하기도 하고, 현행 헌법을 탄력적으로 해석하는 방안을 제시하기도 하였다. 이러한 제안은 특히 9·11 테러이후 쏟아졌다.[21] 그러한 제안들은 군대의 역할확대에 반대해온 녹색당과 자유민주연합, 그리고 이들보다는 다소 조

로 게시되어 있다. http://www.lvn.parlanet.de/ infothek/wahl15/plenum/plenprot/2003/15-080_02-03.pdf.

20) 참고로 독일 통일 직후인 1991년에 '통일독일헌법제정을 위한 시민연대'가 제안한 헌법안에는 기본법 제35조의 내용 중에서 '군대'가 행하는 법률상의 공조(Rechtshilfe), 행정응원(Amtshilfe, 직무공조로 번역하는 것이 보다 정확할 것임) 부분이 삭제되어 있다. Bernd Guggenberger, Ulrich K. Preuß, Wolfgang Ullmann(Hrsg.), *Eine Verfassung für Deutschland*, München, 1991, 147-148쪽.

21) 독일 우파들 사이에서 군대의 역할확대는 오랜 염원이었고 9·11 테러는 그들이 갖고 있는 바램을 큰 저항 없이 관철시킬 좋은 기회를 제공하고 있다.

심스러운 태도를 보여온 사회민주당의 태도변화에도 영향을 주고 있다. 종래 사회민주당은 군대의 역할확대에 대해 원칙적으로 반대하면서도 경찰수단과 군사적 수단사이의 경계설정은 변화될 가능성이 있음을 시사해왔다.[22)]

그 점에서 최근 사회민주당 소속 국방장관이 새롭게 공포한 '국방정책지침'을 어떻게 평가할 것인가 하는 것도 논란거리이다.[23)] 새로운 지침은 대내적 치안활동을 위한 군사력 출동을 연방군대의 임무로 승인하고 있고, 그러한 임무확대를 정당화하기 위해 독일 기본법 제87a조에 규정된 방위개념을 대폭 확대하는 해석을 제시하였다.[24)] 이 지침에 따르면 방위는 더 이상 지리적으로 한정되지 않으며, 국내 테러공격에 대한 예방, 대응, 관리를 포함한다. 방위를 그렇게 이해한다면 기본법이 예정한 좁은 의미의 방위개념은 사실상 폐기되고 만다.[25)] 이와 같은 상황, 즉 대내적으로 군이 치안유지활동과 관련하여 고유한 권한과 직무영역을 갖게 되는 상황을 어떻게 이해해야 하며 또한 그에 대해 어떻게 대처해야 하는가? 이 문제에 대한 답변과 논쟁은 여전히 현재 진행형이다.[26)]

---

22) 각 정파의 입장은 Stefan Gose, 앞의 글, 49-50쪽의 내용에 따라 정리하였다.

23) 기독교 민주동맹/기독교 사회동맹 정부의 국방정책지침이 10년의 세월을 지나 사회민주당/녹색당 정부에 의해서도 사실상 계승·발전된 셈인데, 이를 두고 이 문제에 대한 사회민주당 노선의 변화로 단정짓기에는 아직 이르다.

24) 1992년의 지침에 이미 "방위란 확대된 국토방위라는 의미에서 항상 연합방위"를 의미한다는 문구가 보이지만, 2003년의 지침은 보다 과감하게 방위개념을 확대하였다.

25) 실제로 2003년 국방정책지침은 좁은 의미의 방위개념을 전통적 방위개념이라 하여 폐기하고 있다.

2. 한국에서의 논의

전쟁 이외의 작전이라는 개념은 한국군내에도 보편화되어 있다. 육군은 「육군의 역할 및 중요성」이라는 글에서 육군의 역할을 1. 국가안보의 중추/전쟁수행의 주체 2. 다양한 위협에 대처하는 핵심전력으로 나눈 뒤 2번 항목을 다음과 같이 풀어서 기술하고 있다.

> 가. 탈냉전 이후 경제·환경을 포함한 비군사적 위협에 대한 군의 '전쟁이외의 군사활동(MOOTW)' 역할이 증대되었으며, 최근 9·11테러 이후 그 중요성을 더해가고 있다.
>
> 나. 한국도 비군사적 위협이 돌출 될 수 있는 충분한 여건을 가지고 있으며, 다양한 위협에 가장 효율적으로 대비할 수 있는 요건을 갖춘 육군이 그 역할을 수행해야 한다.
>
> 다. 우리 육군은 그 동안 재해·재난구조활동 등 국가발전과 국민편익 증진활동을 실시하여 왔으나, 향후 예상되는 비군사적 위협에도 주도적으로 적극 대처해야 한다. 그 결과 군의 역할과 중요성은 크게 증대될 것이다. 비군사적 위협 유형으로는 ① 테러 ② 정보체계 마비 ③ 국가적 치안질서 혼란 ④ 밀입국 ⑤ 국가재난 및 환경위기 ⑥ 국가이익 위협 상황이 있다.[27]

---

26) 논쟁에서 보수파들은 군대의 대내적 출동을 위해 일단 헌법(기본법 제35조 혹은 제87조)을 고치자는 쪽이고 그 반대파들은 헌법개정에 반대하는 쪽이다. 일본헌법 제9조를 삭제하자고 보수파들이 줄곧 주장하는 것과 어느 정도 궤를 같이한다고 볼 수도 있다. 한편 논쟁에서의 대립점들을 보여주는 문헌들은 많으나 우선 슐레스비히-홀슈타인주 의회에서의 토론을 기록한 각주 20번의 의사록을 읽어보는 것이 도움이 될 것이다.

27) 국방부 홈페이지에 게시된 다음의 글에서 인용함. 「새 천년 육군-육군의 실상-육군의 역할 및 중요성」, http://www.army.go.kr/saechun/sa-4/k3-1.htm.

주목해야 할 부분은 이러한 새로운 임무들이 최근 들어 법령의 힘을 빌어 현실화되고 있다는 점이다. 단지 하나의 요망사항으로 그치고 있는 것은 아니라는 얘기이다. 그 점을 확인해 주는 사례가 최근에 개정된 통합방위법이고, 일단 입법에는 실패한 테러방지법이다. 예를 들어 한국정부는 2001년 11월말에 입안한 테러방지법안에서 테러에 대응하기 위해 군대를 출동시키고, 출동한 군이 경찰권을 행사할 수 있도록 하였다. 테러진압을 위한 군의 출동은 그 전에도 국방부 훈령 제161호, 향토예비군설치법, 민방위기본법, 통합방위법, 선박안전조업규칙 등에 부분적으로 규율되어 있었다.[28] 테러방지법안은 테러진압의 지휘본부격인 대 테러센터를 국가정보원에 설치하게 하여 군의 독자적 판단에 의한 출동은 인정하지 않았지만, 테러사태대처라는 길을 통해 군이 대내적 치안유지활동에 참여할 수 있는 가능성만큼은 열어놓았다.[29]

군대의 역할변화를 둘러싼 법적 논의가 테러방지법안 제출을 계기로 촉발된 것은 사실이나 이전에도 그와 관련한 논의가 없었던 것은 아니다. 다만 그러한 논의가 헌법에 대해 갖는 의미를 충분히 인식하지 못했을 뿐이다. 일례로 헌법재판소는 '전투경찰대설치법' 사건에서 법무부장관과 국방부장관이 제출한 아래와 같은 의견들을 아무런 이의 없이 수용함으로써 사실상 군의 새로운 역할에 대한 진지한 헌법적 논의를 포기한 바 있다. 헌법재판소는 이 사건이 갖는 헌법적 의의를 간과했거나 헌법적 관점에서 본 민군관계의

28) 박선섭 외, 앞의 책, 93쪽.

29) 그러한 입법이 가진 위험에 대해 경고하고 법안을 비판하는 의견이 제기된 것은 당연했다. 앞서 인용한 이계수, 「정부의 테러방지법안에 대한 의견서」, 394-395쪽 참고.

재정립이라는 중대한 문제의 심각성을 의식하지 못했다고 할 수 있다.

> 국방의 의무란, 총력전 체제로 이루어지는 현대전에서는 직접적인 병력형성뿐만 아니라 간접적인 병력형성의무까지 포함하는 개념으로 방공, 방첩, 군 작전에 협조할 의무는 물론, 국가안보와 직결된 군 노무 동원에 협조할 의무까지 포함하는 포괄적 의미로 이해하여야 하는 것으로, 병역의무의 내용은 반드시 전시에 전투원이 되는 지위에 있는 역무에 종사해야 함을 의미하는 것이 아니라 상응하는 재해방지의무, 경찰업무에 종사하게 하는 것도 포함하는 것이다.30)
>
> 구 병역특례법 제5조 제1항에서 전투경찰순경의 임무로 들고 있는 대간첩작전의 수행은 외국의 침략으로부터 국가의 독립을 유지하고 영토를 보전하기 위한 국토방위의 개념에 포함될 수 있으므로, 비록 치안질서의 유지를 본연의 임무로 하는 경찰의 신분으로 전임되어 수행되는 임무라 할지라도 수행되는 임무의 내용은 국방의 의무의 내용과 본질적으로 동일하다.31)

헌법재판소는 "현대전이 고도의 과학기술과 정보를 요구하고 국민전체의 협력을 필요로 하는 이른바 총력전임에 비추어" 군인이 전투경찰로서 대 간첩작전을 수행하는 것은 헌법적으로 문제가 되지 않는다고 하였다.32) 총력전이라는 표현은 '총력안보체제'라는 과거 군사정권의 논리를 연상시킨다. 헌법재판소는 '군사상의 임무와 경찰상의 임무간의 경계는 유동적이다. 군대도 국내치안유지 임무를 수행해야 한다'는 생각을 하고 있는 듯하다. 그러나 그와

---

30) 헌재 1995. 12. 28. 선고 91헌마80 결정 중 법무부장관의 의견.
31) 헌재 1995. 12. 28. 선고 91헌마80 결정 중 국방부장관의 의견.
32) 헌재 1995. 12. 28. 선고 91헌마80 결정.

같은 발상은 자유주의적 법치국가에서는 매우 위험한 것이다. 좀 더 구체적으로 이야기 해보자. 군대는 민간인(대개의 경우 자기국민)에 대해 경찰력을 행사할 목적으로 만들어진 조직이 아니다. 당연히 그러한 임무를 수행하기 위한 준비를 하거나(대 민간인 진압 장비를 갖추는 등) 훈련을 할 수도 없고 해서도 안 된다. 늘어난 대내치안수요 때문에 군대에게도 대내적 치안임무와 권한을 부여하고, 그러한 권한의 행사를 위한 조직과 자원을 제공하여야 한다는 논리는 헌법이라는 리트머스(Litmus)의 검증을 받아야 한다. 그런데 헌법은 이렇게 말한다. '필요하다'고 해서 모든 수단을 다 쓸 수 있는 것은 아니다(비례원칙). 그리고 또 이렇게 말한다. "국군은 국가의 안전보장과 국토방위의 신성한 의무를 수행함을 그 사명으로 한다(헌법 제5조 제2항). 국가의 안전보장임무 및 국토방위의무는 치안임무와 명확히 구분해야 한다."

우선 국토방위 부분부터 따져보자. 전통적 해석에 의하면 국토방위란 "외부적 위협이나 침략으로부터 영토를 보전하는 것"[33]을 의미한다. 반면 1990년대 중반부터는 방위란 외부적 위협으로부터 영토를 보전하는 것 이상을 의미한다는 식의 확대해석이 등장하고 있다. 동서냉전의 종결이 가져온 변화 중에 하나라 할 수 있다.

> 오늘날 방위란 재래식 공격에 대항하는 국경에서의 전통적 방어작전 이상을 포괄하고 있다. 그것은 분쟁 및 위기의 예방, 위기에 대한 공동대응 및 위기에 대한 관리를 포함한다. 따라서 방위란 더 이

33) 권영성, 『헌법학원론』, 법문사, 2004, 256쪽; Maunz/Dürig/Herzog/Scholz, *Grundgesetzkommentar*, 제4권, München, 제87a조, 옆번호, 22번.

상 지리적으로 한정되지 않으며, 우리의 안전이 위협받는 곳이라면 어디서건 그것을 지켜내는데 기여한다.34)

한국헌법의 해석과 관련하여 위와 같은 해석이 직접적으로 제시된 예는 아직 없으나 만약 위와 같은 해석이 지배적 견해가 된다면 테러방지를 위해 군을 동원할 수 있다는 논리도 무사통과가 될 것이다. "우리의 안전이 위협받는 곳이라면 어디서건 그것을 지켜내는데 기여"하는 것이 곧 방위라는 주장은 원래 군대의 해외파병을 염두에 둔 것이지만 군대의 대내적 치안활동을 정당화하기 위한 것이기도 하다. 그리고 이런 주장이 9·11 테러이후 현실적 힘을 얻고 있는 것도 사실이다. 반면 방위개념의 그와 같은 확대해석의 이면에는 공동체가 감수해야 하거나 시민사회 스스로 자율적으로 해결해야 할 '불안정과 갈등' 조차 군사작전과 같은 방식으로 제거해야 한다는 강박관념에 싸여있는 '안보지상주의'가 도사리고 있다는 사실을 간과해서는 안 된다. 안전 혹은 안보지상주의는 그 대가로 자유의 희생을 요구한다. 9·11 이후 더욱 강조되고 있는 안보지상주의로 인해 처음에는 외국인 등 주변인이, 그리고 점차 일반국민 모두가 감시와 통제의 대상이 되고 있다는 사실이 그것을 증명한다. 이처럼 방위개념의 확대와 더불어 자유주의적 법치국가가 위기를 맞이하고 있다는 사실을 직시한다면 그 누구도 방위개념의

34) 앞의 독일 국방정책지침(2003년판)에서 인용. 한편 이 논문에서 자세히 다루지는 못했지만 '국토방위'개념의 전통적 해석을 뒤집는 새로운 해석은 예방전쟁이론을 공식화한 이른바 '부시독트린'의 수용여부와 깊이 관련될 것으로 보인다. 따라서 헌법 제5조 제2항의 해석을 위해서는 헌법이론과 전쟁에 관한 국제법이론이 모두 검토되어야 한다.

확대에 쉽게 동조하기 어려울 것이다. 안보와 자유를 바꿔치기 하려는 국가권력에 맞서기 위해 전통적 방위개념을 고수하고 군사와 치안영역의 명확한 분리원칙에 확고하게 서는 것이 그 어느 때보다 중요해지고 있다.

다음, '국가의 안전보장'에 대한 해석을 두고도 논란이 벌어질 수 있다. 쟁점은 여기서 말하는 국가의 안전보장이 과연 대외적 안전뿐만 아니라 대내적 안전도 포함하는 것인가 하는 데 있다. 앞의 '전투경찰대설치법' 사건에서 법무부장관, 국방부장관이 제출한 의견은 국가의 안전보장에는 대내적 안전보장도 포함된다는 것을 전제로 논리를 펼치고 있다. 헌법재판소의 판단도 같은 맥락이다. 그러나 필자는 견해를 달리한다. 여기서 말하는 '국가의 안전보장'은 그처럼 무한정 확대될 수 있는 개념이 아니다. 동 조항은 국가가 존재하는 이상 외부의 적으로부터 국가의 존립과 안전을 보장할 조직이 있어야 하고, 그것이 군대라는 당연한 사실을 확인하는 의미이상은 아니라고 보는 것이 오히려 정확하다. 또한 현행 헌법을 관통하는 자유주의적 법치국가원리에 비추어 볼 때, 군이 담당해야 할 국가의 안전보장은 대외적 안전보장에 한정된다고 보는 것이 헌법 제5조 제2항의 논리적(체계적) 해석에서도 부합한다. 헌법 제37조 제2항에서 말하는 '국가안전보장'을[35] "국가의 존립, 헌법의 기본질서유지"로[36] 좁게 해석해야 하는 것과 같은 이치라고 하겠다.

---

35) 건국헌법에서 제3공화국헌법까지는 기본권 제한의 요건으로 질서유지와 공공복리만이 규정되어 있었다. 그러다가 유신헌법에 와서 국가안전보장이 질서유지개념에서 분리되어 규정되기에 이른다.

36) 김철수, 『헌법학개론』, 박영사, 2001, 314쪽.

국가의 안전보장과 국토방위의 신성한 의무를 이렇게 좁게 해석하는 한 군대에게 대내적 치안권한을 부여할 헌법적 근거는 없는 것으로 보아야 한다.

한편 육군은 향후 군이 대처해야 할 비군사적 위협으로 '국가재난 및 환경위기' 등을 들고 있다. 그렇다면 '국가재난'에 대처하기 위해 군을 투입하는 것은 헌법적으로 볼 때 별 문제가 없는 것일까? 이른바 '불법' 파업현장에 대한 군 대체인력투입사례[37]를 중심으로 이에 대해 간단히 짚어보자.

원칙대로 하면 군대의 대내 출동(Einsatz)에는 헌법의 명시적 위임이 필요하다. 반면 출동으로서의 성격을 갖지 않는 것은 헌법의 개별적인 위임이 없더라도 가능하다. 예컨대 군대의 장비를 통해 기술적인 도움을 주는 것은 출동에 해당하지 않는다. 문제는 여기서 기술적인 도움의 범위를 어디까지로 잡을 것인가 하는데 있는 것이고 그와 관련해서는 견해가 갈린다.[38] 군 대체병력과 장비를 동원하여 파업을 사실상 무력화시키는 활동을 군의 기술적 지원활동으로 본다면 그에 대한 헌법상의 명시적 위임은 필요 없다. 그러나 반대로 그것을 단순한 기술적 지원활동으로 볼 수 없다면 군 대체병력의 출동에는 헌법상의 명시적 위임이 필요하다고 보아야 한다. 필자는 후자라고 본다. 폭력적인 소요나 약탈행위가 발생했을

37) 이런 일은 최근까지 일어나고 있다. 2002년 2월에 발전소 민영화 등에 반대하는 발전, 전기, 철도 부문 파업이 일어나자 군은 사용자와 정부의 요청을 받아들여 군 인력을 대거 파업현장에 대체인력으로 투입하였다.

38) Tade Matthias Spranger, "Innere Sicherheit durch Streitkräfteeinsatz?," *NJW*, 1999, 1003쪽.

때 이의 진압을 위해 경찰에게 군용트럭을 빌려주는 것은 기술적인 도움에 해당한다. 반면 위법한 집회현장 상공에서 군용 헬기가 범법자를 식별하는 활동을 하는 것은 기술적인 도움의 범위를 벗어난다.[39] 양자의 차이는 어디에 있을까? 그 답도 헌법 제5조 제2항에 있다. 동 조항에 따르면 국군의 "정치적 중립성은 준수된다."[40] 헌법은 군의 정치적 중립성을 명시함으로써 군이 국내 (정치적) 사건에 개입하는 것을 차단하고 군대가 권력남용의 도구가 되는 것을 방지하려고 했다.[41] 군대가 집회현장에 모습을 드러냈다는 사실만으로 집회참가자들은 위축될 수 있다. 마찬가지로 군 병력까지 파업현장에 동원되었다는 사실만으로 파업참가자들은 파업권(비록 그것의 행사가 절차상 위법이 있는 것이라 하더라도)의 행사에 상당한 부담을 갖게 된다. 파업현장에 투입된 병력에 의한 대체노동은 파업의 협상력을 사실상 무력화하는 수단이 될 수도 있다. 만약 그러한 효과가 발생한다면 의도하였건 그렇지 않건 간에 군은 국내 사건에 영향력을 미친 것이 되어 정치적 중립 의무를 지키지 못한 것이 된다. 더욱이 정부가 내리는 "불법파업으로 인해 국가위기 혹은 국가재난사태가 발생하고 있다"는 식의 판단이 매우 정치적인 것임을 생각한다면 그러한 판단을 지지하고 지원하는 활동 자체가 매우 정치적인 것임을 생각해야 한다. 이런 점을 고려한

39) Tade Matthias Spranger, 앞의 논문, 1004쪽은 그 경우에도 기술적인 도움의 범위 내에 있다고 본다.

40) "국군은 정치적 중립성을 준수해야 한다"라고 하지 않고 "그(즉 국군의) 정치적 중립성은 준수된다"고 표현한 것에 주목하라. 그 표현은 누구라도 자신들의 정치적 이해관계를 위해 군을 동원해서는 안 된다는 뉘앙스를 담고 있다.

41) Maunz/Dürig/Herzog/Scholz, 앞의 책, 제87a조, 옆번호, 32번 참조.

다면 비권력적 작용을 내용으로 하는 군 병력 동원에 대해서도 앞으로 그 요건과 한계에 대한 검토가 충분히 이루어져야 한다.

제3절 군사와 치안 영역의 착종과 전도

군의 대내출동을 위해서는 그에 대한 명백한 헌법적 수권이 있어야 한다는 견해에 대해 "그것은 너무 과도한 요구가 아닌가", "군을 너무 불신하는 것 아닌가" 하는 반론이 제기될 수도 있을 것이다. 그러나 과거는 물론 현재까지 지속되는 군사영역의 비대화로 인한 치안영역의 위축현상에 주목하면, 아무래도 이렇게 분명히 선을 긋는 것이 좋겠다는 생각을 하게 된다.

단계적 탈 군사화가 진행되고 있는 현재와 달리 건국이후 1980년대 말까지 대한민국의 물리력 질서에는 말 그대로 '질서'가 없었다. 국내질서유지임무 및 권한을 둘러싸고 군대와 경찰간에 명확한 권한분장은 건축초기부터 제대로 이루어지지 않았다. 전쟁 직전과 직후에는 공비토벌에 '전투경찰'이 동원되는가하면, 반대로 군대가 국내질서유지에 투입되는 경우도 비일비재했다. 육군본부 직할부대인 특무대 및 헌병대가 국회의원 등 민간인에 대해 일상적인 감시활동을 펼쳤는가 하면, 민간인도 군 수사기관에 의해 체포되기도 했다. 이 과정에서 군과 경찰 조직간에 마찰이 생기기도 했지만 주도권은 대체로 군 측이 갖고 있었다.

이후 두 번에 걸친 군사쿠데타와 쿠데타 이후 만들어진 비상입법기구들의 활동은 이러한 상황을 제도적으로 더욱 고착시켰다.

이들 기구들은 군이 '특별치안기구'로 기능하도록 하는 위헌적인 명령을 발령하였고,[42] 그 명령을 집행하기 위해 만들어진 이른바 '군경 합동기구' '군경 합동체제' '공안정책협의회' 등 온갖 형태의 비정상적 공조체제는 평상시 군과 경찰을 그 조직, 임무와 권한 면에서 엄격히 분리해야 한다는 헌법원리를 대단히 흐트러 놓았다. 몇 가지 사례를 살펴보자.

1. 전투경찰대와 유신사무관

외국의 사례를 보더라도 처음부터 군대와 경찰의 임무가 명확하게 구분되었던 것은 아니다. 독일의 경우에도 20세기 이전까지는 군대가 경찰의 임무도 아울러 수행했다. 군대는 전통적으로 대외적 안전뿐만 아니라 대내적 안전을 수호하기 위해서도 동원되었는데, 대내적 안전에 관한 임무가 경찰로 집중되면서 양자간에는 권한상의 중첩이 발생했다. 그 결과 군대를 대내적 임무로부터 배제하려는 것이 프로이센 개혁관료들의 중요한 과제가 되었다. 반면 그와 같은 과제를 달성하려면 군을 대신하는 무장력과 전투력을 갖춘 경찰군(Polizeitruppe)의 건설이 전제되어야 했는데, 이를 위해 다시금 군의 도움을 받지 않을 수 없었다. 그 결과 18-19세기에 걸쳐 상당수의 군 하사관 및 장교들이 경찰군(Gendarmerie) 및 경찰기동대(Schutzmannschaft)로 유입되었다. 프로이센에서는 경찰군이

---

42) 5·16 군사 쿠데타 이후 군의 지휘아래 진행된 '국토재건단 활동'과 12·12 군사 쿠데타 이후의 '삼청교육대 입소훈련'은 군이 나서서 이른바 위헌적으로 치안유지활동을 펼친 사례로 기록된다.

국방부에 소속되는 사태도 발생했다. 민간행정관청의 요청이 있을 때, 민간당국의 감시 하에 이들을 국내치안에 투입한다는 제한은 있었다고 하더라도 그러한 상황을 정상이라 보기는 어렵다. 그러나 이들 경찰군의 구성 후에도 경찰력이 부족하였으므로 대규모 소요사태 때에는 다시금 군대가 출동해야 했다. 물론 군대의 투입은 원칙적으로 민간 측의 요청에 의해 이루어지지만, 일단 투입된 군대는 자기 방식대로 일을 처리해갔다. 나아가 군은 특정한 조건 하에서는 요청이 없어도 국내치안에 개입할 권한이 있었는데 이로 인해 종종 문제가 발생했다. 끝으로 군은 국가비상사태 시, 즉 이른바 전쟁상태 혹은 포위상태(Belagerungszustand) 시 소요의 진압 및 공공질서의 회복을 위해 개입하였고, 필요한 조치의 실행을 위하여 경찰을 포함한 민간권력을 자신의 관할아래 둘 수 있었다.43) 이러한 상황은 포츠담선언에서 재확인된 독일의 탈 군사화 정책에 힘입어 비로소 사라진다.

흥미롭게도 한국사회에서도 군국주의 독일에서 일어났던 것과 유사한 일이 벌어졌다. 계엄문제를 제외하면, 전투경찰대의 설치, 경찰조직 내 군 출신 인사의 유입을 문제삼아 볼 수 있다.

(1) 민주주의를 표방하고 있는 나라에서 군인의 신분을 가진 자가 계엄이 선포되지도 않은 평상시에 민간인 행사현장에 투입되는 모습을 상상하기란 어렵다. 그러나 한국에서는 이런 일이 비일비재하다. 전투경찰이 있기 때문이다.

---

43) Hans Lisken/ Erhard Denninger, *Handbuch des Polizeirechts*, 3판, München, 2001, 14-15쪽.

전투경찰대는 1970년 12월 31일 '전투경찰대 설치법'에 의거 설립되었다. 당시 박정희 정권은 전투경찰대 설치의 명분으로 이른바 김신조 사건(1968년 1월)으로 대표되는 1960년대 말 70년대 초의 '안보위기'를 들고 나왔다. 북한이 후방 깊숙이 간첩과 무장공비를 계속해서 파견하고 있는 상황에 대처하자면 '대 간첩작전'을 수행할(법 제1조) 전투경찰조직이 필요하다는 게 입법이유였다. 그러나 전후 사정을 살펴보면 그러한 이유는 명분에 불과한 것이었음을 쉽게 알 수 있다. 전투경찰대는 1966년 7월 12일 이래 이미 경찰의 '비정규 작전대'로 인정되어 운영되어 왔다(대통령령 제2665호).[44] 위 대통령령 제2665호를 대체한 것이 전투경찰대 설치법인데, 이 법의 제정을 계기로 일반 경찰관으로 구성된 상대적으로 노령화된(평균연령 30세) 전투경찰 대신 20세 전후반의 젊은이들로 구성된 전투경찰대가 구성된다. 유신쿠데타가 자행되기 1년 남짓 전, 1971년 대통령 선거가 있기 4개월 전의 일이다.

당시의 박정희 정권은 한미상호방위조약상의 군대정원 규정에 위반되지 않으면서도 청와대의 독자적인 지휘에 복무하고 충실하게 군사독재 타도투쟁을 진압할 수 있는 별동대 형식의 군사조직이 필요했는데, 이를 법적으로 가능하게 한 것이 바로 전투경찰대 설치법이었다. 정상적인 입헌국가였다면 엄청난 논란의 대상이 되었을 전투경찰대설치가 군사독재시절에는 큰 반대없이 관철되었다. 어쨌건 박정희 정권의 의도는 1975년 12월 31일의 법개정을 통해 보다 분명해졌다. 전투경찰의 임무는 이때부터 '공식적으로' 대

44) 공동집필, 「남한사회의 법현실과 법이데올로기 비판」, 『민주법학』 제1, 2호 합본호, 1989, 관악사, 38쪽.

간첩작전에서 대 간첩작전 및 경비임무로 확대된다. 전투경찰은 학생시위, 노동쟁의, 민간통일운동, 정부정책에 대한 항의시위 등 국민들의 집회, 시위현장이면 빠짐없이 출동해 국민들의 정당한 기본권행사를 봉쇄·제한하는 일에 동원되어왔다. 전투경찰대는 군국주의 체제였던 프로이센 독일의 경찰군을 연상시킨다. 양자는 모두 반정부 시위현장이나 노동자들의 쟁의현장에 경비계엄을 선포하지 않고도 군인을 국내치안유지활동에 동원하려는 발상에서 만들어진 제도들이다.

전투경찰대설치법은 "간첩(무장공비를 포함한다)의 침투거부·포착·섬멸 기타의 대 간첩작전 수행하고 치안업무를 보조하기 위하여" 전투경찰을 둔다고 하였다. 문제는 여기서 말하는 치안업무를 대 간첩작전과 무관한 치안업무로까지 확대하는 해석을 하는 것이 가능한가 하는 점인데, 대 간첩작전과 같은 대외적 안전과 관련한 임무수행부대를 아무런 제한장치 없이 대내적 안전과 관련한 임무에 투입해도 된다고 믿고, 또한 그런 방향으로 법률을 해석·집행할 수 있다고 믿는다면 평시 군과 경찰의 조직 및 임무의 구분이라는 헌법상의 국가구성원리는 사실상 파괴되고 말 것이다. '대 간첩작전시'에만 출동할 수 있도록 되어 있는 병력을 모든 일상적 시위현장에 투입시키는 관행과 그러한 관행을 현행법에 의해 정당화하는 해석은 헌법위반이다. 대 국민 작전을 위해 상시적으로 전투경찰대와 같은 경찰군대를 대기시켜 두는 것은 상식적으로 보더라도 민주주의사회에서는 있을 수 없는 일이다. 그러한 군대의 존재는 민주주의를 위해 투쟁하는 국민을 섬멸해야 할 적으로 볼 때에만 정당화될 수 있다.[45] 어떤 식으로 이해하든 현행 전투경찰대와 같은 조직을 헌법적 테두리 내로 받아들이기에는 한계가 있다.

(2) 제3세계 정치에서는 군부세력이 오랫동안 영향력을 행사해 왔다. 우리의 경우도 예외는 아니었다. 특히 한국에서는 분단과 전쟁, 그리고 주한미군의 지속적 주둔이라는 한국적 특수성에 힘입어 군의 정치적 영향력은 높았다. 한국에서 군이 급성장 하여 막강한 정치적 영향력을 누렸던 것은 비단 무력을 장악하고, 무제한의 물질적 풍요를 누렸기 때문만은 아니었다. 한국 현대사 연구자들에 따르면 적어도 1970년대 초반까지 장교집단은 한국사회에서 가장 교육수준이 높은 집단 중 하나였다고 한다.[46] 군은 또 정밀무기를 다루고, 최첨단의 통신과 수송수단을 장악했을 뿐 아니라, 방대한 조직을 운영하기 위한 고도의 행정관리 체계와 기술을 보유했다. 한국사회에서 조직관리와 경영학의 개념을 가장 먼저 도입한 집단도 기업보다 군이었다고 한다.[47]

이러한 배경을 바탕으로 역대 군사정권은 군 출신 인사들을 사회와 행정의 요소 요소로 침투시켰고, 급기야는 유신사무관이라는 독특한 제도까지 만들어내었다. 1977년부터 1987년까지 10년 동안 실시된 유신사무관 제도는 군 출신 인사를 일반 행정기구 내로 수용하는 통로구실을 했다. 군 출신 인사들을 사무관으로 특채했기

45) 앞의 글, 38-39쪽.
46) 한홍구, 「한홍구의 역사이야기: 그들은 왜 말뚝을 안 박았을까」, 『한겨레 21』 제358호, 2001년 5월 8일.
47) 한홍구, 앞의 글. 미국은 한국군이 그 정도의 교육수준과 기술체계를 갖추는데 결정적으로 도움을 주었다. 이것이 한국 군대의 '친미적' 성격의 연원이기도 하다.

때문에 유신사무관이라는 이름이 붙었는데 당시 특채된 사무관들은 거의가 중앙부처에 배치되었다.[48] 군대 내 인사적체를 해결하는 방안의 하나로 고안된 유신사무관제도에 힘입어 군에서조차 능력부족으로 평가받은 인물이 대거 행정부내로 진입할 수 있었고 이는 행정부의 역량에 부정적 요소로 작용하였다.

한편 이와는 별도로 군 인사들이 대거 경찰간부로 특채되는 관행도 5·16 군사쿠데타 이후 존속되어왔다.[49] 검찰의 경우에는 군 출신이 들어갈 여지가 없었다. 검찰의 업무가 전문적이라는 인식 때문이었다. 반면 군과 가장 유사하게 보였던 경찰은 5·16 군사쿠데타 이후로 상대적으로 군의 영향을 더 받았다. 12·12 군사쿠데타가 일어나고 얼마 되지 않은 1979년 12월 28일 4년제 '경찰대학 설치법'이 제정된 이유도 이러한 사실과 무관하지 않다. 경찰은 군 출신 인사들이 곧바로 경찰간부로 건너오는 현상을 경찰간부양성대학의 설립을 통해 막아보려고 했고, 반면 당시의 군사쿠데타 세력은 사관학교와 같은 방식으로 교육받은 경찰간부진들을 체계적으로 교육시켜 정권안보경찰수요에 대비하고자 했다.

유신사무관제도 및 군 간부의 경찰조직 유입은 직업공무원제도의 정신을 훼손시켰으며, 경찰의 전문성을 떨어뜨렸다. 또한 군 간부의 경찰조직 유입을 막기 위해 만든 경찰대학은 한국의 경찰조직문화에도 점차 어두운 그림자를 드리우고 있다.[50] 이래저래 군

---

48) 홍두승, 『한국군대의 사회학』, 나남, 1993, 64쪽 참고.

49) 군은 5·16 군사 쿠데타 이후부터 군대행정의 관리기법을 경찰행정에 전용했다고 한다. 박문옥, 『개발행정론』, 1967, 191쪽.

50) 「경찰대 출신한테 찍히면 무섭다?」, 『한겨레21』 제357호, 2001. 5. 2 일자 기사 참조.

이 한국의 헌정질서, 행정질서에 미친 영향은 부정적이다.

2. 군인에 의해 행해지는 민간인 불심검문

한국에서는 군인이 민간인을 검문하는 것을 종종 볼 수 있다. 민간인을 상대로 한 군의 검문활동은 두 가지 경우로 나누어 볼 수 있다. 주로 전투부대가 위치해있는 이른바 위수지역에서 이루어지는 불심검문과 무장탈영병사건과 같은 돌발상황이 발생했을 경우 전국을 대상으로 이루어지는 불심검문이 이에 해당한다. 검문은 군 단독으로 혹은 경찰과 합동으로 행해진다.

먼저 위수지역에서의 검문이다. 이 지역에서 행해지는 군의 대민간인 불심검문(이 경우는 군 단독으로 이루어짐)의 법적 근거는 위수령이다. (육)군은 "군인 이외의 범죄자를 체포하기 위하여 헌병 또는 경찰관으로부터 원조의 요청이 있을 때에는 이에 응할 수 있다."(위수령 제17조 제1항)[51] 그 원조의 내용이 무엇인가는 의문이지만 일반적으로 검문활동도 여기에 포함된다고 보는 것이 이제까지의 관행인 듯하다. 이 경우 군은 자신의 위수지역에서 제한적인 범위에서나마 민간인에 대한 검문활동을 수행하게 된다.

위수령은 1950년 3월 27일, 당시 이승만대통령에 의해 대통령령 제269호로 공포된 뒤 현재에 이르고 있다.[52] 위수령은 아주 간편

---

51) 위수령에 의한 병력출동은 행정응원 중에서 군사응원에 해당된다고 한다. 이상철, 『군사행정법』, 경세원, 1997, 177쪽.

52) 그 사이 박정희 정권 시절 원래 한자로 되어 있던 위수령이 한글로 바뀐 것(1970년 4월 20일, 대통령령 제4949호) 외에는 위수령의 내용에 변함은 없다.

한 방법(그러나 위헌적인 방법)으로 군인을 치안유지활동에 동원할 수 있는 수단으로 인식되었고 또 그렇게 이용되어왔다. 위수령 제1조는 "육군군대가 영구히 1지구에 주둔하여 당해 지구의 경비, 육군의 질서 및 군기의 감시와 육군에 속하는 건축물 기타 시설물의 보호에 임"하는 것이 위수령의 목적이라고 규정하고 있지만, 이러한 목적은 제1조 이하 본문에 이르게 되면 완전히 딴판으로 변질되고 만다. 위수령은 위수만이 아니라 치안유지(제10조), 병력출동(제12조), 현행범인체포(제17조)활동에도 그 근거를 부여한다.

이승만이 위수령을 공포하기 1년 7개월 전에 제정된 헌법은 대통령의 긴급명령권, 계엄선포권을 규정하였다. 그러나 모법이 없는 위수령의 공포는 긴급명령권의 행사로 볼 수도 없고, 계엄선포에도 해당하지 않는 것이었다. 그럼에도 불구하고 이승만이 위수령을 공포한 것은 군대를 동원하여 반정부시위를 진압하려는 의도 때문이었다. 그는 계엄에 관한 헌법과 법률의 규정을 무시한 채 행정부 수반인 대통령의 명령만으로도 사실상 계엄령 선포와 동일한 결과를 만들어내고자 위수령을 지속적인 효력을 가진 대통령령으로 공포했다. 그를 이은 박정희 정권이 이런 간편한 방법을 그냥 지나칠 리는 없었다. 다만 전두환 정권 이후 위수령이 발동된 예는 없다. 위수령에 기대어 군대를 '원래의 주둔지'에서 빼어내고, 이들 군대로 하여금 민간인을 검문·체포하도록 한 것은 위헌이라는 인식이 공유되고 있기 때문이 아니라, 군대가 출동하여 민간인에 대해 경찰권을 행사하는 것 자체가 위헌이라는 인식이 공유되고 있기 때문이라고 보는 것이 옳을 분석일 것이다.

위수령을 폐지하고 위수법을 만들어야 한다는 논의도 있지만,[53]

위수법을 만들 때 만들더라도 현재의 위수령은 "지구의 경비, 육군의 질서 및 군기의 감시와 육군에 속하는 건축물 기타 시설물의 보호"라는, 말 그대로 위수업무에 대해서만 효력을 미친다고 보아야 한다.

다음은 무장탈영병사건과 같은 돌발상황이 발생했을 경우 전국을 대상으로 이루어지는 불심검문이다. 무장탈영병사건이 발생했을 때 검문활동을 펴야 할 장소가 위수지역이라면, 문제가 많은 위수령이라도 끌어들일 수가 있겠지만 위수지역이 아닌 곳에서의 검문활동에 대해서는 무슨 법적 근거를 갖다 댈 것인가? 이에 대해 과거 군은 군사법원법에 의거한 범인체포작용의 일환으로 검문소를 설치(경찰과 합동으로 설치할 수도 있다)하여 검문검색활동을 할 수 있다는 입장이었다. 그러나 군사법원법은 위수지역 밖에서 이루어지는 군의 검문활동에 대한 충분한 법적 근거가 되지 못한다.

경찰법에서는 예방적 작용과 진압적 작용을 구분한다. 전자는 사회 공공의 안녕 혹은 질서를 유지하기 위한 위험방지작용인데 반하여 후자는 이미 발생한 범죄를 수사하는 경찰의 활동을 의미한다. 당연히 양자는 그 작용의 법적 근거(예를 들어 전자는 경찰관직무집행법, 후자는 형사소송법), 작용목적이 다르다. 범죄가 막 발생하였거나 혹은 범죄가 발생한 이후라도 공공의 안녕 혹은 질서에 대한 위험이 여전히 계속되고 있는 경우라면 진압적 작용뿐만 아니라 예방적 작용의 대상이 될 수 있다. 그러나 경찰은 그의 작용의 법적 근거를 예방적 경찰작용과 진압적 경찰작용 양자로부

53) 김철수 교수는 위수법을 제정할 게 아니라 해군기지법, 군용항공기지법에 대응하는 육군기지법을 만들면 된다는 견해를 제시한다.

터 동시에 끌어올 수는 없기 때문에(법적 근거의 확정, 권리구제절차의 확정을 위해서 그러하다. 예를 들어 예방적 작용에 대해서 행정쟁송으로 진압적 작용에 대해서는 형사소송으로 각각 다투어야 한다), 양자 중 어떤 것에 근거해 당해 작용이 이루어진 것인지를 제시해야 한다. 이처럼 경찰작용의 이중성으로 인해 경찰관직무집행법과 형사소송법이 동시에 법적 근거로 고려될 수 있는 경우에 그 법적 근거를 확정하는 기준으로 제시된 것이 이른바 '중점이론'이다. 이 기준에 따르면 전체적으로 보아 경찰조치의 중점이 객관적으로 어디에 놓여있는지, 조치의 목적 중 어느 것이 객관적으로 우선하는지에 따라 당해 작용을 예방적 작용 혹은 진압적 작용으로 각각 규정하게 된다. 그리고 그 판단에 따라 법적 근거가 달라지는 것은 물론이다.[54)]

무장탈영병 사례로 돌아와 보자. 특별사법경찰관리인 군 수사관들이 무장탈영병의 도주를 차단하고 그를 체포하기 위해 군경합동 검문활동을 하는 경우라면, 즉 구체적인 제보에 의거하여 무장탈영병 A를 특정지역에서 체포하기 위한 검문활동이라면 위 활동은 군사법원법 제43조, 44조가 그 법적 근거가 될 수 있을 것이다. 그러나 무장탈영병으로 인한 공공의 안녕 혹은 질서에 대한 위협을 사전에 차단하기 위한 예방적 작용으로서 검문을 실시하는 것이라면, 그것은 예방적 경찰작용이 된다. 물론 두 경우 모두에 해당한다고 보아야 할 경우도 있을 것이다. 그 경우에는 앞의 중점이론에 의거하여 당해 작용의 중점이 어디에 있는가를 분명히 해야 할 것

---

54) 프란츠 루드비히 크네마이어/서정범 역, 『경찰법 사례연구』, 고시연구원, 2001, 21-23쪽

이다. 필자가 보기에 일반적으로 무장탈영병 사건이 발생했을 때 이루어지는 군경합동검문은 예방적 작용에 가깝다. 따라서 이 경우에는 군사법원법이 아닌 별도의 '특별' 경찰법적 근거가 필요하다고 해석해야 한다.

그런데 그런 것이 없었다. 특별 경찰법은 없었고 단지 훈령에(대통령 훈령 제28호) 불과한 통합방위지침만이 있었다. 국민의 기본권을 제한할 수 있는 불심검문의 근거가 고작 훈령이었던 셈이다. 그러나 지금은 사정이 달라졌다. 2001년 12월 소리 소문 없이 국회에서 통합방위법개정법률이 통과되었기 때문이다. 통합방위법은 1996년 이른바 '강릉무장공비' 사건을 계기로 제정되었다. 이 법률은 비정규전상황 발생에 따른 통합방위사태가 선포될 경우 군인과 예비군에 대해서도 경찰처럼 '거동이 수상한 민간인'을 검문검색할 수 있도록(법 제13조 4항) 수권하고 있다. 그런데 동법의 개정을 통해 그러한 검문검색은 이제 통합방위사태가 선포되지 않은 경우에도 가능하게 되었다. 개정법률 제17조의2는 검문소의 운용이라는 제목아래 다음과 같이 규정한다. ① 지방경찰청장·지역군사령관은 관할지역 중에서 적의 침투가 예상되는 곳 등에 검문소를 설치·운용할 수 있다. ② 검문소의 지휘·통신체계 및 운용 등에 관하여 필요한 사항은 대통령령으로 정한다. 통합방위사태가 선포된 뒤 관할지역 중에서 적의 침투가 예상되는 곳에 검문소를 설치하는 게 아니라 그냥 '적의 침투가 예상되는 곳'이면 검문소를 설치할 수 있다.[55]

---

55) 통합방위법 시행령 제18조의2는 검문소의 설치·운용 방법을 제19조는 검문절차를 규정하고 있다. 검문절차는 경찰관직무집행법 제3조를

이렇게 통합방위법이 개정되었다고 해서 평상시 이루어지는 군경합동검문이 이제는 전혀 문제없는 작용으로 된 것이라고 보기는 어렵다. 통합방위법의 제정과 개정경과에서도 알 수 있듯이 한국에서 군사관계법률은 합헌성에 대한 제대로 된 검토도 없이 필요에 의해서 만들어진다. 통합방위법 개정법률은 입법자와 법률가들이 군사법에 관심을 가져야 하는 까닭을 알게 하는 또 다른 사례일 뿐이다.

3. 군에 의한 대민정보수집활동(이른바 민간인사찰)의 법적 근거와 그 한계

한국에는 헌병부대, 보안부대(기무부대), 군검찰관 등 군 내부 혹은 군 관련 사건을 수사하는 독자적인 수사기구가 있다. 이 중 특별히 보안부대에 대해서, 그리고 이들 부대에 의한 민간인사찰 활동에 대해 간단히 짚어보자.

국군보안사령부(줄여서 보안사라 함. 현재는 국군기무사령부로 개명)는 국내 정보기관 중 가장 오랜 역사를 갖고 있다. 보안사는 원래 1945년 미 군정청 법령 제28호에 의거 설치된 국방사령부 내의 정보과로 첫 출발하였다. 그 뒤 1947년 조선경비대가 창설되자 그 예하 정보처로 개편되었고 1948년 국군이 창설되면서부터는 국방부 직제에 따라 국군정보국으로 편제되었다가 한국전쟁 중에 육군본부 직할부대로 독립하여 '특무대'로 불리게 된다. 그 후 제2공

토대로 만들었지만 거동수상자를 군부대 등으로 동행한 경우 몇 시간 동안 그를 억류해 둘 수 있는 지에 대해서는 침묵하고 있다.

화국 하에서는 '방첩대'로 개칭되었고 1977년 9월 경 구 국군보안부대령(대통령령 제8704호)이 공포됨에 따라 비로소 육·해·공군 방첩대를 통합한 구 국군보안사령부(1991. 1. 1. 국군기무사령부로 개칭)로 발족하게 된다. 당시의 박정희 정권은 집권말기에 정보업무와 공작정치의 필요성이 폭주하게 되자 3군으로 흩어져 있던 보안부대의 기능을 통합하여 국군보안부대를 만들었다.56)

박정희 정권에 의해 만들어진 보안사는 전두환 정권이 들어서면서 한층 위력을 발휘하게 된다. 1980년의 5·17 계엄확대조치, 국가보위입법회의 설치, 정치규제법 발동, 개헌과 국민투표, 민주정의당 창당, 관제야당 창당, 공무원 숙정, 언론통폐합, 삼청교육대, 녹화사업, 재일동포 간첩조작사건 등 '제5공화국'의 그림자 중 어느 것 하나 '보안사'를 거치지 않은 것이 없었다. 특히 전두환 정권 초기에 보안사는 안기부에 대해서도 감독권을 행사했다. 안기부는 보안사의 정치공작을 보조하는 역할에 머물렀는데, 가히 군사정권다운 정보기관체계였다고 하겠다.57)

---

56) 이상의 내용은 아래의 '윤석양 이등병 사건' 판결문의 설시 부분에서 재인용 한 것이다.

57) 안영배, 「국군보안사령부」, 『월간 말』, 1990. 11월호, 73쪽. 그러나 민간정부인 것과 같은 가식적 외형을 갖추고 있었던 전두환 정권도 국민의 광범위한 저항에 직면하게 되자, 권력을 유지하고 반대세력을 회유, 탄압, 분열시키는 정치공작을 진행시키는데 있어 국가안전기획부가 군대조직인 보안사에 비해 효율적이라는 사실을 깨닫게 된다. 특히 1985년 2월의 12대 국회의원 총선거와 신당의 출현, 그 이후 군사정권과 민주세력간의 본격적인 대치국면을 거치면서 안기부의 권한은 점차 강화되어 권력의 핵심의 지위를 회복하게 된다. 민주사회를 위한 변호사모임, 『반민주악법개폐의견서』, 역사비평사, 1989, 55-56쪽. 현재는 국방부장관이 군사기밀을 공개하려고 해도 안기부장

전두환 정권이후에도 보안사의 활동은 축소되지 않았다. 일례로 노태우 정권은 보안사의 대 국민사찰을 금지하겠다는 약속을 거듭하였으나, 보안사는 이에 아랑곳하지 않고 민간인에 대한 공작 및 수사활동과 각계각층에 대한 사찰을 계속해왔다.

놀라운 것은 보안사의 이러한 공작 및 수사활동의 법적 근거가 대통령령인 국군보안부대령이었다는 사실이다. 이 법의 모법은 국군조직법이라고 볼 수 있는데, 국군조직법은 필요한 부대와 기관의 설치를 대통령령에 포괄적으로 위임하고 있다. 국군조직법은 골격입법의 형태를 취하고 있는 군사법의 특징을 전형적으로 보여주고 있다. 국군조직법 제15조 1항은 "각 군의 예속 하에 필요한 부대와 기관을 설치할 수 있다"고 되어있고, 이어 제2항은 "제1항의 부대와 기관의 설치에 필요한 사항은 법률 또는 대통령령으로 정한다"라고만 규정하였다. 어쨌건 보안부대령에 따르더라도 이들 보안부대가 민간인까지 사찰 할 수 있다는 규정은 없다. "군 및 군과 관련이 있는 첩보의 수집, 처리에 관한 사항"이 보안부대의 임무 중 하나로 규정되어 있지만, 그것이 관제야당을 창당하고, 공무원을 숙정하며, 민간정치인을 사찰 할 수 있는 법적 근거가 되는 것은 물론 아니다.

보안사가 자신의 권한을 벗어난 월권과 위법행위를 일상적으로 저지르고 있다는 사실은 1990년의 이른바 '윤석양 이등병 사건'[58]

(현행 국가정보원장)의 승인을 받아야 하는 등(군사기밀보호법 시행령 제7조) 민간비밀정보기구의 권한이 강화되어 있다.

58) 군에 입대하기 이전의 활동과 관련하여 보안사로 연행되어, 이후 그곳에서 일하게 되었던 '윤석양'이 보안사가 수집·정리한 민간인 사찰기록을 소지하여 군대를 이탈, 이를 공개적으로 폭로한 사건. 이 사건

을 계기로 전국민에게 공개되었다. 윤석양이 폭로한 자료에 의하면 당시 보안사령부는 1,300명이 넘는 민간인들을 대상으로 사찰카드를 작성하고 있었다. 그러한 행위는 법원에 의해 분명하게 위법으로 선언되었다.

> 피고 산하 국군보안사령부가 군과 관련된 첩보 수집, 특정한 군사법원 관할 범죄의 수사 등 법령에 규정된 직무범위를 벗어나 민간인인 원고들을 대상으로 평소의 동향을 감시·파악할 목적으로 지속적으로 개인의 집회·결사에 관한 활동이나 사생활에 관한 정보를 미행, 망원 활용, 탐문채집 등의 방법으로 비밀리에 수집·관리하였다면, 이는 헌법에 의하여 보장된 원고들의 기본권을 침해한 것으로서 불법행위를 구성한다고 하지 않을 수 없다.[59)]

당시 재판에서 보안사는 "보안사가 군 및 군 관련사항에 관한 임무를 수행하려면 당연히 민간인에 대한 자료의 수집, 처리가 필요한 경우"가 있다고 반박했다.[60)] 그렇다고 한다면, 즉 그들이 그들의 주장처럼 군 및 군 관련임무를 수행하기 위해 민간인에 대해 '자료'를 수집, 처리할 필요를 처음부터 인정하고 있었다면, 자신들의 그러한 임무는 국군보안부대령(현재는 국군기무부대령)과 같은 대통령령만으로 정당화될 수 없었다는 사실을 알았어야 했다. 자신들의 임무가 군의 영역을 넘어서고, 그것이 특히 민간인사찰과 같은 심각한 기본권침해를 야기하면서까지 수행되어야 할 것으

이후 보안사의 명칭은 기무사령부로 바뀌게 된다.

59) 1심. 1995. 9. 29. 선고 91가합49346 판결. 2심. 1996. 8. 20. 선고 95나44148 판결. 대법 1998. 7. 24. 선고 96다42789 판결.

60) 1심. 1995. 9. 29, 91가합49346 판결.

로 보았다면, 그러한 판단에 대한 헌법적 평가, 그 활동의 법률적 근거부터 먼저 마련했어야 했다. '윤석양 이등병 사건'에서 드러났듯이 보안사가 수집, 처리한 정보는 그들이 수사권을 갖는 일부 군 관련 범죄(민간인도 포함될 수 있음)에 대한 수사기록이 아니다. 그들은 그것과 아무 관련 없는 민간인사찰활동을 1990년 초반까지 (사건에 의해 확인된 것만을 놓고 볼 때) 버젓이 자행했다.

제4절 군사법과 치안법이 나아갈 길

1. 합헌적 군사안보법률의 제정

하인리히 트리펠이 정당에 대한 헌법의 태도를 네 가지 단계로 나누었다는 사실은 익히 잘 알려져 있다. 그에 따르면 정당은 적대시단계, 무시단계, 승인 및 합법화단계를 거쳐 최종적으로 헌법에 편입되는 단계에 이른다. 트리펠의 아이디어를 빌려 군사와 치안 문제의 법적 단계를 나누어 보면 아마 이렇게 되지 않을까? 무법단계, 위법·탈법단계, 합법화단계, 합헌단계.

그렇다면 한국 사회에서 군사와 치안문제의 법적 단계는 어디쯤일까? 대략 탈법단계에서 합법단계 사이쯤이라고 본다. 군사조직과 치안조직, 그 작용들, 그리고 그에 대한 통제방안을 놓고 온갖 위법과 탈법적 현상을 합법화하는 작업이 진행중이라고 보면 크게 틀리지 않을 듯하다. 실제로 한국국방연구원이 이미 1998년에 내놓은 보고서에는 계엄법, 위수령 등 위헌법령을 찾아내서 폐지하고, 군의 활동을 뒷받침할 근거법률을 제정하며, 통합국방법 혹은 국군기본법을 제정하여 군사관련 법률을 정비해야 한다는 의견이 포함되어 있다.[61] 치안법 영역에서도 이러한 작업은 진행중이다. 1999년에 경찰관직무집행법을 개정하면서 경찰장비부분을 대폭 수정하여 경찰의 장비사용을 통제한 예라든지, 경찰 스스로 무(無)최루탄 선언, 폴리스 라인 설치, 여경배치 등을 골자로 한 이른바 '신 집회시위관리' 대책을 제시한 예 등을 떠올릴 수 있다.

군사법과 치안법의 민주주의적 발전을 위해서 앞으로도 이들 영역에서의 법제화 작업(위헌적 법령과 관행의 제거 및 적합한 법령의 제정)이 제대로 진행되어야 할 것이다. 다만 본문에서 지적했듯이 그러한 작업은 결국 군사와 치안영역을 헌법적 테두리 내로 끌어들이는 것을 궁극적인 목적으로 설정한 가운데 진행되어야 할 것이다. 만약 그렇지 않다면 합법화단계는 합헌단계로 곧바로 이어지지 못한 채 그저 '알리바이 합법화'에 그치게 될 공산이 크다. 군사 및 치안 영역에서의 법제화가 "의도한 목적과는 다른 결과가 나타나는 법률제정"(paradoxe Verrechtlichung)[62]으로 귀결될 수도 있다는 얘기이다. 그렇게 되면 법령이 정비되고, 법률이 제정되었음에도 불구하고 국가에 대한 시민의 자유가 확대되는 것이 아니라 국가가 더 자유스럽게 활동하게 되는 현상이 나타날 수 있다.[63]

---

61) 박선섭 외, 앞의 책, 특히 135쪽 아래.

62) 마르틴 쿠차, 이계수 역, 「독일의 비밀정보기관과 민주주의적 사회구조」, 『민주법학』 제12호(1997), 276쪽.

63) 마르틴 쿠차, 이계수 역, 앞의 글, 276-278쪽.

2. 정상적인 헌법질서로의 복귀

군의 참여 혹은 군의 지원이 없이는 대처하기 곤란한 치안상태가 발생하는 경우가 앞으로도 빈번히 발생할 수 있다는 사실은 인정해야 한다. 문제는 이러한 사태에 대해 궁극적으로 어떻게 대응해야 하는가 하는 점이다. 일반적으로 그와 같은 상황에 대응하는 방법으로 두 가지가 제시되고 있다. 그 하나는 군사활동영역을 확대하는 방안이고 다른 하나는 테러, 국경을 넘나드는 조직적 범죄단속 등 전통적으로 군과의 협력이 필요하다고 인정되는 문제를 해결할 전문행정력을 강화하는 방안이다. 한국국방연구원의 보고서는 경제성의 측면에서 전자의 방안을 선호하고 있으나[64] 충분한 토의가 필요한 부분이라고 생각한다.

군과 군 관련 연구자들이 선호하는 전자의 방식이 그들 스스로도 예상하고 있는 질문인 "군의 집단이익을 보호하기 위한 명분을 강화하고자 (군의 행정응원 등과 관련한) 사회적 요구를 오판하고 있지는 않는지"도 진지하게 물어보아야 한다.[65] 산불진화, 재난구호활동 등을 통해 군이 민간에 심어준 우호적인 인상을 이용해 군의 역할확대를 섣불리 정당화해서도 안 된다.

2년 2개월의 의무복무를 마쳐야 하는 군인들(일반사병)은 특별한 전문기술을 보유한 자들이 아니다. 그러나 그들은 매번 산불진화, 재해복구활동에 동원된다. 그들은 심지어 월드컵, 아시안게임과 같은 국제경기 개막식의 군무단(群舞團)으로도 동원된다. 그들

---

64) 박선섭 외, 앞의 책, 66쪽.
65) 박선섭 외, 앞의 책, 66쪽.

에게 그러한 역할을 맡겨도 좋을 만큼 한국군은 인력에서 여유가 있다는 얘기인지는 모르겠으나, 한국군의 인력운영방안에는 체계가 없어 보인다. 이러한 현실을 어떤 식으로 개혁하는 것이 문민헌법원리, 평화지향원리, 평화통일원리를 선언하고 있는 헌법에 부합하는 길인가를 먼저 고민하면서 제도와 법을 정비해간다면 군사와 치안의 법적 단계는 비로소 헌법단계로 진입하게 될 것이다. 정상적인 헌법질서로의 복귀는 알게 모르게 지속되어온 비정상적인 관행과 제도를 근원에서부터 재검토하는 작업이 이루어질 때 비로소 시작될 수 있다.

제2장
한국의 민주화와 군에 대한 입헌적 통제*

제1절 세 가지 과제

한국의 근대화 과정에서 군대는 무시할 수 없는 역할을 수행했다. 두 번에 걸친 군사 쿠데타는 물론이고, 군사 쿠데타 이후 만들어진 비상입법기구와 행정기구들은 한국의 헌법질서를 그 근저에서부터 흔들어 놓았다. 1987년도 이후 정상적인 헌법질서로의 복귀가 진행되면서 사회 각 분야에서 군대의 영향력은 줄어들고 있지만 아직도 일상의 많은 부분에서 우리는 군사권력과 마주하고 있다. 그것은 1980년대 말 이후 한국의 민주화가 위로부터의 보수적이고 제한적인 것에 그치고 있음을 반증하는 것이기도 하다. 미국의 지원 아래 정치군인들이 집권한 1980년 이래 한국민들은 민주화라는 단어 속에 '대외적 자주·통일'과 '대내적 반독재민주화'

---

* 이 글은 "韓國の民主化と軍に對する立憲的統制", 『法律時報』, 2003년 6월호, 62-66쪽에 기고한 논문을 가필한 것임.

라는 열망을 담아왔다. 그 열망은 또한 군사독재정권과 그를 떠받치고 있는 물적 토대와 따로 떼어놓고 생각할 수 없다. 그러한 물적 토대를 제거하는 일을 1980년대 당시에는 '신식민지 국가독점자본주의' 혹은 '식민지 반봉건사회'의 극복으로 표현하기도 했다.

과거 군사독재정권에 참여했던 군부세력 및 개발독재세력들은 상당수 정치·행정의 전면에서 밀려났다. 그러나 그들을 뒷받침하고 있던 물적 토대들은 여전히 한국 사회를 지배하고 있다. 그러므로 '한국의 민주화와 군에 대한 입헌적 통제'라는 과제는 바로 그러한 물적 토대들을 군사영역을 중심으로 제거해나가는 것을 목표로 해야 한다. 구체적으로 그것은 지배와 종속관계로 설정되어 있는 한미(군사)관계를 대등하고 민주적인 관계로 변환시키고, 군사영역에도 법치주의의 기본원리가 통용되게 하며, 자본의 요구에 맞는 인간형을 재생산해내는 병영국가체제를 변혁하는 일이라고 하겠다. 따라서 현재 한국사회에서 군에 대한 입헌적 통제를 얘기한다면 다음과 같은 세 가지 중, 장기적 과제를 설정해야 한다고 본다.

(1) 헌법상의 군사조항을 준수하는 정부와 군대를 만드는 일이다. 이를 위해 크게 두 가지 목표를 달성해야 한다.

첫째, 헌법 제4조가 천명한 "평화적 통일정책의 수립 및 추진"이라는 목표에 걸맞게 군사제도와 조직을 개편해야 한다. 그러자면 지난 시기의 전면적-군사적 대결구도를 청산하고 남북이 평화와 공존을 실천할 수 있도록 정책을 수립하고 추진해야 한다.[1] 한반

1) 헌법 제4조의 실천을 위해서는 대한민국의 영토를 "한반도와 그 부속

도를 전쟁위협으로부터 구하기 위한 구체적인 군축 프로그램을 만드는 일도 중요하다. 이 경우 의회는 군 예산 및 군사장비 조달계획에 대한 실질적인 심사자가 되어야 한다.

둘째 "국제평화의 유지에 노력하고 침략적 전쟁을 부인"하도록 한 헌법 제5조 제1항을 준수하는 군사제도를 만들어야 한다. 그것은 구체적으로 '한미군사동맹'에 휘둘려 미국의 이라크 침략전쟁에 대해서까지 군사적 지원을 하고 있는 대한민국정부의 헌법파괴행위(Verfassungsbruch)를 중단시키는 일에서부터[2] 전시작전통제권의 환수, 한미상호방위조약 및 한미상호방위조약 제4조에 의거한 주둔군 지위협정(이른바 SOFA)의 개정 등 한미군사동맹을 헌법의 틀 내로 끌어들이는데 초점이 맞추어져야 한다. 이러한 목표를 달성함에 있어서는 외교·안보정책에서의 의회 권한의 확대·강화가 반드시 추구되어야 한다. 국가공동체와 그 구성원에게 기본적이고도 중요한 의미를 갖는 영역에 대해서는 국민의 대표자인

도서"로 선언한 헌법 제3조를 삭제하고, "평화적 통일정책의 수립 및 추진"이라고 표현한 헌법 제4조를 "평화적 공존과 통일정책의 수립 및 추진"으로 바꾸는 방안을 진지하게 고민해야 한다. 헌법 제3조는 헌법 제4조와 충돌할 뿐만 아니라 북한을 반국가단체로 보는 국가보안법의 존립근거로 원용되므로 하루 속히 삭제하는 것이 바람직하다. 한편 헌법 제4조에서 말하는 "평화적 통일"을 평화와 통일로 나눌 수 있다고 가정할 때 위 조항은 통일 쪽에 무게를 싣고 있는 것으로 보인다. 그런데 현재 그리고 상당기간 동안 한반도 상황에서 가장 중요한 과제는 평화와 공존이라고 할 것이므로 헌법 제4조의 개정을 진지하게 고려해 볼 필요도 있다고 본다.

2) 디터 다이저로트, 이계수 옮김, "헌법파괴의 심연에서: 미국이 이라크 전쟁을 위해 독일 내 미군기지를 사용하는 것에 대한 헌법적 평가", 『민주법학』, 제23호, 2003, 500-503쪽.

입법자가 그 본질적 사항을 스스로 결정해야 한다는 이른바 중요사항 유보설 혹은 의회유보(Parlamentsvorbehalt)원칙[3]이 진정한 의미를 갖는 영역도 바로 외교·안보분야라 하겠다.

(2) 1953년 휴전협정이후 지속되어온 한국사회의 '예외상태'를 극복하고 정상적인 입헌국가로 완전하게 복귀하는 일이다. 건국이후 한국에서는 준전시를 전제로, 군사관련법률들이 헌법이 인정한 합법적 절차를 거치지 않은 채 다수 제정되었다. 마치 "예외상태에서 국가는 법을 정지시킨다"[4]는 칼 슈미트의 논리를 연상시키는 이들 군사관련 비상입법들을 정상적인 법률로 대체하고, 계엄상황에 대한 의회통제를 강화하는 것, 준전시를 전제로 만들어져 있는 군 사법제도를 개혁하는 일은 한국사회가 정상적인 사회로 나아가는데 있어 빠뜨릴 수 없는 과정이다. 예외상황이라고 해서 헌법이 인정할 수 없는 권한이 창설되거나 확대될 수는 없다. 2001년 11월 이후 정부가 줄기차게 추진한 테러방지법 제정을 시민사회가 완강하고 조직적인 반대로 좌절시킨 것은 그러한 인식을 다시 한번 확인시켜 준 계기가 되었다. 정부는 '테러사태'라는 예외적 상황에서는 군대가 일반적으로 경찰권을 행사해도 되지 않겠는가 라는 생각이었으나 시민사회는 그러한 법률이 헌법의 한계를 넘어서고 있음을 경고했다.[5]

정상적인 입헌국가로의 복귀는 이른바 민군관계(民軍關係)의

3) 김철용, 『행정법 I』, 박영사, 제9판, 2006, 36쪽.
4) Carl Schmitt, *Politische Theologie*, 제6판, Berlin, 1993, 18-19쪽.
5) 자세한 것은 이계수, 「정부의 테러방지법에 대한 의견서」, 『민주법학』, 제21호, 2002, 377-400쪽 참고.

정상화를 통해서도 달성되어야 한다. 유사시 민·관·군의 통합방위 태세를 규정한 통합방위법에 대한 재검토도 필요하거니와 '행정응원'의 명목 하에 남용되는 군의 민간영역개입활동에 대한 법리적 검토도 필요하다. 그러한 활동이 민간의 방재활동(防災活動)에 한정된다고 하더라도 문제가 있는 것인데, 공공부문 파업시 군인들을 대체인력으로 투입하여 결국은 노사분쟁을 강제적으로 해결하는 경우도 많았음을 상기할 필요가 있다.[6] "국가의 안전보장과 국토방위의 신성한 의무를 수행"해야 하고 "정치적 중립성"을 준수해야 할 군대(헌법 제5조 제2항)가 아무런 헌법적, 법률적 근거도 없이 노동문제해결에 투입된 것이다. 이들 사례 이외에서도 광범위하게 나타나는 군사영역과 치안영역의 교착(交錯)·착종(錯綜) 상태(군병력에 의한 일반시민검문활동, 군에 의한 해안경계임무수행 등)도 빠른 시일 내에 해소해야 한다. 그러자면 하루빨리 '군사국가에서 민간국가로의 이행'을 위한 프로젝트를 진행해야 한다.

(3) 군인의 기본적 인권을 보장하는 군대를 만드는 일이다. 헌법 제10조에 따르면 국가는 국민의 기본적 인권을 확인하고 보장할 의무를 지고 있다. 군인도 당연히 그 국민에 속한다. 물론 군대와 군인이 처한 모순적 상황을[7] 해결하는 것은 쉬운 일이 아니다. 그

---

6) 최근에는 발전소 파업현장 등에 군을 투입한 사례가 있다. 2002년 2월에 발전소 민영화 등에 반대하는 발전, 전기, 철도 부문 파업이 있었고, 이에 사용자 측은 간부급 직원 외에 군 인력을 대거 파업현장에 대체인력으로 투입하였다.

7) "군대는 민주주의 사회 속에 편입되어 있는 비민주적인 조직이며 군대가 처한 그러한 모순적 상황은 군인의 지위에도 그대로 반영되어 있다." 水島朝穗, 現代軍事法制の研究, 日本評論社, 2000, 79쪽 참고.

러기에 그 딜레마를 해결하는 방법의 선택은 입법자 등 국가기관에게 맡겨져 있지만, 반면 그 선택은 헌법의 제한을 받는다. 한국에서는 한 해에 200명 가까운 장병들이 군복무와 관련하여 사망하고[8] 1000명 가까운 장병들이 매년 새롭게 정신질환에 시달리고 있다.[9] 이러한 상황이라면 군인의 인권보장에 있어서의 국가기관의 재량(입법재량, 행정재량 등)은 대폭 축소될 수밖에 없다. 국민 개개인의 자유와 생명, 안전 보장은 입헌주의의 본질적 내용이기 때문이다. 따라서 입법부와 사법부는 군인의 자유와 생명과 안전을 보장하는 일을 군에 대한 입헌적 통제의 핵심과제로 삼아야 한다.

제2절 현실

이들 중·장기적 과제를 실천하자면 제도개혁을 향한 첫 걸음부

8) 공식적으로 매년 800명 이상씩 죽어나갔던 1980년대와 비교할 때 군복무와 관련한 사망자 수가 최근 줄어들고 있는 점은 주목할 만하지만 여전히 100명이 넘는 장병들이 매년 군 복무와 관련하여 사망한다는 것은 결코 간과할 수 없는 사실이다. 수치로 나타나는 사망자 수도 문제이지만 더 큰 문제는 사망자 중 이른바 자살자의 자살 이유 혹은 동기이다. 전체 자살자 수는 줄고 있지만 자살자 중 구타, 복무염증, 처벌우려 등 부대 내 문제로 인해 자살하는 자들의 비율은 오히려 늘어나고 있다. 이러한 통계는 군인의 인권과 관련하여 매우 우려할 만한 일이 군대 내에서 여전히 발생하고 있다는 사실을 간접적으로 드러낸다.

9) 국방위원회, 『2001년 국정감사자료집』, 38쪽에 따르면 2000년 9월부터 2001년 7월까지 '공식적'으로 집계된 정신질환자 수는 955명이다. 군대라는 특수한 조직의 현실을 고려하면 실제 정신질환자 수는 이 수치보다 높을 것으로 추정된다.

터 일단 떼야 한다. 그런데 그것이 여전히 쉽지 만은 않다. 분명 군대와 군사권력은 예전과 같은 정도의 특권영역 혹은 聖域은 아니다. 그러나 여전히 접근하기 어려운 그 무엇임에는 틀림없다. 2003년 2월 25일 출범한 노무현정부는 지난 1월 국민들로부터 새 정부의 장관 될 자를 추천 받았는데 국방부장관만은 제외하였다. 당시 대통령직 인수위원회는 "군의 정치화 우려"가 있으므로 국방부장관은 국민인사제안대상에서 배제하였다고 발표했다. 국민 대다수는 이 부분에 대해 별반 문제제기를 하지 않았다. 한국사회에서 군이 갖고 있는 특수성을 인정해야 한다는 고정관념이 먹혀든 셈이다. 군의 모든 활동을 헌법과 법률로 묶어둘 수는 없지만 군대 또한 헌법의 틀 안에 존재한다는 인식은 뒤로 밀려난 셈이다.

입헌주의란 간단하다. 헌법에 입각한 국가운영이 입헌주의이다. 군대를 기본권의 척도에 따라 구조개혁 하는 것, 전체 헌법질서가 군대에도 타당하게 만드는 것, 군대를 국민과 국회의 지배하에 두는 것, 그것을 우리는 군대에 대한 입헌적 통제라 부른다.

군에 대한 입헌적 통제를 독일식으로 표현하면 다음과 같다. 첫째, 군에 대한 정치적 지도를 강조하는 것. 이것은 독일 군사헌법에서 말하는 정치우선 혹은 군에 대한 민주적·시민적 지도(innere Führung)를 실현하는 것을 말한다. 둘째, 군대를 헌법적 질서와 전시국제법에 구속되도록 하는 것. 셋째, 인간의 존엄성을 존중하는 군대를 만드는 것. 넷째 개인에 대한 법치국가적 보호이다. 이런 것이 충족되지 않는 군대는 민주주의 헌법에 대한 중대한 위협이 된다.

이러한 독일에서의 군 통제 법리를 우리에게 다소 생소한 군에 대한 민주적·시민적 지도(지휘) 원리 등을 중심으로 좀 더 부연해 보자.

2차 세계대전 패전 후 군대가 해체되었던 독일에서는 군대의 재건, 재군비화가 진행되자 이에 대한 국민들의 저항이 대단하였다. 제도권 내에서도 프로이센, 나치스 군대와 같은 '군국주의' 군대의 재등장에 대한 경계심이 표출되었다. 독일의 연방군이 더 이상 "국가 속의 국가"(Staat im Staate)가 되어서는 안 된다는 점에 대해서는 보수, 진보 세력 할 것 없이 동의했다. 그 결과 서독기본법은 독일군의 과거회귀를 방지할 여러 가지 헌법적 안전장치를 두게 된다. 그 중에 하나가 기본법 제45b조에 의해 도입된 국방감독관(군옴부즈만, Wehrbeauftragter) 제도인데, 이 제도의 근저에는 이미 군을 정치적으로 통제하고, 군과 사회를 통합시키려는 목적의 여러 구상이 자리 잡고 있었다. 또한 정치의 우위(Primat der Politik) 원칙의 구체화로서 "국방장관은 군대에 대한 명령권과 지휘권을 가진다"고 한 기본법 제65a조가 헌법개정과 함께 기본법에 들어오게 된 것도 같은 배경에서 이해할 수 있다. 이 조항을 근거로 연방군대는 행정부의 일부가 되고, "의회에 책임을 지는 국방부장관에게는 군대에 대한 명령, 지휘권이 위임된다." 군사부문이 의회통제의 시스템 속에 들어오게 된 것이다.

이러한 헌법적 안전장치들의 근저에 놓여 있는 것이 바로 민주적·시민적 지도(지휘)이념이다. 그것은 기본법 제45b조의 국방감독관의 임무를 구체화한 국방감독관법 제1조에 의해 실정법상의 개념으로도 수용되었다.

민주적·시민적 지휘(혹은 지도)이념이란 독일어 innere Führung을 번역한 것인데, 우리말로 직역하자면 '내면(적) 지도' 혹은 '내적 지도' 쯤 된다. 필자도 예전에는 내면 지도 혹은 내적 지도라는 번역어를 사용했으나 이 개념의 본래 의미를 깊이 있게 검토해 본 결과 위와 같은 번역이 타당하다는 생각을 하게 되었다.

민주적·시민적 지도(지휘)라는 것은 군사사회학자 브레도프(W. v. Bredow)에 의하면 "군의 내부조직적인 자기이해 및 행동과, 군과 외부의 시민적 세계와의 관계를 정의하는 군의 모든 성문·불문의 제 규정 및 제 준칙의 총체"이다. 발트(Detlef Bald)는 보다 구체적으로 "일반적으로 민주적·시민적 지도란 연방공화국에서 군이라는 권력세력 내에 있는 군국주의적, 파시즘적, 반민주적인 역사적 제 경향의 부활과 대결하여, 민주적·법치국가적 군제를 구상하고 관철하려는 1950년대 초 이래의 제반 노력이 포괄적으로 표출된 것"이라고 정의하고 있다.[10)]

민주적·시민적 지도(지휘)이념은 독일에서도 그 법적 정의가 존재하지 않으므로[11)] 그 의미를 두고 논란이 있으나 대체로, 군 내부적으로는 군대의 기능적합성 및 군 내부질서의 법치국가적 구성을 유지하고 대외적 관계에서는 군대, 민주주의와 사회를 합치시키는 것이라고 보고 있다.[12)] 다시 말해, 군 내부적으로는 기본법상의 가

10) 브레도프와 발트의 진술은 水島朝穗, 『現代軍事法制の硏究』, 日本評論社, 2000, 59쪽에서 재인용한 것임.

11) Rudolf Dolzer/Klaus Vogel/Karin Graßhof(Hrsg.), Bonner Kommentar zum Grundgesetz, Heidelberg, 2001, 제45b조, 옆 번호. 77번(Eckart Busch 집필).

12) Rudolf Dolzer/Klaus Vogel/Karin Graßhof(Hrsg.), 위의 책, 2001, 제45b조, 옆 번호. 74번(Eckart Busch 집필).

치관념이 군인의 실존적 삶의 기초가 된다는 것, 그리고 대외적으로는 시민과 군인의 이분법을 극복하고, 군대와 민주주의, 국가와 군대, 연방군대와 시민사회 간의 긴장을 해소함으로써 군대를 사회로 통합시키는 지속적인 과정이 민주적·시민적 지도(지휘)이념으로 표현되고 있다는 것이다.[13)]

그렇다면 이러한 입헌주의의 요청에 현실의 군대는 얼마만큼 부응하고 있는가? 한국군대 내에서의 법치주의 상황을 요약하는 것으로 이 질문에 답해보자.

(1) "국민의 자유와 권리를 제한할 때에는 반드시 법률에 의거해서 하라"는 헌법의 원칙(헌법 제37조 제2항 참조)은 군사행정에서는 거의 지켜지지 않는다. 예컨대 오늘날 그 존재필요성이 부인되고 있는 '특별권력관계법리'는 적어도 한국군대에서는 여전히 관철되고 있다. 현행 군인사법 제47조의2는 군인의 복무에 관한 것을 대통령령에 위임하고 있고, 대통령령인 군복무규율은 군인의 내부생활에 관한 규율을 국방부장관·각군 참모총장이 정하도록 하고 있다. 군인의 기본권을 법률의 근거 없이도 얼마든지 제한할 수 있게 되어 있는 구조라 하겠다.[14)] 한편 "중요한 군사제도는 반드시 법률로 정하라는 군사조직법정주의"는 거의 무시된다. 조직관련법률들은 전형적인 대강법(大綱法)의 형태를 취하고 있다. 그 전형이 국군조직법이다.

---

13) Rudolf Dolzer/Klaus Vogel/Karin Graßhof(Hrsg.), 위의 책, 제45b조, 옆 번호. 76번(Eckart Busch 집필).
14) 김철용, 『행정법 I』, 제9판, 박영사, 2006, 114-115쪽 참고.

(2) 국가행정의 공개는 국가활동의 투명성을 의미하며 법치주의 실현의 기초가 된다. 무언가를 통제하려면 일단은 정보가 공개되어야 한다. 그런데 군대는 국민들이 들여다 볼 수 없는 대표적인 비밀영역에 속한다. 한국 군대는 군사기밀보호법 등의 보호막을 쓰고 첩첩이 비밀에 싸여있다. 비밀주의는 실상 군대 운영의 비민주적, 권위적 운영을 가능케 하는 가장 결정적 요소이다.15) 그것은 군사행정의 적정성, 타당성에 대한 외부적 심사(국회, 법원, 국가인권위원회 등)를 저지하는 걸림돌로 작용하고 있다.

(3) 군은 원래 법보다는 명령과 지휘관의 재량적 판단을 앞세우는 조직이지만 한국군의 경우 이러한 경향이 지나치게 강하다. 지휘관은 명령불복자를 사실상 아무런 법적 절차 없이 곧바로 군 영창에 보낼 수 있다. 명령과 그에 대한 복종이 조직을 움직이는 기

15) 군대내 비밀주의가 발생하는 한 원인을 폭행사고 및 그와 관련된 사망사고 처리 방식을 통해 살펴보자. '구타 및 가혹행위 근절지침'(국방부훈령 제463호) 및 '육군시행지침'(국방부훈령 제463호에 함께 편철됨)에 따르면 폭행사고가 발생한 경우 가해자가 처벌받는 외에 피해자도 원인을 제공한 것으로 밝혀지면 사법처리 되거나 징계를 받는다. 나아가 당직 근무자에서부터 그 부대의 최고지휘관에 이르기까지 지휘책임을 물어 처벌한다. 더욱이 관련사고로 인한 사망사고가 발생한 부대에 대해서는 조사결과에 따라 장관급(將官級) 지휘관에게 상당한 제재가 가해진다. 이러한 집단책임추궁주의는 결국 폭행사고 및 관련사고 처리에서의 비밀주의를 낳게 된다. 즉 집단적으로 책임을 추궁 당할 것을 우려하여 하부조직에서 자체적으로 사고를 은폐하거나 경미하게 처벌 또는 무마시키는 경우가 발생하게 되는 것이다. 더욱 우스운 것은 위의 국방부 훈령조차도 대외비로 되어 있다는 사실이다.

본 요소가 되다 보니 조직 내 의사소통은 거의 기대하기 어렵다. 상급자와 하급자가 함께 의견을 형성한다든지, 하급자의 의견과 상급자의 의견이 경합할 수 있는 경우는 찾아보기 힘들다. 하사관(부사관)이라 불리는 중간 관리층이 군조직에서 행하는 역할은 매우 제한되어 있다. 독일, 네덜란드에서와는 달리 한국군의 운영에서 하급자, 중간 관리층이 인사, 행정문제에 참여하는 길은 전혀 마련되어 있지 않다.

(4) 끝으로 법치주의원리를 실천하지 못하는 군 사법제도의 문제점을 지적할 수 있다. 군 사법제도는 재판의 공정성보다는 군기 확립을, 피고인 및 피해자의 인권보다는 지휘권 보장에 더 치중해 왔다. 이러한 현실은 재판청구권 등 군인에게 보장된 절차적 권리의 실현을 저해하였다. 군(특히 군 지휘관)에 의한 경찰권·사법권 행사를 철저히 부정하거나 제한하는 민주주의적 법치국가와 거리가 먼 제도운영이 아닐 수 없다.

군 수사기관의 문제점도 자주 지적되고 있다. 한국 군 내에는 군 수사기구가 있지만 군대 내 폭행 및 가혹행위, 나아가 그로 인한 죽음과 관련한 사고의 조사 및 수사에서 이들은 제 역할을 하지 못하고 있다는 비판을 받고 있다. 검사의 수사지휘를 받아 수사를 해야하는 일반사법경찰관리와 달리 군 수사관은 사실상 군 검찰관의 수사지휘를 받지 않는다. 군 수사관 즉 군 사법경찰관의 범죄수사를 지휘하는 것은 직무상 상관(그 정점에 사단장 등 지휘관이 위치)이고, 그들은 직무상 상관의 명령에 복종해야 한다(군사법원법 제45조). 경우에 따라서는 수사의 대상이 될 수도 있을 군 지휘관이 - 그들은 군 수사관, 헌병대장에 대한 인사고과를 매길 권한을 갖고 있기도 하다 - 수사를 지휘하게 될 때 발생할 수 있는 상황을 예상하기란 어렵지 않다. 군 지휘관들의 관심사는 군대의 기강을 유지하여 군 전력을 극대화하는 일이고, 군 수사기구는 바로 그러한 그들의 관심사를 실현하는 보조기구일 뿐이다. 이러다 보니 중립적이고 객관적인 조사 및 수사는 이루어지기가 어렵다.

제3절 대응: 군인의 권리보장으로부터 시작하기

법률에 의한 기본권제한이 실천되지 않고, 철저히 비밀주의적으로 운영되고 있으며, 법령보다는 명령을 앞세우는 군대. 명령의 무조건적 수용을 강요하는 군대. 그 과정에서 구타, 가혹행위가 발생하고 그로 인해 또한 자살과 의문의 죽음이 끊이지 않는 군대. 그리고 그러한 사건들을 독립적이고 공정하게 처리할 수사기구·사법제도가 작동하지 않는 군대. 이런 군대 안에서 오늘도 한국의 60여만 장병들의 기본권이 위협받고 있다.

국민의 기본권(생명과 자유) 보장이라는 입헌주의의 고유한 목적을 생각한다면 전근대적·봉건적 군대에 징집되어 국민으로서 당연히 누려야 할 권리들을 상당 부분을 포기하고 살아가야 하는 장병들의 생명과 안전, 자유를 확보하는 일을 군에 대한 입헌적 통제의 출발점으로 삼지 않을 수 없다. 군인을 마치 물건 혹은 대상으로 인식하는 군대가 존속하는 한 군에 대한 입헌적 통제라는 것도 결국 허구에 불과하기 때문이다.

군대에 대한 입헌적 통제가 국민적 지지를 받기 위해서는 '군인기본법'과 같은 법률의 제정을 통해서 군인들의 인권을 보장하는 개혁조치를 반드시 실천해야 한다. 양심적 병역거부권도 하루빨리 보장해야 한다. 그러나 그러한 개혁이 있기 전이라도 현재 한국 군내부의 가장 심각한 문제 중 하나인 군대내 구타, 가혹행위 방지하기 위한 아래와 같은 권리 및 제도의 보장이 시급하다.

(1) 구타, 가혹행위 등 군대내 사고는 하급자를 괴롭히거나 구타하는 상급자와 따돌림을 당할 정도로 군 복무에 적응하지 못하는 하급자의 존재로부터 출발한다. 이런 자들을 사전에 가려내기 위해서는 징병검사절차를 강화해야한다. 징집된 병사에 대해서는 세밀한 신상파악을 근거로 정확한 병과를 부여해야하며, 병사에게는 병과부여과정에서 재량이 흠 없이 행사되었는지를 문의할 권리를 부여해야 한다. 이런 권리를 인정하는 것은 결국 행정법에서 말하는 일종의 무하자재량행사청구권을 군사행정법에서 구체화하는 것이 될 것이다.

(2) 군 생활에 적응하지 못하는 병사들이 자살, 탈영 등 극단적 행동을 하지 않게 하려면 사전예방이 중요하다. 그러자면 적응력이 떨어지는 병사들을 사전에 발견하여 상담할 전문인력(특히 정신과 전문의인 군의관, 군목, 주임원사, 인사장교)을 충분히 배치해야 한다. 여러 이유로 군대생활에 적응하지 못하는 병사를 조기에 발견하여 상담을 받을 수 있게 배려하는 것도 인권의 한 내용이기 때문이다. 이런 경우 지휘관은 전문인력에게 적성검사를 의뢰해야

할 의무를 지고, 반대로 해당 병사에게는 적성검사를 요구할 수 있는 권리가 주어져야 한다. 전문적 정신상담을 받을 수 있는 이익은 지휘관이 베푸는 시혜(施惠)가 아니라 장병 한사람 한사람의 권리로 인정되어야 한다. 적응력이 떨어지는 병사들을 그대로 방치하는 것은 지휘관의 보호의무위반으로 보아야하고, 반면 그러한 병사 및 그의 가족들에게는 적절한 조치를 취해줄 것을 요구할 수 있는 권리를 인정해야 한다. 이런 권리들을 인정하는 것은 결국 행정법에서 말하는 행정개입청구권을 군사행정법에서 구체화하는 것이 될 것이다.

(3) 사실상 포괄적·전면적 지배권 아래 놓여 있는 군인의 특성을 감안할 때 침해적 처분·결정이나 상황에 대해 해당 장병이 이의제기를 한다는 것을 기대하기란 어렵다. 일반 장병들이 받는 침해는 대개 법적으로 구성하기 힘든 사실상의 불이익인 경우가 많을 것이므로 이들 침해에 대해 행정심판이나 행정소송으로 다툰다는 게 쉽지 않다. 나아가 법적으로 다툴 수 있는 불이익이라고해서 불이익을 받은 자가 실제로 행정심판 — 예를 들어 군인사법 제60조에 보장된 징계항고권의 행사 — 이나 행정소송을 제기하기도 어렵다.[16] 국회청원도 실효성이 없다. 따라서 앞으로는 쟁송으로 다툴 수 있는 '처분' 등에 대해서는 쟁송을 적시에 제기할 수 있도록 제도를 정비하고, 청원을 수리·처리하는 담당관을 충분히 확보해야

16) 2000년과 2001년 징계를 받은 2만2938명 가운데 징계항고권을 행사한 사병은 단 한명이었다. 지휘관이 명령한 징계에 대해 항고한다는 것은 군대생활에서 제 무덤을 파는 짓이기 때문이다. 한겨레21, 특집기사 「살 떨리는 말 "너 영창 갈래?"」, 2003년01월15일 제443호, 19쪽.

한다. 예를 들어 군단급 사령부에 청원담당관실을 설치한다든지 국회 국방위원회의 소위원회 중 청원을 담당하는 소위를 활성화하여 전문적으로 청원을 처리할 청원담당관을 두는 방안을 고려해 볼 필요가 있다. 고충심사를 청구할 수 있는 자의 범위, 고충심사 대상도 확대할 필요가 있다.

물론 이상 거론해 본 권리들이 하루아침에 그것도 저절로 관철될 수 있는 것은 아니다. 이런 권리들이 관철된다는 것은 군사행정에 대한 법적 통제가 강화된다는 뜻이고, 이러한 상황에 대해 군은 '지휘권 훼손'이라는 논리를 들어 저항할 것이다. 그 저항을 이겨내고 군을 입헌주의의 틀 내로 끌어들이자면 군인의 권리를 존중하고 지켜내려는 국민 각자의 인식과 투쟁이 필요하다. 대통령 직속 의문사진상규명위원회가 최근까지의 활동을 통해 이른바 '녹화사업과 그 피해자들'을 둘러싼 진실의 일단을 드러낼 수 있었던 것도, 그리고 그 결과 군 수사기관 및 군 사법기관 개혁에 대한 대중의 관심을 환기시킬 수 있었던 것도 군 의문사 유가족들의 피눈물 나는 노력이 있었기에 가능했다. 그러한 노력들이 일부 시민들에 국한되지 않고 다수 시민들의 관심사가 되어야 한다. 그러한 관심사를 이어받아 국가인권위원회 같은 기구들이 군인인권보호기능을 강화해야 한다.[17] 법원과 헌법재판소도 이제까지의 소극적 태

17) 현행 국가인권위원회법은 군대 내 인권침해에 대한 대처방안을 갖고 있지 않다. 군 교도소(지소·미결수용실 및 헌병대영창을 포함한다)를 구금·보호시설의 하나로 분류하여 방문조사 대상지로 선정해두었으나, 실제로 병 상호간에 이루어지는 인권침해의 대표적 현장인 내무반 등을 방문하여 조사할 수 있는 권한은 없다. 그런데 사실 한국군대의 내무반이야말로 실제적으로는 가장 전형적인 구금·보호시설로 보

도를 버리고 군 관련사건 심사에서 보다 적극적인 법해석을 시도해야 한다. 그러한 노력들이 축적되어 간다면 군에 대한 입헌적 통제의 가반도 하나씩 마련되어 갈 수 있을 것이다.

아야 한다. 이들 영역에 대해서도 사전 통지 없이 어느 때건 방문하여 조사할 수 있는 기구가 설치된다면 군대 내 폭행, 구타 및 이로 인한 사망사고 등은 현저하게 줄일 수 있을 것으로 본다.

제3장
국방에 대한 민주주의적 통제*

제1절 문제의 소재

한반도에 자리 잡고 있는 남과 북의 군사력은 한반도 자체를 파멸에 이르게 할 정도로 막강하다. 이러한 군사력은 이미 냉전 시대에 형성되었으며, '불안한' 균형을 이루어왔다. 냉전 체제 이후 당연히 개시되었어야 할 한반도 내에서의 군비감축 논의가 전혀 진전을 보지 못하고 있는 사이, 미군의 재배치 전략으로 인해 한반도가 새로이 군사적 대결의 장으로 변모해가고 있다는 우려가 커지고 있다. 이러한 상황에서 2006년 5월 4일 군경합동으로 감행된 평택 대추리 일원의 토지 및 농지 강제접수는 한반도의 평화와 평화적 생존권을 주장하는 모든 국민들에게 큰 충격을 주었다.

당시 민주주의 법학연구회는 "'1980년 5월 광주'이래 처음으로

---

* 이 글은 같은 제목으로 『민주법학』, 제32호, 2006년 23-54쪽에 기고한 논문을 가필한 것임.

군대까지 동원하여 이른바 미군기지 확장 예정지인 평택 대추리를 강제적으로 접수"한 노무현 정권을 규탄하면서, "자기 땅에서 평화롭게 농사짓기 원하는 주민들, 한반도의 평화와 인권을 위해 모인 시민들이 그 땅에서 축출된 이후 (……) 더 이상 그 누구도 접근하기 어려운 군사요새로 급격하게 변모하고" 있는 대추리의 현실에 대해 우려한 바 있다.[1)]

그로부터 벌써 반년이 지났다. 다수의 주민들이 그곳을 떠났지만, 여전히 적지 않은 수의 주민들과 평화인권활동가, 문화예술인들이 그곳을 떠나지 않고 평화주의와 평화적 생존권을 주장하고 있다. 대추리 이후에도 한미 군사권력은 자신들이 바라는 바대로 군산시 직도에 전투기 사격훈련을 위한 자동채점장비를 설치할 수 있게 되었으며, '평화의 섬' 제주도 화순항에 해군기지 설치를 끊임없이 획책하고 있다. 특히 화순항 해군기지는 평택과 아울러 동북아 지역에서의 미군의 군사력 기동에 아주 중요한 거점이 될 것인데, 이러한 기지 재편은 더욱 증대된 군사위협, 전쟁위협을 한반도 전역에 불러올 것이다. 그러므로 평택 대추리에서의 싸움은 대추리만의 문제가 아니다.

그러나 시간이 지나면서 일반 대중들의 뇌리에서 대추리 문제는 점차 잊히고 있다. 2006년 10월 초 북핵문제가 터지면서 대추리 문제에 대한 망각속도는 더욱 빨라지고 있다. 대추리 문제만 망각되고 있는 것이 아니다. 한반도와 동북아 평화공동체를 향한 희망도 희미해져가고 있다.

그렇다면 결국, 대추리는 미군기지로 자리 잡고, 한반도는 미군

---

1) 민주주의 법학연구회 성명서. 2006. 6. 22자.

의 군사변환 프로그램에 따라 대중국 전초기지가 되고 말 것인가? 이러한 변화에 대하여 국민이 저항할 수 있는 길은 없는가? 국방의 영역은 정녕 민주주의적 통제로부터 벗어나 있는가? 국방 정책과 법제도의 형성에 의회의 개입 여지는 존재하는가? 이 글은 평택 대추리 사태를 계기삼아 '국방과 민주주의'의 관계를 비판적으로 검토해보고자 하는 취지에서 기획되었다.

'군에 대한 민주주의적 통제' 혹은 '국방에 대한 민주주의적 통제'는 둘 다 군사안보 분야에 대한 민주주의적 통제를 지향한다는 점에서 공통점이 있다. 그러나 전자가 군대와 인권문제, 군사조직에 대한 민주주의적-법치주의적 통제강화와 함께 국방정책의 수립·결정·집행에 대한 통제라는 쟁점을 모두 포괄하는 것이라면 후자는 통제의 대상을 하나의 '영역'으로서 군에 한정하지 않으면서도(즉 외교안보권력에 의한 국방정책 수립·결정·집행까지 포함하여), 주로 군부세력이 중심이 되어 수립·결정·집행하는 국방정책에 대한 민주적 통제라는 쟁점에 집중한다는 차이가 있다. 물론 국방정책에 대한 통제의 계기는 내부로부터도 도출될 수 있다고 할 때 — 예컨대 국제법에 반하는 전쟁에 참여하거나 협력하고자 하는 국방권력자·명령자에게 불복하는 군 조직 내부의 집단적 혹은 개인적 명령 불복종 행위 — 군인 인권의 보장을 통한 군에 대한 민주주의적 통제강화는 결국 국방에 대한 민주주의적 통제로도 연결될 것이다.

국방에 대한 민주주의적 통제를 주류 헌법학의 민주주의이해에 따라 단계적으로 정리해 보면[2] 국민에 의한 민주적 통제, 국회에

---

2) 주류 헌법학의 민주주의 해석과 그에 대한 비판은 이계수, 「참여민주주

의한 민주적·정치적 통제(법률·예산·조약의 승인, 국정조사권의 행사 등), 대통령에 의한 정치적 통제(군 최고사령관으로서 대통령의 최고지휘감독권·인사권 등), 국방장관에 의한 정치적·행정적 통제 등으로 나누어 볼 수 있다.[3)]

물론 민주주의적 통제방식에 대한 나열이전에 국방에 대한 민주주의적 통제가 애시 당초 가능한가 하는 근본적인 의문을 던져볼 필요가 있다. 의회가 과연 국방을 통제할 수 있을까, 대통령이나 '문민'장관은 군부전문가 세력을 어느 정도 민주적으로 견제할 수 있을까. 서두에서 미리 이 글의 결론을 요약하자면 이렇다. 의회에 의한 국방권력통제가능성, 정치에 의한 군사행정통제가능성을 부인할 필요는 없다. 그러나 국방 및 군사안보 권력은 사실상 통제불가능의 영역에 들어가 있다. 국방권력을 그 영역에서부터 끌어내는 것은 국민·주민의 평화운동, 그리고 네트워크로 연결된 전 세계 평화주의 세력의 반군사·반전 시민불복종운동이다.

제2절 헌법개념으로서 국방

1. 국방에 대한 민주주의적 통제를 논하자면 먼저 통제의 대상인 '국방'에 대한 개념정의부터 내려야 한다. 교과서에 의하면 국방, 즉 국토방위는 "외부적 위협이나 침략으로부터 영토를 보전하

의의 이상과 현실: 헌법 이론적 진단」, 『공법연구』, 제35집 제1호, 2006, 189-192쪽 참고.

3) 小針司, 『防衛法概觀: 文民統制と立憲主義』, 信山社, 2002, 86쪽 참고.

는 것"[4]을 말한다. 이 정의는 매우 간명하나 중요한 의미를 갖고 있다.

원래 한국헌법은 1948년 헌법 제6조에서 "대한민국은 모든 침략적인 전쟁을 부인한다. 국군은 국토방위의 신성한 의무를 수행함을 사명으로 한다"고 규정해 외부로부터의 침략에 대한 방위, 즉 자위권만을 인정했다. 헌법제정회의록에 따르면 헌법안을 기초한 유진오 전문위원은 "현재 세계의 중요한 국가가 '전쟁포기에 관한 조약'에 가입하고 있(고)", "거기에는 전쟁포기에 관하여 규정하고 있(다)"고 하면서 "이 헌법초안은 그 기본정신을 승인"한 것이라고 밝히고 있다.[5] 그리고 또한 설명하기를 "침략전쟁을 부인하지만 동시에 국군을 두"는데, "그 군대는 침략전쟁을 행하는 군대가 아니고 국토방위의 수행을 사명으로 하는 방위적인 군대"라고 하였다.[6]

그러나 5.16 군사쿠데타 이후 만들어진 1962년 헌법은 제4조에서 침략전쟁을 부인하고 있을 뿐 국군의 사명을 국토방위에 한정하는 규정을 삭제하였다.[7] 이 규정은 1980년 헌법에 다시 들어오게 되나, 국군의 사명에 '국가 안전보장'이 추가되었고 현행 헌법에서도 이 조항은 그대로 유지되고 있다.[8]

헌법교과서들이 현행 헌법 제5조의 '국가 안전보장'의 의미에

---

4) 권영성, 『헌법학원론』, 법문사, 2004, 256쪽.
5) 국회도서관입법자료국, 『헌법제정회의록』, 헌정사료 제1편, 국회도서관, 1967, 102쪽; 이경주, 「한·일 헌법의 평화주의에 관한 연구」, 『세계헌법연구』, 제4호, 1999, 164쪽에서 재인용.
6) 국회도서관입법자료국, 앞의 책, 136쪽; 이경주, 앞의 글, 165쪽에서 재인용.
7) 이경주, 「개헌사와 평화주의」, 『민주법학』, 제31호, 2006, 166쪽.
8) 이경주, 앞의 글, 178쪽.

대해 명확하게 해석하고 있지는 않고 있으나, '국가 안전보장'이 국군의 사명의 하나로 추가됨으로써 헌법제정권자들이 의도했든 의도하지 않았든 간에 국군을 해외에 파병하거나 군사조약을 맺어 집단적 자위권을 행사할 수 있는 헌법적 근거로 삼아볼 수 있는 조항이 등장하게 되었다는 점을 부인하기는 어렵다.9) 국가의 안전보장, 국가안보는 국민의 정치적 기본권 행사를 억압하고 통제해온 전가의 보도이자, 국가권력의 비밀주의와 무소불위의 권한행사를 정당화 해온 막강한 '권력개념'이었다.10) 그리고 그것은 헌법의 사명, 즉 국가권력 통제기능을 무력화시켰던 '국가이성'이자 도구적 개념이기도 했다. 그러한 개념이 헌법에 들어오면서, 그리고 그것이 헌법이 인정한 국군의 사명으로 '격상'되면서, 군의 임무를 분명하게 '국토방위'(=국방)로 한정하여 '군사권력을 제어하고 그 권력이 정치적으로 남용되는 것을 방지한다'는 헌법 본래의 사명은 유명무실해져 버렸다.

1960년대의 베트남 파병에서 2003년의 이라크 파병11)에 이르기

---

9) 인권하루소식, 2006. 2. 24자(http://sarangbang.or.kr/bbs/view.php?board=hrnews&id=768&page=). 이 기사는 인권단체연석회의의 「헌법 기본권 연속 세미나」 중 '평화적 생존권'을 다룬 이경주 교수의 강연을 소개한 것이다.

10) 국가의 안전보장이 우리 헌법의 조문에 등장한 것은 1972년 유신헌법부터이다. 당시에 이 규정은 기본권 제한의 사유로 수용되었으나 곧 이어 1980년에 이르면 헌법의 평화주의 조항에 이 문구가 들어오게 된다. 이로써 국민의 인권보장을 위한 국가권력 제약의 원리로 기능해 온 헌법의 평화주의 조항은 크게 변질된다. 이경주, 앞의 글, 176-177쪽.

11) "국제평화의 유지에 노력하고 침략적 전쟁을 부인"하도록 한 헌법 제5조 제1항을 준수하지 않고 '한미군사동맹'에 휘둘려 미국의 이라크

까지 국군의 해외파병은 그것이 침략적 전쟁을 부인한다는 현행 헌법 제5조 제1항에 반하는지를 논하기 이전에, 1948년 헌법 제6조가 규정하였듯이 국군의 사명을 국방에 한정하는 한에서는, 파병 그 자체로 이미 헌법위반이 된다. 그 점에서 국군의 사명을 아예 공백으로 남겨두거나(1962년 헌법), 국토방위 외에 '국가 안전보장'을 포함시키는 헌법 개정(1980년 헌법)은 국군에 대한 민주주의적 통제에 상당한 장애로 다가온다. 그러기에 한국전쟁 이후 미국과의 상호방위조약이 체결된 현실적 상황 하에서도 국군의 사명을 국방으로 의연 한정한 1960년 제2공화국 헌법의 헌법정신을 지금의 시점에서 되새겨 보는 것은 결코 한가한 헌정사적 고담준론이 아니다. 같은 맥락에서 "군대의 실체를 인정하되" 그에 대한 입헌적 통제가 가능하기 위해서는, 그리고 침략전쟁을 부인한 제5조 1항과의 정합성을 위해서는 안전보장의 개념을 대단히 한정적으로 해석하여야 한다는 주장[12]의 평화주의적 함의를 적절히 평가해야 할 것으로 본다.[13]

안전보장에 대한 한정적 해석에 의거한다면, 평택 대추리로의

침략전쟁에 대해서까지 군사적 지원을 하고 있는 대한민국정부의 헌법파괴행위(Verfassungsbruch)에 대해서는 디터 다이저로트/ 이계수 옮김, 「헌법파괴의 심연에서: 미국이 이라크 전쟁을 위해 독일 내 미군기지를 사용하는 것에 대한 헌법적 평가」, 『민주법학』, 제23호, 2003, 500-503쪽을 참고하라.

12) 同旨 이경주, 앞의 글, 186쪽.

13) 그러나 현실에서 안전보장 개념은 무한정으로 확대되어 국가이익(=국익)이면 그것이 경제적인 것이든 외교적인 것이든 국가안보와 관련된다는 식의 '포괄안보' 논리가 횡행하고 있다. 국방부, 『국방백서』, 2004년 판, 44-46쪽 참고.

미군기지 확장·재편성의 전제가 되고 있는 미국 정부의 '전략적 유연성' 전략에 대한 한국정부의 적극적 승인 혹은 소극적 인용(認容)은 헌법 제5조 제2항에 대한 중대한 위반이 될 수 있음을 직시해야 한다. 미국의 전략적 이익을 보호하기 위해 전력을 특정 지역과 임무에 국한시켜 운용하지 않고 필요시 원하는 장소에 융통성 있게 이동·투사하여 임무를 수행할 수 있도록 주둔군의 기능과 성격을 변환시키는 것이 '전략적 유연성'의 핵심이다. 이 전략적 유연성에 따라 한반도 내 미군이 융통성 있게 전력을 이동·투사하게 된다면 미군 기지를 제공하고 있는 대한민국은 국제법상 자동적으로 전쟁당사국이 되고 만다. 이러한 결과는 오히려 국가의 안전보장에 반하는 것이며 국토방위의 신성한 의무와도 배치된다. 나아가 그것은 "국제평화의 유지에 노력하고 침략적 전쟁을 부인"하고 있는 헌법 제5조 제1항에도 위반된다.

이러한 현실에 대해 헌법적 제어가 이루어질 수 있으려면 궁극적으로 헌법 제5조 2항에서 "국가 안전보장"을 삭제하여야 하나, 우선 잠정적으로는 '국가 안전보장'을 명목으로 한 해외파병 등 평화주의원칙과 평화적 생존권에 반하는 국방정책을 의회가 실질적으로 통제할 수 있도록 의회의 권한을 확장하는 입법적 보완이 필요하다.[14)]

2. 군대의 사명이 국방에 한정되지 않고 '국가 안전보장'까지 확

---

14) 오동석, 「국군의 외국 파견에 대한 헌법적 검토」, 『민주법학』, 제29호, 2005, 365쪽은 국군의 해외파병에 대해서는 헌법에 따른 엄격한 심사가 뒤따라야 함을 지적하고 있다.

장됨으로써 발생하는 평화헌법의 무장해제적 상황은 이외에도 또 다른 문제를 야기하고 있다. 군대의 사명이 국가 안전보장까지로 확대(해석) 되면서 군대는 점차 다기능적 안보기관(multifunktionelle Sicherheitsbehörde)[15]으로 변모하고 있다.

외적의 침략을 방지하는 것 외에 대내적으로 이른바 '자유민주적 기본질서'를 보장하는 것까지를 국가안전보장이라고 이해하는 일부 보수헌법학자의 견해를[16] 굳이 따르지 않는다고 하더라도, 대내적 안전의 유지(전통적으로 경찰의 임무)와 대외적 안전의 유지(전통적으로 군대의 임무)사이의 경계를 허무는 군사안보권력의 득세로 인해 군대의 역할은 점차 확대되고 있다.

대내적 안전보장과 대외적 안전보장 사이의 경계상실은 냉전의 종식과 함께 본격적으로 나타났다. 이러한 논의의 선두주자는 역시 미국이다. 미 육군은 1993년 6월에 발간된 미 육군 『야전교범 100-5』에서 처음으로 전쟁이외의 작전(Military Operations Other Than War)이라는 개념을 사용하기 시작했다. 이와 같은 개념변화는 군사교리가 냉전 시대의 군으로부터 위기대응군으로 바뀌게 되면서 나타났다.[17] 군대는 외부적 도발에 대처해야 할뿐만 아니라 국내의 주요문제들인 국가지원활동(군 가용병력의 지원 및 제공, 지역사회경제발전에 기여), 인도주의적 구호활동(자연 및 인공재난으로 인한 위험제거 및 재해를 입은 자들에 대한 구호활동), 마약

---

15) Martin Kutscha, "Verteidigung: Vom Wandel eines Verfassungsbegriffs", *Kritische Justiz*, 2004, 제3호, 238쪽.

16) 문홍주, 『제6공화국 한국헌법』, 해암사, 1987, 351쪽.

17) 양해성, 「사회발전과 군의 역할」, 신정현 편, 『선진국방의 비전과 과제』, 나남출판, 1996, 488쪽의 각주 5번.

유입차단활동, 대 테러작전 등의 평화유지활동에도 대처할 수 있는 능력을 구비하여 안보와 국내평화증진이라는 이중적 임무를 수행해야 한다는 논리이다.[18] 외부에서 침입하는 자들만이 적이 아니라, 난민, 국제마피아, 극우·극좌세력, 외국인, 테러리스트들도 국가를 위협하는 적이므로 그들과 맞서기 위해 군을 투입해야 하며, 그들과 맞서는 문제는 더 이상 대내적 안전(innere Sicherheit) 문제가 아니라 대외적 안전(äussere Sicherheit)문제로 된다는 주장이다.

이러한 경향은 미국만이 아니라 세계의 거의 모든 나라에서 나타나고 있다. 9·11 사건이 군대의 기능 확대에 중대한 정당화 근거로 작동한 것은 말할 것도 없다. 그리고 이제는 군대가 수행하는 대 테러작전이 군대의 본래적 임무인지에 대한 논의조차도 사라져, 대 테러작전은 중요한 군사 활동으로 인식되고 있기까지 하다. 예컨대 미 합동참모본부가 2004년 9월 발간한 『합동작전교리』 초안은 더 이상 '전쟁이외의 작전'이라는 개념을 동원하지 않으며, 대테러전 등 전쟁 이외의 군사 활동을 제반 합동작전의 하나로 기술하고 있다.[19]

군의 임무는 국토방위에 한정된다고 헌법에 명시하고 있는 독일에서조차 이러한 변환이 논의·실천되고 있다. 헌법학자이자 전직 국방장관이었던 루페르트 숄쯔는 1997년 8월에 이미, 미국의 방위군(Nationalgarde) 모델에 따라 독일연방군대의 임무를 확대해야

---

18) 양해성, 앞의 글, 488-489쪽 참고.
19) 강진석, 『한국의 안보전략과 국방개혁: 신 한·미 동맹과 조화적 자주국방의 과제』, 평단, 2005, 166쪽.

한다고 주장하였다.[20] 이어 2003년 5월 당시 연방국방부장관이던 슈투룩(Peter Struck)이 발표한 '국방정책지침'은 변화된 국방개념을 제시한 바 있다. 그에 따르면 국방이란 "전통적인 공격에 대한 국경선에 대한 전래방식의 방어" 이상을 의미하며, 국방에는 분쟁 및 위기의 예방, 위기에 대한 공동대응, 위기에 대한 사후조치가 포함된다. 따라서 국방개념을 지리적 공간과 반드시 결합시킬 수는 없다고 한다. 독일의 안전이 위협받는 곳이라면, 어디가 되었건 그곳에서의 안전 확보도 국방개념에 포함된다는 것이다.[21] 다만, 독일의 경우 군의 역할을 최대한 한정한 독일헌법의 규정을 근거로 군대의 대내적 치안영역으로의 임무확대에 반대하는 견해가 강력하게 제기되어 최근의 '항공안전법 위헌결정사건'[22]과 '군대에 의한 2006월드컵 구장 경비논란' 등에서 일정한 성과를 올리기도 했다.[23]

우리의 경우에는 군의 임무에 대한 제대로 된 헌법적 평가가 없

20) Martin Kutscha, 앞의 글, 같은 곳.

21) 이러한 변화된 국방개념에 입각하여 독일군은 크게 세 부분으로 재편(Umgestaltung)되고 있다. 제1그룹은 제1선 공격부대(Eingreifkräfte)로서 고강도 분쟁에 투입되는 35,000명의 병력으로, 제2그룹은 저강도 및 중강도 분쟁에 투입되는 부대(Stabilisierungskräfte)로서 70,000명의 병력으로, 제3그룹은 지원부대(Unterstützungskräfte)로서 137,500명의 병력으로 각각 구성된다. Martin Kutscha, 앞의 글, 228쪽.

22) BVerfG 1 BvR 357/05 v. 15. 2. 2006 - Luftsicherheitsgesetz. 이 결정에 대한 평석으로는 우선 Wolfgang Hecker, "Die Entscheidung des Bundesverfassungsgerichts zum Luftsicherheitsgesetz", *Kritische Justiz*, 2006, 제2호, 179쪽 아래를 참고할 것.

23) 국방개념을 둘러싼 독일에서의 논란에 대해서는 우선 다음의 글을 참고하라. 이계수, 「한국의 군사법과 치안법: 군사와 치안의 착종과 민군관계의 전도」, 『공법연구』, 제31집 제4호, 2003, 288-290쪽.

는 상황에서 이미 군이 다기능적 안보기구로 활동해왔다. 세계적으로 유래가 없는 전투경찰제도는 전환복무라는 편법을 통해 군인을 사실상 일상적인 경찰활동에 동원하는 시스템이다. 군대가 행하는 민간방재활동(民間防災活動) 혹은 대민지원은 여러 관점에서 헌법적 문제를 제기하고 있다.[24] 공공부문 파업 시 군인들을 대체인력으로 투입하여 결국 노사분쟁을 강제적으로 해결하는 경우도 많았다.[25] 그런 잘못된 관행들에 대한 헌법적 평가가 반드시 따라야 한다고 본다.[26]

국가권력을 통제하는 가장 좋은 방법은 권력을 나누는 것이고, 그것이 근대 헌법에서 대내적 안전보장기관과 대외적 안전보장기관의 구분으로 나타났다고 보면 된다. 그런데 그런 통제메커니즘을 이른바 테러사태와 같은 '비상상황'을 빌미로 작동불능상태로 만들어 버리는 군사안보권력에 대해 저항하지 않으면 입헌주의적 민주주의는 쉽사리 위기를 맞을 수도 있다는 점을 간과해서는 안 된다.

---

24) 예컨대 의무복무군인들을 일명 사스라고 하는 중증급성호흡기증후군 방재활동에 동원하는 경우 병사들의 생명 및 신체를 훼손당하지 않을 권리, 건강권 침해가 당장 문제가 될 수 있다.

25) 발전소 파업현장 등에 군을 투입한 사례가 있다. 2002년 2월에 발전소 민영화 등에 반대하는 발전, 전기, 철도 부문 파업이 있었고, 이에 사용자 측은 간부급 직원 외에 군 인력을 대거 파업현장에 대체인력으로 투입하였다.

26) 자세한 것은 이계수, 앞의 글, 290-295쪽.

제3절 국방에 대한 민주주의적 통제는 가능한가?

1. 파워 엘리트 그룹 중에서 군부 지도자들의 영향력은 어느 나라에서나 막강하다.[27] 그들은 국가안보 이데올로기와 '군사전문가'라는 지위를 적절히 이용하여 마치 국가 속의 별도의 국가를 형성하고 있는 양상이다. 이러한 상황은 한국에서도 동일하게 나타난다. 한국전쟁과 두 번의 군사 쿠데타를 거치면서 막강한 군부 헤게모니가 형성되어온 한국에서 군부의 영향력을 얘기하는 것은 새삼스러운 일이 아니다. 오히려 국방영역에서의 민주주의를 논한다는 것 자체가 새삼스러운 일일 것이다.

아무튼, 국방과 민주주의를 논하자면 우리는 새삼 민주주의란 무엇인가, 민주주의적 헌정국가에서 군대란 어떠해야 하는가 하는 근본적인 질문을 제기하고 그에 답해야 한다.

국방과 민주주의에 대해 문제를 제기하게 되면, 무엇보다 먼저 군부는 물론 정치사회 내부에 군대와 민주주의 관계에 대한 잘못된 신념체계 같은 것이 굳건하게 자리 잡고 있음을 쉽사리 확인할 수 있다. 그것은 맥아더가 말했다고 알려진 "군대와 민주주의는 무관하다. 민주주의적 군대란 존재하지 않는다"는 식으로 표현된다. 그러한 신념체계는 민주주의를 단순히 '다수결 원리'라는 절차원리로만 환원하는 잘못된 민주주의 관념에 기초해 있다. 군대사회는 "인권을 앞세우면 지휘권이 붕괴한다"거나 "민주주의를 주장하는 군대는 전투에서 패배하고 만다"는 식의 논리를 여전히 견지하고 있다.

---

27) C. W. 밀스, 진덕규 역, 『파워 엘리트』, 한길사, 1979, 제8, 9장 참고.

그러나 군대는 민주주의적 헌정체제를 수호할 뿐, 민주주의 그 자체와는 무관한 조직이라든가, 국방은 민주정체를 지켜내는 체제일 뿐, 민주정체로부터 통제를 받지는 않는 영역이라는 식의 논리가 더 이상 통용되어서는 안 된다고 생각한다. 민주주의적 법치국가라면 마땅히 그러한 법 논리가 더 이상 통용되지 않도록 법원리적, 법제도적 대응책을 마련해가야 한다.

한편, 법학계에서는 국방에 대한 민주주의적 통제 문제를 국방에 대한 헌법의 규범력 강화로 설명하는 것이 일반적이다. 즉, 국방에 대한 민주주의적 통제란 ① 군대에도 기본권 및 인권이 통용되도록 하는 것이자, ② 권력분립원리에 따라 군사권력이 입법·사법·행정 중 어느 한 쪽에만 집중되지 않도록 제도설계를 하는 것을 말한다. 또한 그것은 ③ 법치주의 원리에 따라 행정부의 일부로서 군대의 조직과 작용에 대한 법적 통제를 가하는 것을 의미한다.[28] 민주주의적 통제=국방에 대한 헌법의 규범력 강화로 보는 시각 자체는 일면 타당한 면이 있다. 그러나 민주주의란 그 이상이다.

국방에 대한 민주주의적 통제를 '문민통제'로 이해하는 견해도 많은 데, 헌팅턴은 문민통제의 본질을 정치적 책임과 군사적 책임의 확연한 구분이며 후자의 전자에 대한 제도적 종속이라고 정리하고 있다.[29] 그러나 국방에 대한 민주주의적 통제는 문민통제 그 이상을 의미한다.

민주주의란 한마디로 말하면 국민주권의 문제이다. 그것은 국민

---

28) Heike Krieger, *Streitkräfte im demokratischen Verfassungsstaat*, Habilitationsschrift, 2004, 475-477쪽 등.

29) 사무엘 P. 헌팅턴/ 박두복·김영로 공역, 『군과 국가』, 탐구당, 1997, 206쪽.

주권이 관철되는 제도이자, 국민이 권력의 주인이라는 사상이며, 경제적·정치적·인간적 해방운동이다.[30] 국방과 민주주의에서 핵심은 국민이 권력의 주인으로서 '전쟁자본주의', 제국주의적-패권적 군사주의로부터 해방되어 자신들의 삶을 평화적으로 설계하고 유지해나갈 수 있는가 하는 문제에 집중되어 있다고 보아야 한다. 그것은 또한 자본의 요구에 맞는 인간형을 재생산해내는 병영국가체제를 극복하는 인간해방운동이라고 보아야 한다.[31]

그러므로 국방에 대한 민주주의적 통제라는 과제는 '전쟁자본주의', 제국주의적-패권적 군사주의의 경제적·사회적 토대들을 제거해나가는 것을 목표로 해야 한다.

국방과 민주주의라는 쟁점을 단지 국방에 대한 '규범적' 통제 가능성의 문제로 축소해놓는다면 이는 매우 협소한 법률학적 민주주의 해석에 머물고 말 것이다. 또한 이를 문민통제 수준으로 확장한다고 하더라도 국민의 평화적 생존권을 보장하며, 전쟁과 군사주의로부터의 해방을 의미하는 평화주의적 민주주의의 원래적 의미에는 도달하지 못한다.

2. 국방과 민주주의를 위와 같은 관점에서 본다면, 오늘날과 같은 지구화된 자본주의 사회에서 국방에 대한 민주주의적 통제, 국

---

30) 吉田傑俊, 『現代民主主義の思想』, 青木書店, 1992, 제1장; 국순옥, 「제3회 대안헌법이론 2」, 『민주법학』, 제27호, 2005, 325쪽.

31) 그 점에서 인권 침해와 직결될 위험성과 경제를 파탄에 빠뜨릴 위험성을 내다보며 상비군 창설을 반대한 파리 코뮌의 군사소국주의 구상은 소중하게 평가되어야 할 것이다. 스기하라/ 이경주 옮김, 『헌법의 역사』, 이론과 실천, 1999, 145쪽.

방의 민주주의적 재구성은 도대체 가능할 것인가 하는 근본적인 의문에 봉착하게 된다.

자본주의는 군사력의 확장을 요구하는 체제이다. 미국 정부와 재계는 군사력의 확장이 새로운 기술의 개발과 새로운 수요의 창출에 기여한다는 사실을 과도하게 강조해왔다.[32] 그러나 그러한 강조가 초래하는 파멸적 결과 — 군비확산 노선을 추구한 레이건 정권 8년이 초래한 '쌍둥이 적자'(국제경상수지와 연바 재정의 적자) 등 재정파탄상황 — 는 노동자·농민 계급에게 전가되나, 군산복합체는 확대 재생산된다.[33] 정치권력은 이들의 영향력 아래 놓여 있다. 누가 누구를 통제한다는 말인가.

여기에다 자본주의의 전 지구화는 그나마 작동하던 민주주의적 통제체제마저 불구로 만들고 있다. 지구화 과정에서 각국이 서로 얽혀들어 갈수록 '안보'위기와 분쟁의 영향이 한 국가에 국한될 가능성은 줄어든다. 반면 자국의 '안보'정책이 다른 나라 및 지역의 결정과 사건에 의해 영향을 받을 가능성은 커진다. 이러한 변화의 와중에서 안보기구(정보기관, 경찰, 검찰, 군대 등)들은 국제협력의 틀을 발전시킨다. 그런데 그러한 국제협력의 틀을 만드는 과정에서 미국, 나토와 같은 패권복합체[34]가 바라는 효율성 및 효과만이

---

32) 스기하라 야스오/ 이경주 옮김, 앞의 책, 225쪽.

33) 미국의 군산복합체는 한국에 형식적인 전시작전 통제권을 주고 한국군의 독자적인 전쟁수행 능력 제고를 위한 미국제 최첨단 무기(조기경보기, 미사일 방어망 등)를 구입하라고 종용할 가능성이 있다. 전시작전권 환수 이후 한국군의 자주국방을 위해 미국 군수 산업계에 바쳐야 할 돈은 천문학적인 숫자가 될 것이다. 이로 인해 국방비가 기하급수적으로 증가할 수 있는데 그로 인해 가장 피해를 보는 이들은 바로 노동자·농민·빈민 등 하층계급이다.

과도하게 강조되면서 국제협력에서의 합법적 체제 형성, 안보기구 및 안보협력체제에 대한 민주주의적 통제 같은 것은 무시되기 일쑤이다.

북핵 문제가 터진 2006년 가을, 북한에 대한 제재를 둘러싸고 미국, 일본, 그리고 한국의 일각에서 '군사적' 대응방안의 하나로 거론한 '대량살상무기 확산방지구상'(PSI)은 그 좋은 예이다. 미국의 주도하에 현재 17개국 정도가 참여하고 있는 '확산방지구상'는 조약과 같은 국제법적 근거를 갖지 않고도 국제법상의 '공해 통항의 자유'를 위협하는 초법적인 '비공식적' 군사협력체제이다. 이를 정당화하는 측에서는 "복잡한 21세기의 안전 보장 환경아래"35)에서는 그와 같은 군사협력이 필요하다고 주장한다.

만약 대량살상무기 확산방지가 다자간조약의 형태로 구축된다면 조약에 참여하는 개별 국가의 의회승인절차가 작동할 것이다. 그러나 그와 같은 비공식적 협력체제 하에서는 그러한 절차가 생략된다. 적어도 '확산방지구상'과 같은 협력체제에 대해서는 개별 민족국가에 적합하게 만들어진 안보기구 통제시스템(의회, 법원 및 여론에 의한 통제)은 더 이상 작동하지 않는다는 평가36)가 적절하게 들어맞는다. 미국의회가 전쟁선포권한을 갖고 있다고 하나, 전쟁은 선포되지 않는다. 아무런 거리낌 없이 헌법에 위반하는 행

34) 임의영은 G8로 표현되는 선진국들과 IMF, 세계은행, WTO 등을 패권복합체라고 부른다. 임의영, 「지구화시대 국가의 거버넌스 전략에 대한 비판적 고찰」, 『정부학연구』, 제11권 제1호(2005), 112쪽.

35) 「안전보장과 방위력에 관한 간담회 보고서: 미래에의 안전보장·방위력 비전」, 『국가전략』, 2004, 10권 4호, 170쪽.

36) 자세한 것은 이계수, 「유럽연합의 경찰협력체제와 경찰법제에 관한 연구」, 『민주법학』, 제28호, 2005, 130-131쪽.

위들이 행해지고 있을 뿐만 아니라(서구세력의 이라크 및 유고 개입의 예를 보라), 국제조직(유엔, 나토)의 헌장마저 더 이상 존중되지 않는다. 현존 최강의 군사동맹, 즉 나토의 행동반경은 오늘날 전 세계적이다. 이 동맹이 자신의 무력개입을 인도주의적이라고 강변하면 이것을 심사하고 통제할 정치적 심급은 이 지구상에 존재하지 않는다. 설사 존재한다고 하더라도 (거의) 작동하지 않는다.

제4절 국방문제에서의 의회의 역할

1. '글로벌 거버넌스'가 얘기되는 오늘날에는 국방 혹은 전쟁의 주체도 더 이상 개별 국가들이 아니다. 국가, 국제조직, 민간 혹은 무장한 정치단체, 역무를 제공하는 기업 등의 연합체들이 (전쟁의) 주체로 되었다.[37] 이라크 내 무장 저항단체 뿐만 아니라 전투대행 전문회사인 '사설 전투·보안업체'(Private military and security companies)에 고용된 기업 전사들(Corporate Warriors)[38]이 본격적

---

37) 이것은 지구화의 당연한 결과이기도 하다. "지구적"이란 개념은 국가간 관계가 국제정치에서 핵심적이라는 생각을 탈피하여 국경을 넘어서 다차원적 주체들 간의 교류가 점차 중시된다는 생각을 깔고 있는 개념이다. 전재성, 「안보와 거버넌스」, 김석준 외 저, 『거버넌스의 정치학』, 법문사, 2002, 275-308쪽 수록, 279쪽. 한편 거버넌스 형 참여민주주의에 대한 비판은 이계수, 「참여민주주의의 이상과 현실: 헌법이론적 진단」, 『공법연구』, 제35집 제1호, 2006, 185-214쪽 참고.

38) 피터 W.싱어/ 유강은 역, 『전쟁 대행 주식회사』, 지식의 풍경, 2005 참고. 이 책의 원제는 다음과 같다. P. W. Singer, *Corporate Warriors: The Rise of the Privatized Military Industry*, New York, 2003.

으로 등장하는 제2차 이라크 전쟁은 이러한 사실을 아주 생생하게 보여주고 있다. 그러한 주체들에 대한 민주주의적 통제란 가능하지 않다.

현실이 이러하니 행정부의 외교·안보·국방 영역에서의 통치권 행사를 민주주의적으로 통제할 수 있는 정치적 심급으로 의회에 주목하는 일이 과연 의미 있는 일일 것인가 반문해보게 된다. 게다가 미국 당국과의 불평등한 '협의'를 통해 한 나라의 국방정책의 근간이 결정되는 한국사회에서 — 특히 주목해야 할 것은 한미 군사동맹체제의 축소판이라고 할 만한 '한미(연례) 안보협의회의'와 '한미 군사위원회'와 같은 한미 군사협력체제이다 — 의회의 역할이 확대되기나 할 수 있을까 하는 회의마저 있다.

원론적인 차원에서 얘기하자면 의회에게는 국방정책 및 행정을 통제하는 여러 방안들이 주어져 있다. 상임위원회, 조사위원회·국정감사를 통한 통제, 조약, 예산, 법률안 등에 대한 동의, 승인 및 결의와 같은 통상적인 통제시스템 외에, 경우에 따라서는 몇몇 나라에서 채택하고 있는 군 옴부즈만 제도와 같은 특별한 통제메커니즘이 의회를 위해 존재한다. 그러나 그러한 제도와 메커니즘들은 제대로 작동하기나 하는 것일까?

2. 의회의 상임위원회(국방위원회 등)는 일상적으로 국방정책에 대해 질의하고 문제제기를 할 수 있다. "의회는 보다 소규모의 협의체의 사전준비작업 및 사전 검토작업 없이는 그 과제를 수행하기가 불가능하거나"[39] 적어도 어려움을 겪을 것이다. 위원회의 설

---

39) 콘라드 헤세/ 계희열 역, 『통일독일헌법원론』, 박영사, 2001, 354쪽(옆

치가 국회법에 규정되어 있는 우리와 달리 독일기본법은 유럽연합사무위원회(제45조), 외무위원회(제45a조)와 국방위원회(제45a조)의 설치를 헌법 자체가 규정하고 있으며, 특히 국방위원회는 조사위원회의 권한도 갖도록 하고 있다(제45a조 제2항). 다만, 다른 통상의 위원회와 달리 조사위원회의 심의활동은 공개하도록 규정하면서도 국방위원회가 조사위원회의 권한을 행사할 때에는 공개주의를 배제하고 있다(제44조 제1항, 제45a 제3항). 이것은 상임위원회, 조사위원회의 활동을 통해 확보한 중요한 정보를 적극적으로 대중에게 공개하여 국방영역에서의 비밀주의를 타파하고자 하는 의회 세력 — 대개는 의회 소수파가 이에 해당할 것이다 — 에게는 중대한 장애라고 할 수 있다.

예산을 통한 통제도 의회의 통상적인 임무에 속한다. 우리의 경우 이 부분은 매우 중요하다. 헌법 제4조가 천명한 "평화적 통일정책의 수립 및 추진"이라는 목표에 걸맞게 군사제도와 조직을 개편하자면 지난 시기의 전면적-군사적 대결구도를 청산하고 남북이 평화와 공존을 실천할 수 있도록 정책을 수립하고 추진해야 한다. 그러자면 한반도를 전쟁위협에서 벗어나게 할 구체적인 군축 프로그램을 만드는 일이 중요하다. 이 경우 의회는 군 예산 및 군사장비 조달계획에 대한 실질적인 심사자가 되어야 한다.

입법권의 적절한 행사로도 의회는 국방에 대한 통제를 가능케 하거나 강화할 수 있다. 평택 미군기지 재배치사례처럼 외국군의 기지 이전 및 재배치 문제도 중요하거니와 자국군 군사기지와 관련해서도 의회는 입법권의 적절한 행사를 통해 군사기지의 이전

번호 578번).

및 변경과 관련한 '중요사항'에 대해 통제할 수 있어야 한다.[40] 국가공동체와 그 구성원에게 기본적이고도 중요한 의미를 갖는 부분에 대해서는 국민의 대표자인 입법자가 법률을 통해 스스로 결정해야 하기 때문이다(의회유보론).

군사법제(軍事法制)가 어느 정도 발전되어 있는 독일의 예에 따라 의회가 행사해야 할 군사부분에서의 입법권을 유형화 해본다면 대략 다음과 같다.

① 군사헌법(die Wehrverfassung): 국가 내에서 군대의 지위와 군대의 임무를 확정한다. ② 의무복무법(das Wehrpflichtgesetz): 우리의 병역법에 해당하는 것으로 군복무관계의 성립, 변경, 소멸에 대해 정한다. 의무복무법은 군복무의 범위, 조건 및 징병절차에 대해 규율한다. ③ 군인법(das Soldatengesetz): 군인의 권리와 의무에 관한 기본적인 사항을 정한다. ④ 군인법 및 군형법: 상관과 하급자의 관계에 대해 규율하며, 특히 명령권 및 그에 대한 복종의무의 한계에 대해 규율한다. ⑤ 군인징계법(die Wehrdisziplinarordnung): 군사 영역에서의 명령 혹은 질서위반행위에 대한 징계체제, 징계절차 및 징계의 집행절차를 규율한다. ⑥ 군인소원(訴願)법(die Wehrbeschwerdeordnung): 군인의 권리보호 절차에 대해 규율한다. ⑦ 군대가 행사하는 직접강제권에 관한 법률(das Gesetz über die Anwendung unmittelbaren Zwanges durch die Bundeswehr): 군대의 기능방해활동에 대한 방지법제에 해당하며, 헌병작용의 법적 근거

40) 그러나 현실에서 「국방·군사시설 사업에 관한 법률」과 같은 법률들은 국방사업 및 군사시설 사업의 실시와 그 방법을 정부에게 사실상 백지위임 하고 있다.

가 된다. ⑧ 그밖에 국제인도주의법(전쟁법) 혹은 국제인권법의 국내법적 수용을 들 수 있겠다.41)

군대의 해외파병과 관련해서도 의회의 동의권이 행사될 수 있다. 이상과 같은 통상적인 권한 행사 외에도 독일처럼 의회 소속의 특별한 국방통제기구를 둠으로써 의회의 통제권한을 보완·확장하는 것도 중요하다. 주지하듯이 독일헌법은 군 옴부즈만을 의회 소속으로 두도록 명문으로 규정하고 있다.

3. 그러나 사실 국방에 대한 민주주의적 통제기관의 하나로 의회를 거명해보지만 그 의회라는 것도 그 내부에는 당파가 존재하며, 각 정당들은 서로 다른 정강정책을 내세우며 각축하고 있다. 그러므로 상임위원회를 통한 통제가능성이 있다고 하나 국방영역에 대한 의회통제가 '일사불란하게' 실질적 의미를 갖고 진행되기는 어려운 것이 현실이다.42) 게다가 어느 나라 할 것 없이 이른바

---

41) 독일 군사법제를 설명한 대표적인 주석서들은 다음과 같다. Hans Böttcher, Klaus Dau, Heinrich Frahm, *Wehrbeschwerdeordnung*, 제4판, 1997; Klaus Dau, *Wehrdisziplinarordnung*, 제4판, 2002; Werner Scherer, Richard Alff, *Soldatengesetz*, 제7판, 2002; Wolfgang Steinlechner, Dieter Walz, *Wehrpflichtgesetz*, 제6판, 2003 등.

42) 이와 관련하여 미국사례로 '델루무스 대 부시 사건'의 의의를 한번 생각해 볼만하다. 의회의 정식 전쟁선포 및 승인 없이 미합중국 군대를 사우디아라비아에 파병한 부시 대통령에 대하여 제기된 이 사건에서 54명의 연방의회 의원이 원고로서 결합하여 금지명령을 법원에 청구하였다. 그러나 법원은 원고들이 전체 의원의 약 10%정도에 지나지 않는다는 점에 착안하여 "그 구성원의 다수가 청구하는 경우에 한해서 전쟁선언권한을 침해한 것에 대한 구제를 의회가 받을 수 있다"고 판단하였다. 즉, 법원은 54명의 의원의 주장만으로는 사법판단을 받

통치에 관한 정보(Herrschaftswissen)를 다루는 '국방위원회' 같은 상임위원회에는 소수당파 의원의 참여가 사실상 봉쇄되어 있다. 국방 혹은 군사의 영역은 이른바 '국가 속의 국가'(Staat im Staate)인 셈이다.

다수당파 의원들로 구성된 위원회 내에서도 주류세력은 국방전문가가 아니라 국방문외한이거나 정부의 입장을 대체로 수용하는 '원내 지도자급' 의원들로 채워져 있다.[43] 따라서 의회에서의 통제의 실효성은 "상당한 정도로 충분히 강한 야당"[44]이 존재하거나 소수당파의 권한이 얼마만큼 보장될 것인가에 달려있다.

군대의 해외파병과 관련한 의회의 동의권도 마찬가지이다. 비교법연구에 의하면 어느 나라나 할 것이 해외파병에 대한 동의권은 형식적인 것에 그치고 있다. 예컨대 영국의 경우 파병결정에서의 실질적인 의회 참여는 존재하지 않는다. 파병결정을 내릴 권한은 사실상 정부에게만 속한다. 이러한 권한독점을 헌법적으로 정당화하는 장치가 대권행위(royal prerogative)라는 전통적인 법 논리이다. 영국 의회가 파병에 대해 결정을 할 수 있을 것인가는 행정부

을만한 '사건의 성숙성'이 없다고 하여 소를 각하하였다. Ronald V. Dellumus, et al. v. George Bush, 752 F. Supp. 1141; 이 사건 및 그에 대한 소개는 山本千晴, 「アメリカの戰爭權限: 大統領と議會の分配構造の檢討」, 水島朝穗 編著, 『世界の有事法制お診る』, 法律文化社, 2003, 16-17쪽에서 재인용.

43) 국방전문가들이 국방위원회 등에 포진한다고 하더라도 상황은 크게 달라지지 않는다. 그들은 대부분 고위직 직업군인 출신이거나 정부출연(出捐) 연구소의 고위직 연구원 출신들이어서 군부의 입장에 반대되는 활동을 거의 하지 않는다.

44) 콘라드 헤세/ 계희열 역, 앞의 책, 357쪽(옆 번호 582번).

의 선의에 달려 있다. 의회는 일반적인 파병동의권한을 갖고 있지 않으며 사안별로, 그것도 행정부가 의회의 결정을 구하는 경우에만 동의권을 행사할 수 있다.45)

미국은 외교 및 국방에 대한 사안을 대권행위라는 식으로 범주화하지는 않는다는 점에서 일견 영국과 달라 보인다. 미국연방헌법은 대권행위를 인정하지도 않으며, 동 헌법 제1조 제8절 제11항은 연방의회만이, 즉 상원과 하원이 공동으로 전쟁을 선포할 권한이 있다고 규정하고 있다. 그러나 주지하듯이 이처럼 헌법상 보장된 의회의 권한들은 이 분야에서의 대통령의 권력 확대와 함께 사실상 형해화 된지 오래다.46) 마찬가지로 파병에 대한 효과적이고 실질적인 의회통제는 아직까지 실현되지 않고 있다.47)

의회의 동의권 행사가 실질적이지 못한 이유 중에는 의회가 가

---

45) Oliver Eberl/ Andreas Fischer-Lescano, *Grenzen demokratischen Rechts? Die Entsendeentscheidungen zum Irakkrieg in Großbritannien, den USA und Spanien*, HSFK-Report, 2005/8, 15-16쪽. 실제로 영국 역사상 최대로 평가된 2003년 2월의 집회가 있고나자, 그리고 영국 국민의 80%가 이라크 전쟁에 반대하는 여론조사결과가 나오자 그때서야 영국 정부는 그때까지의 실무와 달리 전쟁계획에 대한 하원의 동의를 구했던 것이며, 그 경우에도 대권행위 법리에 대한 원칙적인 수정 같은 것은 없었다. 그 결과 당시 하원의 결의는 구속력이 없는 박수부대기능 이상의 의미를 갖지 못했다. Oliver Eberl/ Andreas Fischer-Lescano, 앞의 글, 17쪽.

46) Oliver Eberl/ Andreas Fischer-Lescano, 앞의 글, 19쪽.

47) 연방의회는 닉슨 행정부의 베트남 전쟁 수행에 대해 비판하면서 1973년 이른바 전쟁수행법(War Power Act)을 제정하여 의회의 동의 없이는 대통령이 미국군대를 적지에 파견할 수 없도록 제한하였지만, 닉슨 대통령은 물론이고 그 이후의 대통령들도 이 법을 위헌이라고 주장하면서 실제로 이 법의 일부 조항을 무시하고 있다. 함성득/ 남유진, 『미국정치와 행정』, 나남출판, 1999, 135-136쪽.

진 정보의 부족이 한 몫을 한다. 국회는 동의권의 행사에 앞서 판단의 기초가 될 중요사항에 대해 정부로부터 충분히 설명을 들어야 하는데(정부의 설명책임·의무), 그렇지 못한 것이 일반적이다. 영국 의회는 제2차 이라크 전쟁 개전 후 2년이 지난 뒤에야 그 전쟁을 하게 된 이유를 영국 정부로부터 들을 수 있었다.[48]

의회는 또한 행정부로부터 수령한 자료에 근거하여 중요사실에 대해 검증해야하고 동의권을 행사할 때에도 중요한 사항만큼은 자신이 최종 결정해야 하나 국방과 관련하여 의회가 중요 사항에 대해 검증하고자 하면 사안은 이미 종결된 후인 경우가 대부분인 것이 현실이다. 또한 상황이 종결되지 않은 사안에 대해 의회의 조사권을 발동하려고 하면, 진행 중인 사안에 대한 의회의 개입은 "행정부의 고유한 책임에 맡겨진 핵심영역"(Kernbereich exekutiver Eigenverantwortung)을 침해하는 것을 의미하므로 권력분립원리에 반한다는 반박을 받게 된다.[49] 다른 기관의 개입으로부터 자유로운 상태에서 자기책임 하에 자율적으로 판단할 수 있을 때 비로소 행정부는 국민과 국회에 대해서 책임 있는 행위를 할 수 있다는 것이 그 논리적 근거이다.

그러므로 현재 논의 중인 사안에 대해서는 의회의 조사권 행사는 봉쇄되며, 종결된 사안이라고 하더라도 행정부의 고유한 책임에 맡겨진 핵심영역임을 이유로 정부가 의회에 정보를 제공하지 않을 수 있다.[50] 국가안보 앞에서 의회 민주주의는 멈추고 중요사항에 대한 결정은 오로지 행정부에 맡겨져 있다. 유럽 8개국의 군

48) Oliver Eberl/ Andreas Fischer-Lescano, 앞의 글, 15쪽.
49) BVerfGE 67, 100, 139.
50) BVerfGE 67, 100, 139.

사법제를 연구한 보고서에 의하면 국방과 관련하여 행정부에게 배타적으로 맡겨진 핵심영역이라는 관념은 독일 이외의 나라에서는 발견되지 않는다고도 하나,[51] 그렇다고 해서 국방과 관련한 의회의 통제 현실이 독일 이외의 7개 국가에서 크게 다른 것 같지는 않다.

3. 이러한 상황은 한국이라고 해서 크게 다르지 않다. 2005년에 이어 2006년에도 추락한 차세대 전투기 F-15K가 어떠한 문제점이 있는지에 대한 정보는 '오로지' 군사안보 관료들이 독점하고 있으며, 차세대 전투기 사업을 계속해야 하는지에 대해 국회는 판단을 내릴 충분한 정보를 갖고 있지 못한 듯하다.

사실, 국방정책의 수립과 결정, 집행에 의회가 참여하지 못한 일이 어제 오늘의 일은 아니다. 스스로 참여 (민주주의) 정부라고 부르면서 참여 민주주의를 국정의 기본방향으로 삼겠다고 한 현 정부에서도 상황은 마찬가지이다. 국방의 영역은 여전히 '대권적 권력'(=국방관료의 독점적 권력)의 행사대상으로 남아 있다. 이른바 '국방개혁 2020'과 그것을 담보하는 법적 근거로 제출된 국방'개혁'기본법(안)의 입안과정은 그러한 현실을 여실히 보여준다.

국방부는 이 법안을 2005년 12월에 국회에 제출했다. 2020년까지 한국군의 구조를 변경하는 내용을 담은 매우 중요한 이 법안의 입안과정에서 국회에 그 어떠한 유용한 정보를 제공했다는 징후는 전혀 없다. 국민의 참여를 바탕으로 한 이른바 '프랑스식 국방개

---

51) Georg Nolte/ Heike Krieger, *Europäische Wehrrechtssysteme*, Baden-Baden, 2002, 69쪽; Georg Nolte(Ed.), *European Military Law Systems*, Berlin, 2003, 69-70쪽.

혁'[52]이니 하는 말(修辭)은 화려했으나 정작 국방개혁기본법안의 입안 및 법제화 과정에서 국회의 참여는 없었다. 국회 쪽에서도 이 법안에 대해 특별히 주목하지는 않았다. 다만 한 번의 요식적인 공청회가 있었고,[53] 몇몇 의원들이 군 병력의 감축규모와 관련하여 이견을 제시했을 뿐이다.[54]

그러나 이 법안에 대한 심의가 그렇게 얼렁뚱땅 넘어갈 사안인 것은 아니다. 이 법안은 미군의 군사변환(military transformation)정책,[55] 그리고 그것의 구체화로서 전략적 유연성을 뒷받침할 한국

---

52) 프랑스의 국방개혁에 대해서는 장 미셸 팔라고, 「프랑스 국방개혁의 경험과 교훈」, 김기정/이성훈/김순태 편, 앞의 책, 61-84쪽 참고.

53) 국회 국방위원회는 2006년 4월 18일 '국방개혁기본법(안)에 관한 공청회'를 개최한 바 있다. 이 날의 공청회에 참여한 진술인으로는 임길섭 한국국방연구원 개념발전연구실장, 차두현 한국국방연구원 국방현안팀장, 김영호 국방대 안보대학원 교수, 김훈배 자주국방 네트워크 대표, 홍관희 사단법인 안보전략연구소장, 이태호 참여연대 협동사무처장 등이었다. 이태호 사무처장을 제외하면 보수적인 인물 일색이다. 이 공청회에서의 진술내용은 우선 다음을 참고하라. 국방일보, 2006. 4. 19자.

54) 국방개혁기본법은 2020년을 기준으로 군 병력을 현재의 69만 명에서 50만 명으로 감축하는 안을 제시하고 있으나 이에 대해서는 비판의 목소리가 있다. 현재 대한민국은 1년 출산인구가 50만 명 이하인 나라이다. 전 세계적으로 볼 때, 전체 국민의 1%를 군 병력으로 유지하는 나라는 현재도 존재하지 않는다고 한다. 한나라당 송영선 의원 등은 50만 명이 아니라 35만 명으로 감군을 주장하고, 대략 30만선의 병력을 유지할 것을 제시하고 있다. 특히 현재 육군의 경우 54만 명인데 2020년에 35만 명으로 감군하겠다는 것이 '국방개혁 2020'의 기본안이다. 송 의원은 이를 16만 명까지 줄이라고 주장한다. 육해공 각 16, 7, 7만에 해병대와 특전사를 합친 특수군 5만을 합하면 정규군은 35만 명 선이 된다고 한다. 송영선 의원 인터뷰. 「50만도 대군, 35만이면 충분」, 오마이뉴스, 2005. 9. 15자.

군의 병력 재구조화와 관련된다는 면에서 매우 중요하게 다루어져야 한다. 협력적 자주국방이니 뭐니 하지만, 국방개혁이라는 것도 결국은 한국 측의 필요보다는 미국의 전략변화에 따른 미국 측의 필요에 의해 촉발된 것이 아닌가 하는 강한 의구심을 이른바 '국방전문가'들조차 공유하고 있는 만큼[56] 국회가 현재의 국방 '개혁' 추진에 대해 적절히 견제해야 하는 것은 당연한 일이었을 것이다. 더욱이 이 법안이 통과되면 고가의 첨단무기들이 대거 도입·생산될 예정이므로 앞으로도 국회는 국민들의 (평화적) '생존권' 차원에서 이 문제와 정면 대결해야 한다. 그러나 현재 이 법안을 공박하기 위해 진지하게 검토 중인 국회 내 정파는 존재하지 않는다.

평택미군기지 확장 문제도 똑같은 문제를 안고 있다. 국회는 형식적으로는 미군기지 '이전'협정에 대한 승인 및 '평택특별법'의

---

55) 9·11 사태이후 국가안보전략에서 미국의 대응은 선제공격론과 군사변환(military transformation)정책으로 구체화·실행되고 있다. 이 중 후자는 1990년대 초반 이후 군사혁신(RMA: Revolution in Military Affairs)이 구체화 되면서 미국의 군사전략의 중심으로 자리 잡은 전략이다. 군사변환전략의 핵심은 군사의 하부구조와 체계를 개혁하여 군사를 합리화하고 비용을 삭감하는 것과 새로운 정보화 기술을 도입하여 군사의 효율성, 유연성을 증가시키는 군사력의 재조정이다. 특히 비대칭적 위협요소들에 대한 대응전략으로서 기민성과 이동배치성, 유연성 등이 강조된다. 해외주둔 미군재배치계획(GPR)은 그런 관점에서 추진되고 있다. 김기정/김순태, 「국방개혁 담론의 국제정치적 배경: 동북아에 대한 미국의 군사전략 변화를 중심으로」, 김기정/이성훈/김순태 편, 『세계적 국방개혁 추세와 한국의 선택』, 오름, 2006, 93-94쪽. GPR은 Global Posture Review 혹은 Global Defense Posture Review(전 세계적 방위태세 검토)의 약자이다. 부시대통령은 2003. 11. 25일 공식적으로 GPR을 발표하였다. 강진석, 앞의 책, 200쪽.

56) 강진석, 앞의 책, 294쪽 참고.

제정을 통해 개입하는 모양새를 취했다. 그러나 실질적으로 보면 국회가 군사안보 관료들이 결정을 내리기 이전까지 어떠한 중요한 정보를 갖고 그에 대해 대처하고 있었다는 아무런 징후도 포착되지 않는다. 국회는 미군기지 '이전'관련 조약과 법률을 단순히 승인했을 뿐이다.

미군기지 재배치와 관련한 협정에 대한 비준에서 한국 국회가 반드시 검증하고 판단해야 할 중요하고 본질적인 사항은 미군 기지를 재배치하는 이유, 재배치 시 배치될 병력의 규모, 기지에 주둔하게 될 병력의 성격, 주둔예상기간 등이 될 것이다. 그런데 지금까지 밝혀진 사실에 근거해보면 2004년 12월 당시 국회가 「용산기지 이전협정 비준동의안」[57]과 「LPP 개정협정 비준동의안」[58]을 비준할 때, 국회는 왜곡된 정보를 받았거나 혹은 전혀 정보를 받지 못한 상태에서 제대로 된 검증도 없이 평택 대추리 사태의 발단이 된 동의안들을 처리한 것으로 보인다. 그것을 증명하는 대표적인 사례가 2006년 1월에 여당 국회의원인 최재천 의원에 의해 폭로된 전략적 유연성에 대한 합의의 국회보고누락이다. 노무현 정부는 2004년 12월 이전에 이미 미국과 전략적 유연성에 대해 합의했음에도 불구하고 2004년 10월에 위의 두 비준동의안을 국회에 제출할 당시, 이에 대해 일언반구도 언급하지 않았다. 이러한 사실은 비준동의안의 국내법적 효력을 무효로 만드는 중대한 결함이 될 수 있다. 그러나 이에 대한 국회의 공식적인 대응이라고는 민주노

---

57) 정식 명칭은 「대한민국과 미합중국 군대의 서울지역으로부터의 이전에 관한 협정 비준안」이다.

58) 정식 명칭은 「2003년 3월 29일 서명된 대한민국과 미합중국간의 연합토지관리계획 협정에 관한 개정협정 비준동의안」이다.

동당의 노회찬 의원이 "주한미군의 전략적 유연성과 관련하여 국회비준을 거치지 않아 국회의원의 조약 체결, 비준 동의권, 표결권"이 훼손되었다는 취지의 권한쟁의 심판을 청구(2006. 3월)한 것 외에는 이렇다 할 만 한 것이 없었다.

국방정책에 관한 한 '거수기' 이상이 될 수 없었던 대한민국 국회의 현주소가 오직 대한민국만의 문제는 아닐 것이다. 그러나 위헌적인 조약의 비준동의안을 국회가 '헌법적'으로 승인하면서 국방관료들만의 합의는 '민주적' 정당성과 '법치국가적' 합법성의 옷까지 걸치게 되고, 그것이 이제는 주민들의 미군기지 반대 평화운동에 족쇄로까지 작용하는 현실을 지켜보면서 과연 국민의 대표기관이라는 국회가 존재해야 하는 이유가 무엇일까 하는 근본적인 회의마저 갖게 된다.

제5절 국방 권력에 대항하는 시민 불복종 운동, 그리고 평화운동과 결합하는 평화법학을 향하여

1. 그렇다면 사법부는 국민의 평화적 생존권에 손을 들어주면서 국방에 대한 민주주의적 통제를 위해 제 몫을 다하고 있는가? 아니다. 물론 나라에 따라서는 평화주의 헌법의 수호에 있어 법원이 '어느 정도' 역할을 하는 경우도 있다. 특히 그 경우 상급법원이 아니라 하급심 법원의 진취적 판결례가 반전·평화와 평화적 생존권의 중요성을 일깨우는 경우가 많다.[59] 몇 가지 사례를 들어보자.

---

59) 그 점에서 우리는 '사법부' 전체가 아니라 사법부의 기층(基層)을 형

독일의 코소보 참전에 반대하며 코소보 전쟁에 참여하게 될 독일장병들에게 신문광고들을 통해 공개적으로 탈영과 복종거부를 호소한 일단의 평화주의자들을 독일 검찰이 기소하자, 베를린의 티어가르텐 법원은 독일법 상의 일반적 해석에 따를 때 선택적 집총거부가 인정되지 않으므로 위법한 병력동원을 회피하고자 하는 병사에게는 탈영이나 군무이탈의 길이 허용되어야 한다고 판시한 바 있다.[60] 일본의 하급심 법원도 1950년대 이래 일본 주민의 반기지 투쟁을 지지하는 전향적인 판결들을 내려왔다.

그러나 대부분의 국가에서 국방의 문제는 통치행위, 대통령의 대권적 행위 혹은 정치문제(political question)로서 사법심사의 대상에서 제외된다. 법원은 이른바 '통치행위', 정치문제가 국민의 기본권을 건드린다고 생각하는 경우에도 소극적으로 일관한다. 국민 — 그러나 그 국민은 결국 재벌 혹은 과거의 재벌이었던 경제적 권력자들이었다 — 의 재산권을 침해하는 행위는 그것이 통치행위라도 헌법소원의 심사대상이 된다고[61] 호기 있게 판시했던 한국의 헌법재판소가 이라크 파병문제에 이르러 은근슬쩍 과거의 통치행위 법리로 후퇴하는 모습은[62] 기회주의적이기까지 하다.

반면 법원은 반평화적, 패권적 국방정책에 문제를 제기하고 저

성하는 하급심 재판부가 전향적이고 평화주의적인 판결을 내릴 수 있는 사법구조개혁에 대해 관심을 갖지 않을 수 없다. 로스쿨제도 도입이 그와 같은 사법구조개혁의 계기가 될 수 있을지 의문이지만, 적어도 지금과 같은 특권적 사법관료 체제 하에서는 평화적 생존권에 손을 들어주는 하급심 법원의 판결례를 기대하기는 어렵다고 하겠다.

60) 이 판결의 전문번역문과 간단한 평석은 이 책 말미의 부록을 참고하라.

61) 헌재 1996. 2. 29. 선고 93헌마186 결정.

62) 헌재 2004. 4. 29. 선고 2003헌마814 결정.

항하는 민중들의 행위에 대해서는 엄격한 형사처벌의 잣대를 들이민다. 한국의 공안당국이 평택 대추리 반기지 투쟁에서 핵심적인 역할을 해온 대추리 김지태 이장을 구속기소하자, 법원은 이에 대해 유죄판결로 응답했다. 그 유죄판결은 김지태 이장을 넘어 대추리주민 전체의 반기지 평화운동에 불법의 낙인을 찍는 중요한 역할을 수행했다.[63] 의회가 승인하고 헌법재판소가 묵인하고 경제적 이익에 눈먼 시민들이 지지한 결정,[64] 그리고 그러한 '민주적' 결정을 집행하는 국방권력에 대항하는 주민의 저항에 대해 하급심 법원조차 주저 없이 유죄판결을 내리는 나라에서 국방권력에 대한 민주주의적 통제의 길은 요원해 보인다.

2. 국민이 권력의 주인으로서 '전쟁자본주의', 제국주의적-패권적 군사주의로부터 해방되어 자신들의 삶을 평화적으로 설계하고 유지해나갈 수 있는 세상은 가능할 것인가? 국제평화주의와 평화적 생존권이라는 헌법의 목표에는 어떻게 도달할 것인가?

분명한 것은 9·11 이후 세계는 더욱 더 전투적으로 변했으며 인간안보와 평화적 생존권은 위협받고 있다는 사실이다. 국가의 국민보호의무는 이제 그것을 적극적으로 요구하는 자산계급에 의해, 아주 위험한 발상인 기본권으로서 안전권(Grundrecht auf Sicherheit)으로까지 고양되고 있다. 그러나 그것은 본질상, (타인의) 권리를 박탈하는

63) 국방부는 재판의 결과 자체도 침소봉대한다. 즉, 김지태 이장에 대한 유죄판결은 자신들이 주도한 '위헌적'인 미군기지 재편(협력)행위에 대해 법원이 '합법성'의 딱지를 붙여준 것으로 보려한다.

64) 평택주민들은 2006년 5·31 지방선거에서 평택미군기지의 확장 재편을 지지한 현직시장인 후보를 4년 임기의 시장으로 재선했다.

기본권이다. 왜냐하면 그러한 기본권의 관철을 위해서는 인간의 존엄, 일반적 행동자유권, 평등, 신앙, 언론·출판, 집회·결사의 자유, 정보기본권, 주거의 자유와 같은 원래의 자유권이 제한되어야 하기 때문이다.

공포(불안)자본주의의 폐해는 이미 눈앞에 있다.[65] 그런데 사태가 여기에 이르지 않도록 의회 혹은 법원이 실질적인 통제력을 발휘했다는 말은 듣지 못했다. 그러는 사이 아프가니스탄과 이라크 등지에서 전쟁은 일어났다. 그 전쟁에 몸으로 저항한 이들은 각국의 의회도, 국회의원도 아닌 보통 시민들이었다. 평화를 구하는 사람들은 제2차 이라크 전쟁 초기, 인간방패들이 행한 역할을 여전히 기억하고 있다. 믿을 것은 저항하는 인간의 몸이고 행동이다.

그러기에 우리에게 지금 필요한 것은 패권적 군사주의에 반대하는 저항, 불복종이며, 그 저항에 기초하여 평화적 생존권을 지지하는 국민적 합의를 만들어나가는 일이다. 저항의 방식도 총론적인 것에서부터 각론적인 것에까지 두루두루 미쳐야 한다.

패권적 군사주의에 저항하자면 우선 지역주민들이 공감할 수 있는 방식으로 평화적 생존권의 이슈를 제기해야 한다. 자국 공군은 물론 미공군기가 자국 내에서 행하는 저공비행훈련에 반대하는 운동을 조직화해내고 필요하면 이를 법정투쟁으로 묶어내는 것은 그 좋은 사례가 될 것이다. 그리고 그러한 운동들이 한 지역에 고립되지 않도록 반군사주의의 이슈를 보편적으로 제기할 수 있어야 한

---

65) 드뉘 뒤끌로(Denis Duclos)는 9·11 이후의 상황을 '공포(불안)자본주의'(Ein Kapitalismus der Angst)라는 개념으로 포착한다. Denis Duclos, "Alle unter Kontrolle: Neues von der Bewirtschaftung der Angst", *Le Monde diplomatique,* Nr. 7740, 2005. 8. 12자.

다. 세금으로 충당하는 전비(戰費)를 제어하기 위한 납세거부라는 시민 불복종 운동과 함께 국방정보공개운동, 복지예산 확보투쟁 같은 것을 전개해나갈 수도 있을 것이다.

이 경우 일본 지방자치단체의 반기지운동의 예가 보여주듯이 지방자치단체 자체의 저항도 중요하다. 독일에서는 1970년대 이래 지방자치단체도 군사훈련반대에 참여하는 양상을 보여주었다. 한 판결문의 사실관계에 따르면 독일군 및 나토군의 저공비행지역 중 하나로 고시된 자치단체에서 매일 8시부터 12시까지 저공비행훈련이 행해지자, 그 영향으로 이 지역 초등학교에서의 수업에 지장이 초래된다. 이에 해당 자치단체는 군용기의 저공비행 금지를 구하는 예방적 금지소송을 제기하며 저공비행 반대운동을 조직화해내었다.[66)]

이러한 운동을 전개해가는 과정에서는 보수 언론들의 이념적 공세[67)]에 직면하게 될 가능성이 크다. 그러한 공세에 대해서는 적극 대응해나가면서, 시민들에게는 군사안보 국방 독재권력과 싸워 이

---

66) BVerwG, Beschl. vom 6. 8. 1993. 11B 36/93.

67) 중앙일보 사설은 직도 사격장에 자동채점 장비를 설치하겠다는 국방부의 신청을 군산시가 허가한 데 대해 평가하면서 다음과 같이 썼다: "미군기지 평택 이전도 마찬가지다. 1년 반이 넘게 반미세력들의 각종 불법을 방치했다. 설득할 것은 설득하고 지원할 것이 있으면 지원하면서도, 엄정하게 법질서를 집행하는 등 처음부터 범정부 차원에서 대처하지 못했다. (……) 직도 사격장 갈등은 해소됐지만 다른 사격장도 같은 문제를 안고 있다. 데모를 하면 돈을 준다는 식으로 해결할 수는 없다. 안보는 국가적 과제다. 이를 지자체의 이익으로 축소해서는 안 된다. 훈련장 확보는 안보에 직결된다는 점에 유념, 보다 근원적인 대책을 마련하라." 「돈으로 해결한 직도사격장」, 중앙일보, 2006. 9. 26자. 밑줄은 필자.

길 수 있다는 자신감을 갖게 하는 것이 중요하다. 이를 위해 외국의 성공적인 사례들을 발굴하고 이를 우리의 현실에 적절히 적용해보려는 이론적·실천적 노력을 기울여야 한다.

그러한 노력의 한 방편으로 법학자들이 담당해야 할 몫도 적지 않다. 무엇보다 국민 혹은 주민의 평화적인 불복종 운동을 인정한 외국의 판례들을 적절히 평가하여 형식적 법논리, 관헌주의적 법률해석을 파타해 나가는 일이 시급하다. '군인은 살인자 판결'[68]에서, 그리고 핵무기를 보유하고 있다고 의심받는 미군부대 앞에서의 반핵평화운동세력의 연좌시위에 대해 독일 연방헌법재판소가 보여준 자유주의적 해석[69] 같은 것들을 참고하여 국방 영역에서의 시민불복종 운동의 헌법적 근거를 찾아내는 일도 중요하다. 또한 헌법의 기본권 조항들을 적극적으로 해석하여 군사권력에 맞서는 해석들을 도출해낼 수 있어야 한다.

예컨대 평택 대추리, 도두리 지역의 토지수용에 대해 그것이 「공익사업을 위한 토지 등의 취득 및 보상에 관한 법률」에 의거한 적법한 것이었는가를 묻기 이전에, 미군이 의도하고 있는 전략적 유연성을 관철시킬 수 있도록 대추리, 도두리 지역을 토지수용한 것이 헌법 제23조 제3항에서 말하는 "공공필요"에 의한 재산권 수용으로서 그 자체로 합헌적인지 부터 따져야 한다. 헌법개념으로서 공공필요는 헌법의 다른 조항과 정합성을 가져야 한다고 할 때, 침략적 전쟁을 부인한 헌법의 평화주의에 반하는 공용수용은 이미 그 자체로 위헌적인 것이라고 보아야 하기 때문이다.

---

68) BVerfGE 93, 266.
69) BVerfGE, 92. 1.

3. 오늘날 군인 혹은 공무원을 일컫기를 '제복 입은 시민'이라고 한다. 그것은 군인, 공무원에게도 시민으로서의 기본권이 보장되어야 한다는 의미를 담고 있지만, 다른 한편 군인과 공무원들도 '공화국'의 시민으로서 자기 의무를 다해야 한다는 뜻으로도 이해할 수 있을 것이다. 국가권력이 군인과 공무원(군무원)들을 위헌적인 국가행위의 공모자, 방조자로 만들고자 한다면, 그들은 국가권력에 대해 적극적 혹은 소극적으로 저항해야 한다. 베트남 전쟁의 종결에 장병들의 저항권이 '상당한' 영향력을 미쳤다는 점은 잘 알려져 있는 사실이다.[70]

군인은 어떠한 명령에도 맹목적으로 복종하는 자가 아니며 그렇게 되어서도 안 된다. 그들은 "함께 생각하는 개별전사"(mitdenkender Einzelkämpfer)[71]가 되어 '자유주의적 민주주의적 기본질서'의 수호에서 자신의 역할을 다해야 한다. 그 점에서 — 아래에서 간단히 소개할 — 이라크 전쟁 지원임무의 수행을 거부한 독일연방군 소령에 대한 징계사건은 매우 시사적이다.

2003년 4월에 독일의 한 소령이 군사목적의 소프트웨어프로그램의 계속적인 개발에 협력하라는 상급자의 명령수행을 거부하였다. 그 프로그램이 이라크 전쟁의 지원에 이용될 것임을 확인한 그는 이라크에서의 전쟁수행을 지원하는데 기여하게 될 명령을 수행하는 것은 자신의 양심에 맞지 않는다고 주장하였다. 그는 또한, 자신의 프로그램 개발 작업 참여는 자신이 생각할 때 국제법에 반

70) 베트남 전쟁 당시 미군 내의 저항 운동에 대한 기록으로 아래 책을 참고하라. Dieter Brünn(Hrsg.), *Widerstand in der US-Armee: GI-Bewegung in den siebziger Jahren*, Berlin, 1986 참고.

71) 水島朝穂, 『現代軍事法制の硏究』, 日本評論社, 2000, 83쪽.

하는 이라크 전쟁에 독일연방군대의 참여를 지원하는 일이 될 것인데, 이 사실을 상급자도 명령발령 전에 이미 알고 있었다고 주장하였다. 같은 맥락에서 그는 연방군대 구성원의 쿠웨이트 주둔, 독일 군인의 공중조기경보기(AWACS) 탑승, 독일 내 미군기지의 경비(警備), 이라크에서 작전을 펼치는 미국 군대에게 독일 영공통과권 및 착륙권을 부여한 것들에 대해 비판하였다. 그는 그런 조치들이 헌법과 국제법에 반하는 전쟁지원행위라고 보았다.

이에 대해 군인징계법원은 직무명령위반을 이유로 그 소령을 대위로 강등시켰다.72) 이에 불복하여 동인은 징계의 위법성을 다투었다. 군인징계 소추권자 또한 동 법원의 결정에 불복하여 위 군인의 해임을 청구하였다.

이 사건을 담당한 독일연방행정법원 제2병무부는 위 군인이 직무위반행위를 했음이 입증되지 않았으므로 징계는 위법하다고 판결했다. 이 사안에서 복종의무위반(독일군인법 제11조 제1항)은 존재하지 않는다고 보았다. 동 부(部)는 구체적인 상황에 따라서는 기본법 제4조 제1항에 의거한 양심의 자유가 명령에 의해 배제되지 않으며, 그러므로 이 경우 위 명령은 위 군인에 대해 구속력이 없었다고 판단했다. 상고인은 자기 양심의 결정의 진지성을 확실하고 명백하게 설명하였으므로, 자신을 기본법 제4조 제3항 상의 양심적 병역거부자로 인정해 줄 것을 신청하지 않았다고 하더라도,

72) 독일의 경우 단순징계조치는 징계처분권자에 의해 결정될 수 있으나, 군인의 지위 또는 경력에 관한 중징계조치는 군인징계법원에 의해서만 내려질 수 있다. 독일의 군인징계절차에 대한 간단한 소개는 다음 문헌을 참고하라. 이계수 외, 『군 사법제도 운영 및 인권침해현황 실태조사』, 국가인권위원회 연구보고서, 2004, 315-317쪽.

그는 기본법 제4조 제1항 상의 양심의 자유권을 주장할 수 있다고 보았다. 직업군인에게도 기본법 제4조 제1항 상의 양심의 자유권이 인정되는 것이며 군대는 행정부의 일부분으로서 예외 없이 "법과 법률"(기본법 제20조 제3항) 그리고 특히 기본권에 제한 없이 구속된다고 판시했다. 군대라고 해서 군사적 합목적성 혹은 기능적합성이라는 관점에서 그러한 구속으로부터 해방되는 것은 아니라는 것이다.[73]

군인인 공무원의 복종의무의 한계를 그 역시 '기본권 주체'인 공무원의 양심의 자유와 관련하여 새롭게 해석한 것으로 평가되는 이 판결은 '대단한' 논쟁의 대상이 되어 군 측은 물론 보수 정치세력으로부터도 공격을 받았다.[74] 이 판결에 대한 찬반 논란을 떠나서, 그와 같은 불복종을 감행하는 직업군인이 존재하고 또한 그것을 법률상의 쟁송으로 풀어나가는 법원이 존재한다는 사실만큼은

---

73) 2005. 6. 21일 선고, Az. BVerwG 2 WD 12.04 판결.

74) 이 판결의 작성자인 다이저로트 판사는 이미 여러 번에 걸쳐 이라크 전쟁의 위법성에 대해 지적해 왔다. 독일에서는 제2차 이라크 전쟁 당시, 미 공군전투기가 독일 상공을 통과하여 이라크로 출격하거나 나토의 위임 없이 독일 내 미군병력을 이라크 전쟁에 동원하는데도 독일 연방정부가 이를 묵인하는 것에 대한 비판이 거셌다. 당시 수상이던 슈뢰더가 미국의 이라크 전쟁에 대해 명확히 반대하면서 독일은 '사람도 돈도' 댈 수 없다고 선언했지만, 그러한 입장을 일관되게 관철하고자 한다면 국제법을 무시하는 미국의 행위를 묵인하지 말고, 미 전투기의 독일 영공통과와 독일 내 미군기지 사용에 대해 '노'라고 말해야 한다는 것이 당시 다이저로트 판사가 한 비판의 요지였다. 디터 다이저로트/이계수 옮김, 앞의 글, 2003, 501-502쪽. 한편 군 및 보수세력의 반박에 대해서는 Stefan Sohm, "Vom Primat der Politik zum Primat des Gewissens?", *Neue Zeitschrift für Wehrrecht*, 2006, 제1호, 1쪽의 각주 2번의 신문칼럼 및 논문들을 참고하라.

'높이' 평가하지 않을 수 없다. 모든 것을 국가안보, 한미동맹이라는 주술적 개념, 이데올로기로만 판단하려고 하는 한국의 군사관료들과 국가안보, 국방 영역에만 들어서면 '합리적 논증능력'을 어디론가 던져버렸던 법률가들에게 이 판결의 논리와 그 기본정신이 영향을 미치게 되기를 기대해 본다.[75] 또한 그 논리와 정신이 대추리의 평화운동, 그리고 한반도 전체의 평화운동, 나아가 전 세계 반전평화운동과 (네트워크로) 결합해야 하는 한국의 평화법학운동을 위한 하나의 자극이 되었으면 한다.

---

75) 독일에서도 법조(法曹)는 오랫동안 평화주의, 반전운동에 무관심했다. 특히 20세기 독일 법조에서 평화주의는 옹호해야 할 헌법적 이념이 되지 못했다. 법률가들은 평화주의 정신보다는 형식적 법조문에 얽매어 반전평화운동에 대한 형사처벌을 적극적으로 지지하거나 혹은 동조하였다. 이에 대한 반성과 함께 법조와 평화주의 운동의 결합을 모색하는 역사학자들과 법학자들의 논의를 묶은 책으로 다음 책을 참고하라. Helmut Kramer/ Wolfram Wette, *Recht ist, was den Waffen nützt: Justiz und Pazifismus im 20. Jahrhundert*, Berlin, 2004.

제4장
국가안보와 의회: 의회의 비밀정보기관에 대한 통제권을 중심으로*

제1절 처음에

「공공기관의 정보공개에 관한 법률」(정보공개법으로 약칭)이 시행되면서 투명하고 공개적인 국정운영에 대한 시민들의 관심은 커지고 있다. '참여연대' 등 시민단체들은 이 법에 따른 정보공개소송을 통해 정부 기관의 판공비 내역 및 기록물 정보의 공개를 압박하는 데도 어느 정도 성공했다. 그러나 현행 정보공개법은 '국가안전보장'과 관련한 정보의 공개에 관한 한 아무런 힘이 없다. "국가안전보장에 관련된 정보"는 아예 이 법의 적용대상에서 제외되고 (동법 제4조), "공개될 경우 국가안전보장·국방·통일·외교관계 등 국가의 중대한 이익을 해할 우려가 있다고 인정되는 정보"는 비공

---

* 이 글은 「의회에 의한 비밀정보기관 통제방안에 관한 연구」, 『민주법학』, 제24호, 2003년, 247-278쪽에 기고한 논문을 가필한 것임.

개대상정보로 분류되어 있다(제7조 제1항 제2호).[1] 국민의 알권리는 '국가안전보장' 앞에서 멈추는 셈이다.

국가안보라는 말 한마디면 모든 게 덮어지고 용서되던 시기가 있었다. 그 시대의 정서는 정보공개법에도 고스란히 전가되어 있고 그로 인해 우리는 여전히 더 이상 접근하기 어려운 거대한 비밀 덩어리와 마주하고 있다. 비밀정보기관에는 대통령이 와도 보여줄 수 없는 자료가 어딘가에 숨겨져 있다. 비밀정보기관[2]은 국가 속의 국가,[3] "국가 안에 존재하는 하나의 비밀국가"[4]가 되고자 한다.

대통령에 대해서도 자신의 비밀을 지킬 수 있는 곳인 비밀정보

---

1) 1998년 1월 이래 「공공기관의 정보공개에 관한 법률」이 시행된 이후 지속적으로 정보공개운동을 벌여온 '참여연대'는 정부기관을 상대로 한 정보공개 청구소송에서 최근 잇따라 패소하자, 앞으로는 운동의 중심을 정보공개소송에서 '정보공개법' 개정 쪽에 둘 것이라고 한다. 매일경제, 2003. 9. 15자 참고. 현행법 체제하에서 국가기밀을 다루는 국가정보원을 포함, 각 정부기관을 대상으로 정보공개운동을 펼치는 것이 더 이상 무의미하다는 현실적 판단이 섰기 때문인 것으로 보인다.

2) 비밀정보기관 혹은 정보기관: 첩보수단(비밀 스파이 등)을 이용하여 정보를 수집하는 기관. 비밀정보기관은 비밀경찰과 구별해야 한다. 전자는 경찰상의 강제권한이 없다. 즉 원래 비밀정보기관의 임무는 첩보의 수집 및 평가에 한정된다. Martin H. W.Möllers 엮음, *Wörterbuch der Polizei*, München, 2001, 1065쪽. 그러나 한국에서 비밀정보기관은 비밀경찰과 같이 운영되어 왔다. 자세한 것은 곽노현, 「안기부 권력남용의 현황과 그에 대한 민주적 투쟁의 경과와 전망: 과제와 전략을 중심으로」, 『민주법학』, 제12호, 1997, 330-347쪽; 조용환, 「민주주의와 정보수사기관의 통제」, 『동향과 전망』, 1997년 봄호, 통권 제33호, 153-181쪽 참고. 조용환은 비밀경찰이라는 표현대신에 '정보수사기관'이라는 표현을 사용하고 있다.

3) Peter Gill, *Policing Politics: Security Intelligence and the Liberal Democratic State*, London, 1994, 75쪽.

4) 렉 휘태커/이명균, 노명현 옮김, 『개인의 죽음』, 생각의 나무, 2001, 47쪽.

기관의 닫힌 문을 열기 위해 정보공개법을 개정하는 것 외에 대한민국 국회는 어떤 일을 해야 할까? 그 일을 수행하는 과정에서 국회가 동원할 수 있는 힘은 무엇일까? 묻기는 쉽지만 답하기는 그렇게 쉽지 않은 이런 질문에 대해 나름대로 답을 찾아보려는 뜻에서 이 논문을 기획했다.[5] 국군기무사령부, 국가정보원의 비밀주의가 새삼 문제되었기 때문에 이러한 논문을 구상한 것은 아니다. 비밀정보기관 통제와 관련한 국회의 역할은 예나 지금이나 중요한 논의사항이다. 다만 이른바 9·11 테러 이후의 환경변화로 인해 비

---

5) 비밀정보기관에 대한 통제를 본격적으로 다루고 있는 국내문헌은 거의 없다. 몇몇 사람들이 이 문제를 다루었지만 국회가 행하는 통제에 초점을 맞추지는 않았다. 그나마 있는 연구자체도 종합적·체계적인 것과는 거리가 멀다. 정보기관에 대한 통제문제가 시급한 현안이 되었을 때, 이 문제에 대해 관심을 가진 사람들(곽노현 교수, 조용환 변호사 등)이 몇 편의 글을 통해 통제방법 등에 대해 언급했지만, 그런 연구를 두고 비밀정보기관 통제체제에 관한 종합적인 연구로 평가하기는 어렵다. 물론 필자의 이 글도 마찬가지다. 종합적이고 체계적인 연구성과가 나오지 않는 데에는 나름대로 이유가 있다고 본다. 입수할 수 있는 정보가 극도로 제한되어 있는 비밀정보기관과 같은 대상을 종합적·체계적으로 연구하여 일정한 성과물을 만드는 일은 한 개인의 노력만으로는 거의 불가능하다고 보아야 한다. 정보기관의 활동에 관심을 갖는 변호사들과 정보기관실무를 접해본 사람들이 끊임없이 사례제시와 정보제공을 하고, 이를 이어받아 연구자들이 사례분석과 비교법적 연구를 진행해나갈 때에야 비로소 대상의 실체를 조금씩 이해할 수 있는 게 이 분야의 연구라고 하겠다. 말하자면 조직화된 '연구 네트워크'가 있어야 한다. 아쉽게도 그런 것이 우리에게는 없다. 반면 예컨대 영국에서는 국가안보 및 정보기구의 역사적, 사회과학적, 법학적 의미를 체계적으로 연구하는 경향이 이미 1970년대부터 나타났고, 사회과학자 및 법학자들은 이 분야에서 나름대로 연구공동체를 형성하고 있다고 한다. Laurence Lustgarten/Ian Leigh, *In From The Cold: National Security and Parliamentary Democracy*, Oxford, 1994, x쪽.

밀정보기관 통제에서 국회가 해야 할 일이 한 층 더 중요해진 것은 사실이다.

제2절 비밀정보기관과 민주주의적 시민사회: 모순적 관계

여러 형태의 정치적 활동, 특히 반대세력의 정치활동을 국가의 정보기관이 감시, 포착하는 것은 자유권에 대한 위해가 되며, 나아가 한 사회 내의 민주주의적 의사형성이 가능하게 될 조건을 위협한다. 국가권력의 감시와 통제가 강력하여 국민들이 일사불란하게 움직이는 국가가 안보강국은 아니다. 반대와 반론을 이겨 낼 수 있고 사회적 혼란을 소화할 수 있는 나라가 안보강국이다. 확고한 민주주의적 전통과 제도가 안보강국을 만든다.[6] 반면 감시와 통제로부터 벗어나 있는 비밀정보기관이 국민들의 정치적 활동을 감시·제어하는 방법을 통해서만 국가의 안보를 유지할 수 있는 나라는 안보약체국(安保弱體國)이라고 할 수 있다.

민주주의 국가에서 국가행위는 투명성이 원칙이다. 국가행위가 투명하다는 것은 국가행위가 그 만큼 공공성을 띄게 된다는 의미이기도 하다. 공공성이란 결국 사적(私的)인 것과 비밀스러운 것에 대립한다고 하는 두 가지 의미를 갖고 있기 때문이다. 권력이 사적인 성격을 띠게 된다면 부패할 것이고 권력의 비밀성이 커진다면 그 권력은 남용될 것이다. 비밀스러운 권력에 대해서는 정치적 여

6) Laurence Lustgarten/Ian Leigh, 앞의 책, 3-4쪽.

론을 통한 민주주의적 통제도 불가능하다.7) 따라서 비밀정보기관과 민주주의적 시민사회는 모순된 관계에 있다. 그럼에도 불구하고 왜 민주주의 국가를 자처하는 많은 나라들은 여전히 비밀정보기관들을 조직·운영하고 있는 것일까?

1. 적을 필요로 하는 사회

비밀정보기관은 세상에서 가장 오래된 직업 중의 하나라고 한다. 서로 적대하는 국가들 사이에서는 첩보활동이 늘 일정한 역할을 했다. 구약성서의 여호수아 제2장에는 모세가 여호수아에게 12명을 주어 가나안 땅을 사전 염탐하게 하는 장면이 기록되어 있다.

---

7) 국가 운영에서의 비밀은 민주주의 시대 이전의 정치권력을 특징짓는다. 칼 슈미트는 그의 『독재론』에서 지배계급, 지배군주가 사용하는 통치기법으로서의 비밀(Arcana imperii, Arcana dominationis)에 대해 서술한다. Carl Schmitt, *Diktatur*, Berlin 1994 (1921년 판의 재판), 13-16쪽; 그는 또한 지배기법으로서의 비밀주의를 불식한다는 의미에서 의회주의는 민주주의의 새로운 가능성이라고 평가하고 있다. 『의회주의의 정신사적 기초』에서 그는 의회주의가 다음과 같은 믿음에 기초해 있음을 밝히고 있다: "주장과 반대주장의 공개적 검토, 공개적 논쟁과 공개적 토론"이 일어난다면 모든 것을 감추는 절대주의의 비밀정치가 극복될 수 있다. 정치생활의 공개는 정치를 기술로 파악하는 마키아벨리적인 국가이성론의 대립물이다. 정치생활의 공개는 그것이 공개적이라는 바로 그 이유 때문에 올바르고 선하다. Carl Schmitt, *Die geistesgeschichtliche Lage des heutigen Parlamentarismus*, Berlin 1991(1923년 판의 재판), 43-49쪽. 물론 그는 그러한 믿음에 대해 냉소적이었고, 그것이 그의 반의회주의를 특징짓고 있다. 자세한 것은 이계수, 『의회주의와 행정법: 칼 슈미트 학설과 그에 대한 비판을 중심으로』, 서울대학교 법과대학원 박사학위논문, 1997 참고.

삼국지에 등장하는 군사(軍師)들은 오늘날의 의미에서 보면 정보기관장의 역할도 담당했을 것이다.

정치권력은 적대국에 대해서 뿐만 아니라 국내 정치상의 적과 싸울 때에도 항상 비밀 정보원(情報源)을 이용한다. 정치권력은 '범죄와의 전쟁', '마약과의 전쟁', '테러와의 전쟁'에서 비밀정보기관의 힘을 동원한다. 민주주의 국가가 자기 국민의 일부를 적으로 상정하고 그들에 맞서기 위해 비밀정보기관을 동원한다는 사실이 의아스럽게 보이겠지만, 국내 정치에서 전쟁의 논리는 단순한 수사(修辭) 이상의 기능을 수행한다.

그렇기 때문에 동서냉전이 끝났음에도 불구하고 권력자들은 늘 적들을 찾아 나서고 있다. 동서냉전과 함께 거대한 비밀권력조직으로 탄생·성장한 미국 중앙정보국(CIA)이 동서냉전 후에도 살아남은 이유, 냉전체제의 붕괴에도 불구하고 오히려 이전보다 광범위한 감시체제가 전세계적으로 관철되는 까닭을 생각해 볼 필요가 있다. 정보기관의 조직과 권한확대를 지지하는 자들은 말한다. "적들은 사방에 흩어져있고 그들로 인한 위험은 결코 무시할 수 없는 수준이다.[8] 그러므로 정보기관의 기능은 오히려 더 강화되어야 하

8) 2001년 5월 독일 베를린에서는 「세계화 시대에 대응하는 정보(첩보) 및 공안기관」이라는 주제로 유럽, 러시아, 미국의 공안전문가들이 참여한 국제회의가 개최되었다. 이 회의에서 발표된 자료에 따르면 영국에서는 모든 범죄의 60-80%가 조직범죄와 연결되어 있으며, 러시아에서는 민간은행의 50-60%가 조직범죄의 통제를 받고 있다고 한다. 미국측 발표자는 최근의 연구보고서 『2015년의 세계동향분석』에 나타나 있는 예측을 제시했다. 그 보고서에 따르면 2015년까지 세계인구가 늘어날 것이고 인구증가의 95%가 저개발국가의 몫이 된다. 이들을 먹여 살리기 위해 불법이민과 마약밀매를 담당하는 조직범죄가 판을 칠 것

고, 국내적·국제적 정보통합도 강화되어야 한다."

그러나 정보기관의 권한확대를 주장하는 이들이 강조하는 위협이 오늘날 새삼스럽게 등장한 것인지는 따져보아야 한다. 실제로 그들이 '부각시키고자 하는' 위협 때문에 정보기관의 조직과 권한이 유지 혹은 확대되는 것인지, 국민 한사람 한사람의 일상을 보다 철저히 감시·기록·관리하는 체제의 지속적 구축을 위해서 그러한 조치가 필요한 것인지를 따져보아야 한다는 얘기이다.

만에 하나 비밀정보기관들이 냉전 이후 자기조직유지를 위해 조직범죄와 테러로 인한 위험을 과도하게 부각시키고 있다고 한다면 구 소련과 동구사회주의의 붕괴를 민주주의, 정의, 자유시장경제의 승리로, '역사의 종말'(프란시스 후쿠야마)로 평가한 1990년 이래의 평가는 거짓말이 된다. 왜냐하면 1990년의 '승리'에서 확인된 민주주의적 사회구조는 결코 비밀정보기관과 양립할 수 없기 때문이다.

2. 비밀정보기관, 민주주의에 대한 위협

비밀정보기관은 두 가지의 의미에서 민주주의적 사회구조에 위협이 된다.

첫째는 그들의 비밀스러운 활동방식으로 인한 위협이다. 이들 기관의 비밀스러운 활동방식은 자신들의 특별한 권한을 정치적 반대세력의 감시를 위해 사용할 가능성을 증대시킨다. 정보기관의

이라고 한다. Tageszeitung. 2001. 5. 23자 기사, "Die organisierte Kriminalität, das ist der Feind(조직범죄, 그것이 적이다)"에서 인용.

활동은 정치적 반대자들을 국가의 침해로부터 보호하는 자유권과 민주주의 원칙에 대한 위협이 된다. 이상한 행동이 비밀정보기관에 의해 항상 기록되고, 정보로서 계속 저장·사용·배포되리라고 의심하는 자는 그러한 행동들로 인해 주목의 대상이 되는 것을 회피하려 할 것이기 때문이다. 즉 집회나 시민운동에 참여하는 것이 당국에 의해 기록되고 그로 인해 자신에게 위험이 발생할 수 있다고 생각하는 사람은 가능한 한 자기 권리의 행사를 포기하게 될 것이다.[9] 그 점에서 감시체계는 국민의 물리적 저항과 같은 행위를 '통제'하는 데 그치지 않고 행위 그 자체를 적극적으로 '규제·강화·조정'하게 된다.[10]

비밀정보기관에 의한 감시와 추적이 일상화되면 민주주의가 기능하기 위한 조건들은 의심스러운 상황에 빠지게 될 것이다. 시민들은 그들이 일반적인 법률을 준수하는 한 국가의 박해나 불이익 처우에 대한 공포 없이 정치적 활동을 할 수 있어야 한다. 그런데 비밀정보기관(첩보기관)들이 그들 스스로 단정한 소위 내부의 적이라는 사람들을 국가의 적 혹은 헌법의 적으로 간주하고 추적하는 경우에서조차 그것이 가능할 지는 의문이다. '내부의 적들'을 잠재적 위험인자로 간주하여 가능한 한 조기에 감시의 대상으로 삼고 필요한 경우 배제시켜버리는 곳에서 민주주의의 실천을 기대하기란 어렵다. 정치적으로 '미심쩍거나 수상한' 사람들에 대한 비밀정보기관의 감시와 추적이 늘 일어난다면, 그런 사회는 더 이상 민주주의적 시민사회가 될 수 없다.

---

9) BVerfGE, 65, 1(43).
10) 기든스, 『민족국가와 폭력』, 삼지원, 1991, 215-227쪽.

둘째는 비밀정보기관들이 그들의 존재이유증명을 위해 부각시킨 상투적인 적들과 이들 상투적 적에 대한 적대감이 가져오는 위협이다. 상투적인 적은 사람들을 초조하게 만들고, 이러저러한 낙인을 찍으며, 모욕하고, 폭력을 행사할 준비를 하며, 그들이 말하는 것이 실제로 일어날 때까지 사람들을 불안하게 만든다.[11] 상투적인 적의 존재로 인한 초조감 때문에 사람들은 국가권력이 강력하게 추진하는 감시와 통제의 강화를 커다란 저항 없이 받아들이게 된다. 그 결과 미국과 영국, 독일과 프랑스 그리고 그 밖의 여러 '모범적' 법치국가에서조차 자유주의적 법치국가는 붕괴되고 있다.[12]

3. 이른바 비밀정보기관 폐지론: 독일 '연방의회 통제위원회'의 유용성을 둘러싼 논쟁을 중심으로

비밀정보기관과 민주주의적 사회구조가 양립할 수 없는 것이라면 비밀정보기관은 폐지해야 하는 것일까? 민주주의를 폐지할 수는 없는 노릇이지 않는가. 이 문제에 대해 간단히 답해보자.

이 논문에서 다루는 것은 비밀정보기관에 대한 국회의 통제권 강화방안이다. 국회의 통제권 강화방안은 비밀정보기관에 대한 통

---

11) 울리히 벡, 『적이 사라진 민주주의』, 새물결, 2000, 282쪽.
12) 그래서 인권운동가들은 비밀정보기관의 조직과 권한을 확대하고, 그들에 대한 의회 등의 통제권을 약화시키는 조치야말로 민주주의와 자유, 그리고 시민의 권리에 대한 또 다른 형태의 '테러'라고 비판하고 나섰다. 자세한 내용은 이계수, 「반테러법과 위험에 처한 인권」, 『민주법학』, 제21호, 2002, 247-250쪽을 참고하라.

제가 가능하다는 것이 전제될 때만이 도출될 수 있다. 그러나 사실 이러한 전제에 대해서는 심각한 의문이 제기된다. 정보기관에 대한 법적 통제방안에 대해 연구해온 이들은 종종, 비밀정보기관들을 통제하고자 하는 시도는 원래 '통제 불가능한 것'을 단지 좀 낫게 통제하려는 노력, 혹은 좀 낫게 통제되고 있다는 환상을 불러일으키려는 노력에 불과하다는 회의론을 제기한다.[13] 그러한 회의는 당연히 근거가 있다. 물론 그러한 회의를 갖고 있다고 해서 정보기관에 대한 통제방안을 그들이 고민하지 않는 것은 아니다. 오히려 그들은 보다 근원적인 문제제기를 ―즉 비밀정보기관은 통제의 대상이 아니다. 비밀 정보기관은 그 자체로 폐지되어야 한다― 통해서만 정보기관 통제와 관련한 작은 진보라도 획득할 수 있다고 믿고 있는 듯하다.

독일의 경우 정보기관 폐지론은 오랫동안 녹색당의 정강정책에 포함되어 있었다. 그들은 정당설립당시부터 비밀정보기구에 대해 매우 비판적이었고 비밀정보기구를 점진적으로 폐지하겠다고 공약하기도 했다. 최근까지 그들은 이러한 입장을 견지했다. 그러나 1998년 처음으로 연방차원에서 사민당(SPD)과 연립정부를 수립하게 되었을 때 그들의 입장은 상당히 누그러져 있었다. 당시의 연정합의문서에 비밀정보기관의 점진적 폐지는 언급되지 않았다. 그 대신 "우리는 현재 여러 위원회에 분산되어 있는, 비밀정보기관의 활동에 대한 의회통제임무를 하나의 통제위원회로 통합하고 동 위

---

13) 예를 들어 Rolf Gössner, *Big Brother & Co.: Der moderne Überwachungsstaat in der Informationsgesellschaft*, 2판, Hamburg, 2001, 175쪽 아래.

원회의 권한을 확대할 것이다"라고만 되어 있었다. 헌법보호청, 연방 정보국, 군 방첩대 등 세 비밀정보기관의 임무와 권한은 어떻게 할 것인가 하는 근본적인 문제에 대해서는 침묵해버렸다. 냉전이 끝났고 사회 전반에 정부개혁이 논의되고 있었음에도 불구하고 정보기구의 폐지 혹은 개혁은 쟁점으로 부각되지 못했다.

어쨌건 녹색당과 사민당의 연정합의에 따라 1999년 「의회위원회에 관한 규정의 변경에 관한 법률」(1999. 3. 25)[14]에 의거 「연방 정보기관의 활동에 대한 의회통제에 관한 법률」(1978. 4. 11)[15]이 개정되어 새로운 의회통제위원회(Parlamentarisches Kontrollgremium: PKG)가 만들어진다. 이 위원회는 이전의 의회통제위원회(PKK)와 이른바 기본법 제10조 위원회(G-10-Gremium), 구 「도청법」 제9조 제1항에 규정된 의원(議員)위원회를 모두 통합한 기구가 되었다.

이 새로운 위원회는 이전의 의회통제위원회보다 많은 통제권한을 갖게 되었다. 즉 연방정부는 3대 비밀정보기관이 행하는 일반적인 활동과 중요사안을 이 위원회에 포괄적으로 보고할 의무가 있으며, 위원회의 요청이 있으면 특별한 사안에 대해서도 보고해야 한다(법 제2조). 보고과정에서 위원회의 요청이 있으면 비밀정보기관의 문서 및 자료를 보여주어야 하며, 비밀정보기관의 직원에 대해 청문(Anhörung)을 실시할 수도 있다. 또한 위원회는 비밀정보기관을 방문할 수 있다(법 제2a조). 연방정부는 첩보에 대한 접근을 제한해야 할 불가피한 사정이 있는 경우, 제3자의 인격권보호를 위해 필요한 경우 혹은 집행부의 고유한 책임과 관련한 핵심적 영

14) 독일연방법령집 제1권, 1999년, 1334쪽.
15) 독일연방법령집 제1권, 1978년, 453쪽.

역과 관련되는 경우에만 보고를 거부할 수 있다. 이 경우 연방정부는 위원회의 요청에 따라 거부이유를 제시해야 한다(법 제2b조). 연방정부를 상대로 청문을 실시한 뒤, 위원 2/3의 의결로 전문가를 위원회에 참여시켜 개별 사안에 대한 조사를 하게하고 그 조사결과를 위원회에 보고하도록 위임할 수 있다(법 제2c조). 세 비밀정보기관의 예산안도 이 위원회에서 심사한다. 비밀정보기관 직원은 자신이 제기한 진정(자기 및 동료의 이해관계와 관련된 진정은 제외)이 상부에 의해 받아들여지지 않을 경우 위원회에 진정할 수 있다. 이러한 진정이 제기되면 위원회는 진정인을 상대로 청문을 실시할 수 있다(법 제2d조). 위원장과 부위원장 그리고 위원 중 위임을 받은 자는 정보기관의 예산을 심의하는 의회 내 특별 예산위원회(Vertrauensgremium)에 참여하여 정보기관의 예산을 공동으로 심의할 수 있다. 그밖에 동 의회통제위원회는 정보기관의 예산안(Wirtschaftspläne)에 대해 조언할 수 있다(법 제2e조).

한편 위원회를 구성할 위원의 수, 위원회의 구성 및 운영방식은 연방의회가 결정하도록 했다(법 제4조 제2항). 그러자 1999년 당시 위원회를 구성하면서 사민당-녹색당 연립당파는 위원 수를 9명으로 제한했으며, 민사당(PDS) 소속 연방의원이 이 위원회에 참여하지 못하도록 했다. 연방의회 내에 의석을 갖고 있는 모든 당파는 적어도 1인의 위원을 이 위원회에 참여시킬 수 있다는 식의 법적 보장은 없었으므로 사민당-녹색당 연립당파는 가장 좌파인 민사당이 비밀정보기구에 접근할 기회를 차단시켜 버렸다.

이렇게 되자 민사당 내에서는 논쟁이 일어났다. “의회 통제위원회에 일단은 참여해서 정보기관에 대한 통제·감시를 위해 노력해야 한다", "처음부터 의회 통제위원회의 가능성을 부정할 필요는 없다"는 주장을 한쪽에서 제기한 반면,16) "실효성이 의심되는 통제위원회에 참여하느니 외부에서 정보기관 폐지운동을 전개하는 것이 옳다"는 반론도 만만찮았다.17) 후자의 반론은 특별히 의회 통제위원회 위원들에게 부과되어 있는 비밀준수의무를 겨냥한다. 위원회에 소속되어 있는 위원이 비밀준수의무를 어기고 위원회에서 알게 된 사실을 다른 사람이 알게 하거나 혹은 '공공연하게' 공개한 경우 최장 3년의 징역형에 처해질 수 있다(독일형법 제353b조). 그런 까닭에 위원은 자기 당 소속 의원들, 특히 당대표에게도 비밀을 지켜야 한다. 통제위원회에서 알게 된 사실을 대중들에게 알리는 것은 더더욱 생각할 수 없다. 정치적 활동에 일반적으로 이용할 수도 없고, 비밀정보기관에 대한 정책수립을 위해서도 써먹을 수 없는 그러한 정보들을 자기 혼자만 알고 있는 게 도대체 무슨 의미가 있겠는가 하는 반론이다.18)

이들 반론은 또한 의회통제위원회가 행사할 수 있는 통제가능성에 현혹되어 비밀정보기관의 폐지라는 민사당의 기본정책을 간과하거나 그 정책에서 점차 멀어지게 될 위험을 경계하고 있다. 그들은 비밀정보기관의 폐지라는 민사당의 정책목표는 현재의 정치문화를 기형화시키는데 있어 비밀정보기관이 행하는 역할에 대한 원

16) Ulla Jepke, "Kontrolle der Geheimdienste: Nicht mitmachen ist zu wenig," *Geheim*, 1999년 2월호, 4쪽 아래.

17) Roland Claus, "Geheimdienste abschaffen, nicht kontrollieren," *Geheim*, 1998년 4호, 4쪽 아래.

18) Evelyn Kenzler, "Für eine Beschränkung der Geheimdienstpraktiken," *Geheim*, 1999년 3호 참조.

칙적인 비판의 의미를 담고 있다고 본다.[19)]

이미 지적했듯이 비밀주의, 국가의 비밀정보기관 운영과 민주주의는 양립할 수 없다. '폐지론'은 정보기관에 대한 통제가 문제가 아니라, 정보기관을 통한 문제해결을 시도하는 사회구조를 바꾸는 것이 중요하므로 정보기관은 그 자체로 폐지하는 것이 옳다고 본다. 정보기관의 활동에 대한 제도화되고 체계화된 통제 및 점검장치가 문제가 아니라 정보기관 자체를 폐지해야 한다는 주장은 그 현실성을 떠나 원래의 민주주의의 의미에 가장 부합하는 것임은 틀림없다.

이에 대해 이른바 통제위원회 참여론은 비밀정보기관의 폐지라는 목표를 하루아침에 달성할 수는 없으므로 아무 일도 하지 않는 것보다는 의회 내에 들어가서 어쨌건 비밀정보기관의 권한을 줄이는 데 노력을 기울이는 것이 중요하다고 지적한다. 통제위원회에 참여하는 것 자체가 비밀정보기관을 승인하는 일이 된다는 반론에 대해서도 그것은 꼭 그렇게 볼 것만은 아니라고 재차 반박한다. 이들은 나아가 비밀정보기관의 권한확대(특히 비밀정보기관간 국제네트워크의 확대강화로 인한 권한확대)현상, 경찰과 비밀정보기관간의 경계가 불분명해지는 현실에 제동을 걸기 위해서라도 의회위원회에 참여하여 제한적이나마 정보를 확보하는 것이 필요하다고 본다.[20)] 어느 쪽이 더 현실적인 주장을 하고 있는지는 쉽게 단정하기 어렵다. '참여론'을 반박하는 이른바 폐지론 또한 현재의 상황, 특히 기술적 상황(정보수집장비의 대단한 발달), 국제적 여건(미국

---

19) Evelyn Kenzler, 앞의 글.
20) Ulla Jepke, 앞의 글, 5쪽.

중앙정보국이 주도하는 세계적인 정보기관네트워크 구축)을 고려할 때 의회가 정보기관을 통제한다는 것은 지극히 어렵다는 아주 현실적인 고려 하에서 폐지론을 주장하고 있기 때문이다.

필자는 일단 '참여론'의 입장에 서서 이 논문을 쓰고 있지만 어쨌건 이런 식의 근본적인 토론이 우리사회에서도 활발하게 이루어져야 한다고 본다. 이제까지 한국에서는 이런 식의 근본적인 문제제기가 논쟁거리도 되지 못했다. 예를 들어 전두환·노태우 군사정권 이후 차례로 등장했던 김영삼 정권과 김대중 정권, 그리고 노무현 정권에 이르기까지 정권 초기에는 비밀정보기관을 개혁하는 문제가 쟁점이 된 바 있다. 그런데 그 논의들은 워낙 매우 대중적인 방식으로 제기되거나 아니면 아주 비밀스럽게 진행되었기 때문에 정권핵심에 있던(혹은 있는) 인사들의 정확한 의도가 무엇이었는지는 알기가 어렵다. 다만 신문이나 잡지 등을 통해서 간접적으로나마 비밀정보기구 개혁의 의도를 알 수 있는데, 과거 대표적인 인권침해기관이었던 국가안전기획부, 국가정보원을 다소 민주화하고 인권침해소지를 줄이는 방향에서 정책의 기조가 잡혔던 것으로 이해할 수 있다.[21] 반면 당시부터 현재에 이르기까지 그간의 논의에서 국가비밀정보기관 자체를 폐지하자는 의견은 찾아볼 수 없다. 민주사회를 위한 변호사모임이 만든 『반민주악법 개폐에 관한 의

21) 이러한 경향은 정보기관에 대해 비판적인 입장에 서 있는 논자가 쓴 글에서도 확인된다. 김민웅은 1996년 12월 『말』지에 기고한 글에서 변화된 환경과 국제정세에 맞게 안기부를 '정의로운 조직', '경이로운 조직'으로 탈바꿈시키자고 주장했다. 김민웅, 「수사권 집착하는 안기부가 CIA에서 배울 점: 냉전사고 버리고 경제실리 챙긴다」, 월간 『말』, 1996년 12월, 147쪽.

견서』에 수록된 「국가안전기획부 폐지에 관한 의견서」는 안기부의 폐지를 주장하고 있지만, 곧이어 '민주적 국가기관'으로서 대외정보기관의 창설을 이야기하고 있다.[22] 그렇다면 정보기관의 완전한 폐지는 전혀 상상할 수 없었거나 혹은 그 상상하는 것 자체가 금기시 되었던 것이 아닐까? 일종의 '자기검열'인 셈이다. 현재의 정치문화를 기형화시키는데 있어 비밀정보기관이 행하는 역할에 주목한다면 이러한 자기검열적 태도부터 극복해나갈 필요가 있다.

제3절 비밀정보기관의 조직원리 및 활동원칙

비밀정보기관에 대한 의회의 통제권을 강화하자면 두 가지 방식의 접근이 필요하다. 하나는 조직되어 활동하고 있는 정보기관을 모니터링·감독할 위원회의 조직과 활동방식을 강화하는 것이고, 다른 하나는 입법작용을 통해 정보기관의 조직 및 권한, 활동방식에 대해 미리 명확한 기준과 원칙을 설정하며 정보기관의 예산을 통제하는 것이다. 일반적으로 비밀정보기관에 대한 국회통제방안 논의에서는 전자가 주로 논의되지만 후자 또한 매우 중요한 의미를 갖고 있다. 비밀정보기관이라고 하더라도 헌법의 틀 내에서 조직되고 활동해야 하는 것이므로 의회가 이들 기구의 조직 및 활동에 대해 보다 명확하고 구체적인 수권(授權)을 할 필요가 있다. 이 절에서는 먼저 이 후자에 대해 살펴본다.

---

22) 민주사회를 위한 변호사모임, 『반민주악법 개폐에 관한 의견서』, 역사비평사, 1989, 84쪽.

1. 정보기관과 경찰의 분리, 대외정보기관과 대내정보기관의 분리: 이른바 행정부 내의 권력분립문제

정보기관의 조직화에서 지켜야 할 첫 번째 원칙은 정보기관과 경찰의 엄격한 분리이다. 경찰과 검찰은 공적 통제의 대상이 된다. 그러나 비밀정보기관은 그렇지 않다. 만약 비밀정보기관의 활동이 공적 통제의 대상이 된다면 그들의 비밀임무수행은 더 이상 불가능해진다.[23] 그래서 비밀정보기관에 대한 통제는 말 그대로 통제(control)가 아니라 의회에서의 제한된 감독(oversight) 정도에 그치는 경우가 대부분이다. 감독방식에서도 폐쇄형과 개방형 등 두 가지 모델을 생각해 볼 수 있는데 미국의회가 정보기관에 대해 하는 감독(Congressional oversight)은 전자에 속한다. 상하 양원에 각각 설치되어 있는 미 의회 정보위원회들에서 이루어지는 '모든' 브리핑은 비공개로 진행되며, 청문의 경우에도 대개는 비공개이다. 최근에는 보다 공개적으로 청문을 진행하려는 경향이 나타나고 있지만, 정보위원회에서의 회의를 전면적으로 공개하는 것은 무리가 있다. 반면 경찰과 검찰 등 일반적인 법집행 기관에 대한 의회감독을 위해서는 원칙적으로 개방적인 모델을 채택하게 된다.[24]

정보수집과 범죄수사는 상이한 지배원리가 적용되는 독자적 영역이기도 하다. 정보수집은 잠재적 위험요소가 있는 이상 허용해야 한다는 기회의 원칙이 지배하지만 범죄수사는 엄격한 적법절차

23) Heribert Prantl, *Verdächtig: Der Starke Staat und die Politik der inneren Unsicherheit*, Hamburg, 2002, 125쪽.

24) James X. Dempsey, "Legislative Oversight in The United States". http://www.gwu.edu/~cnss/oversight/legisover.html

의 원칙이 지배한다.[25] 비밀정보기관은 비밀경찰과 구별되며 전자의 임무는 원칙적으로 첩보의 수집 및 평가에 한정된다. 반면 경찰은 수사기구이지 첩보기구가 아니므로 경찰 내에 비밀정보기구를 운영해서도 안 된다. 실제로 법률로 성립되지는 못했지만 미국의 경우 예전에 미국인권연맹(ACLU)을 중심으로 여러 단체들이 연방수사국(FBI)을 통제하기 위한 법률안을 제안한 바 있다. 그 법률안에 따르면 연방수사국의 활동은 '정보'수집이 아니라 범죄수사활동으로 제한되어 있다.[26] 한국의 경우 이전 시기에 청와대가 운영하는 이른바 '사직동팀'이 존재했던 적이 있고, 현재도 정보과 등을 통해 광범위한 정보수집활동이 이루어지고 있다. 이러한 현실에 대한 制御, 즉 정보수집권과 수사권을 조직적으로 분리함으로써 권력집중을 막고 첩보기관의 비밀경찰화, 경찰의 정보기구화를 방지해야 한다.

정보기관구성을 위한 두 번째 원칙은 대내정보기관과 대외정보기관의 분리이다. 비밀정보기관은 비밀리에 운영되기 때문에 권력남용이 있어도 외부에서 통제하기가 쉽지 않다. 이러한 현실을 보완하자면 기능적으로 분리 가능한 임무들을 되도록 서로 다른 기관에 분산시켜 한 기관에 권한이 집중되는 것을 막아야 한다. 미국과 독일, 영국, 프랑스 등은 이러한 견지에서 대내정보수집기관과

25) 곽노현, 앞의 글, 342쪽. 비밀정보기관의 정보수집활동을 가능한 한 제한하려는 입법례에서는 단지 잠재적 위험요소가 있다고 하여 정보수집을 허용하지는 않는다. 그러한 입법례에 따르면 정보수집은 이른바 정보의 수집 대상이 되는 활동이 행해지고 있다고 의심할만한 사실상의 근거가 있을 때에만 가능하다.

26) 그렉 노자임/ 김한균 옮김, 「미국에서 정보기관에 대한 법적 통제」, 『민주법학』, 제12호, 1997, 322쪽.

대외정보수집기관을 조직적으로 분리해놓고 있다.[27] 예를 들어 독일의 경우 통독 이후에는 물론 분단시대에도 정보기관과 수사 기타 집행기관의 조직적 분리가 헌법적 차원의 원칙으로 받아들여져 대내정보기관인 헌법보호청은 대내정보수집권만 갖고 있을 뿐 간첩수사권이나 내란외환수사권을 보유한 적이 없다.[28]

대내정보기관과 대외정보기관이 분리되지 않으면 국내안보와 국외첩보 작전 사이의 구별이 없는 소위 '방첩국가'가 등장할 수 있다.[29] 그러한 방첩국가의 예로 국가공안위원회(KGB)와 그 전신이었던 체카(cheka, 비상위원회: 반혁명과 국방상의 방해행위에 대항하는 위원회)를 운영했던 구 소련과 제국안전총국(Reichssicherheitshauptamt, RSHA)으로 경찰과 비밀정보기구를 통합했던 나치스 독일을 들 수 있다.[30]

27) 곽노현, 342쪽. 독일은. 영국은 대외정보기관으로 비밀정보부(Secret Intelligence Service: SIS), 대내정보기관으로 보안부(Security Service: SS)을, 프랑스는 대외정보기관으로 대외안보총국을 대내정보기관으로 국토감시청을 각각 두고 있다. 자세한 사항은 김윤덕, 『국가정보학』, 박영사, 2001, 271-283쪽.

28) 곽노현, 앞의 글, 342쪽.

29) 렉 휘태커, 앞의 책, 45쪽.

30) 나치스 독일의 비밀경찰 하면 게슈타포를 떠올리게 된다. 게슈타포는 케이지비 등과 함께 비밀경찰의 대명사, 공포기구의 대명사로 알려져 있다. 그러나 그 게슈타포가 1939년 설립된 제국안전총국의 핵심부분이었다는 사실은 잘 알려져 있지 않다. 자세한 내용은 아래 문서를 참고하라. www.infolinks.de/medien/geheim/1999/04/018.htm

2. 정보수집을 위한 행위기준의 마련

비밀정보기관을 통제하자면 조직상의 명확한 업무분장(이른바 분리원칙)과 함께 정보수집업무 자체에 대한 명확한 지침을 마련하는 것이 중요하다. 독일 니더작센 주의 1992년 헌법보호청법은 이 점에서 매우 모범적인 입법으로 평가할 수 있다.[31] 동 법률은 정보기관역사에서 처음으로 '정보기관적 수단'을 법률에 열거주의적 방식으로 한정하였다. 즉 헌법보호청은 비밀정보수집, 특히 비밀리에 이루어지는 개인관련 정보의 수집은 비밀정보원 및 비밀요원의 투입, 감시, 기계장비를 이용한 도청 등 11개의 방법으로만 이루어져야 한다고 못박고 있다. 비밀정보기관의 활동을 통제하기 위해 니더작센 주의 1999년 법처럼 정보수집방법을 法定해야 하는지에 대해서는 논의가 필요하겠지만 적어도 정보수집과 관련하여 구체적이고 명확한 기준을 마련해야 한다는 사실, 그리고 그 기준을 만드는데 의회가 주도적 역할을 담당해야 한다는 사실은 인정할 필요가 있다.

의회입법이 담아야 할 기준에는 정보수집의 일반원칙[32]을 위시

---

31) 니더작센(Niedersachen)주는 이른바 적-녹 연정(Rot-Grüne Koalition 1990년부터 1994년 사이 사민당과 녹색당의 연립정부) 당시, 이전 시기 물의를 빚었던 헌법보호청을 인원과 재정의 측면에서 개혁시키고, 법치국가적으로 순치시키려는 조치에 착수하였다. 그 결과 독일에서 가장 자유주의적인 정보기관법(Geheimdienstgesetz)이 만들어졌다. 그 내용에 대한 자세한 소개는 롤프 괴쓰너, 이재승 옮김, 「독일 헌법보호청의 폐해와 통제」, 『민주법학』, 제12호, 1997, 290-291쪽. 그런데 1992년 법은 1995년 사민당 단독정부에 의하여 본질적으로 다시 후퇴하였다. 개입문턱이 다시 하향 조정되었으며, 업무범위가 확대되었다.

하여 정보수집의 목적, 대상, 그리고 방법 등이 구체적이고 명확하게 포함되어야 한다. 정보수집 대상에 대한 기준이 명확하지 않을 경우 비밀사찰의 눈길은 모든 영향력 있는 개인이나 단체들에 대해 무분별하게 뻗치게 될 위험이 크다. 정보수집의 방법에 대해서도 세밀한 통제가 필요하다. 서신개봉이나 감청은 물론 최신 전자장치에 의한 사찰, 도청, 미행, 정보원 침투에 대해서도 위험성이 드러난 정도에 따라 합리적이고 명확한 지침을 만들어 엄격히 규제하고 그 외의 방법에 대해서는 철저히 금지해야 한다.

정보기관과 경찰간의 정보교환실무에 대해서도 제한이 필요하다. 정보기관이 수집하는 정보와 경찰이 수사과정에서 수집하는 정보는 질적으로 다른 것이다. 정보수집의 목적이 처음부터 다르기 때문이다. 그런데 그것이 마구 섞이고 있고 이로 인해 경찰과 정보기구의 권한사이의 경계가 허물어지고 있다. 하나의 예를 들어보자. 국가정보원은 국가정보원법의 규정에 근거해 신원조사업

---

32) 니더작센 주 헌법보호청법(1992년) 제5조는 이와 관련하여 다음과 같은 원칙을 제시하고 있다. ① …제3조 1항에서 말하는 정보의 수집은 동 조항이 적시하는 활동이 행해지고 있다고 의심할만한 사실상의 근거가 있을 때에만 할 수 있다. ② 상대방이 개인정보가 수집되고 있는 것을 알고 있는 경우에는 수집목적을 통지해야 한다. 다만 그 정보수집이 주 헌법보호청의 목적을 위해 통지되지 말아야 할 경우에는 그러하지 아니하다.… ③ 정보수집목적에 따를 때 개인정보를 다른 기관에 넘겨주는 것이 불가피하다면, 관계인의 보호가치 있는 이익을 불가피한 범위 이상으로 침해해서는 안 된다. ⑤ 주 헌법보호청은 일반법규정에 구속된다. 정보의 수집 및 처리시에는 여러 적합한 수단 중에서도 관계인에게 가장 피해가 적을 것으로 예상되는 방식을 선택해야 한다. 기대되는 성과에 비교할 때 피해가 현저히 클 것으로 예상되는 조치는 취해서는 안 된다.

무를 시행하고 있고 이는 개인에 대한 가장 강력한 대민 감시도구로 기능하고 있다. 신원조사업무는 경찰의 정보과 보안계의 주요 업무로 되어 있으나 그 운영을 지시하는 자는 국가정보원이다. 신원조사는 국가안전에 관련된 인원 및 배후에 대한 신원정보의 수집을 말한다. 공안기관에 의해 작성된 정보, 나아가 그러한 정보를 관리·유통시키는 공안전산망의 존재 자체가 이미 억압적인 사회분위기 조성에 일조하고 있다.[33)]

이러한 관행은 1980년에 OECD 이사회가 제정한 「사생활보호와 개인정보의 국제적 유통에 관한 지침」에도 반한다. 동 지침은 수집된 개인정보의 이용과 유통을 제한하는 원칙을 세웠으며,[34)] 대부분의 국가는 이러한 원칙을 '개인정보보호법'에 수용하였다. 한국의 경우 1993년에 제정된 「공공기관의 개인정보보호에 관한 법률」이 정보의 이용 및 유통제한에 관한 규정을 두고 있다(동법 제10조 제1항).

문제는 이러한 원칙을 훼손시키는 예외의 남발이다. 미국의 프라이버시 보호법은 "정보제공자의 동의 없이는 일정 목적에 따라 정부에 제공된 정보가 다른 목적에 사용될 수 없다."고 규정하고 있지만 이 원칙은 '통상적 사용(routine use)'이라는 예외조항을 통해 손상되어 왔다. 이에 따르면 "당해 정보의 수령기관이 적법한 기능을 수행하고 있고, 당해 정보에 접근하는 것이 그러한 기능에 관련이 있음을 소명하는 경우, 그러한 기관을 지원하기 위하여" 연

33) 홍석만, 이준구, 「역감시의 권리로서 프라이버시권에 대한 재구성」, 민주사회를 위한 변호사모임 편, 『역감시의 권리로서 프라이버시권에 대한 재구성』, 1998, 61쪽.

34) 박균성, 행정법론(상), 박영사, 2002, 491쪽.

방수사국이 개인정보를 다른 기관에 공개하는 것은 허용된다. 연방수사국 스스로도 이러한 예외조항이 지나치게 포괄적이어서 사생활보호와 관련하여 사실상 아무런 보호기능도 수행하지 못하고 있음을 시인한다.35)

우리의 경우에도 사정은 마찬가지이다. 현행 「공공기관의 개인정보보호에 관한 법률」 제10조 제2항은 "다른 법률에서 정하는 소관업무를 수행하기 위하여 당해 처리정보를 이용할 상당한 이유가 있는 경우"(제2호) 및 "범죄의 수사와 공소의 제기 및 유지에 필요한 경우" 등을 목적 외 정보이용 및 유통제한의 예외로 인정하고 있다. 얼마나 많은 정보들이 이러한 예외조항에 의거하여 비밀정보기관과 경찰 사이를 오고가고 있는지는 아무도 모른다. 다만 알 수 있는 것은 위 법률이 만들어지기 전에도 그와 같은 정보교환은 이른바 행정응원개념으로 정당화되어 왔으며, 위 법률 시행이후에도 계속되고 있을 것이라는 추측이다.

따라서 지금부터라도 경찰과 정보기관간의 정보교환실태와 문제점을 점검하여, 이를 해결할 가이드라인을 만드는 일에 의회가 적극적으로 나설 필요가 있다. 비록 비밀리에 이루어지는 경우라 하더라도, 개인 정보의 수집과 인계는 마찬가지로 개인의 기본권에 대한 침해가 된다고 보아야 한다. 법률의 지배(법의 지배 혹은 법치국가원리)에 따르면 국민의 자유권에 대한 국가의 모든 침해행위는 명시적인 법률상의 근거를 필요로 한다. 그것을 얼마만큼의 밀도로 정할 것인가, 즉 국가권력과 국민의 자유의 범위를 어떻게 조정할 것인가라는 어려운 문제는 공개된 의회의 토의 및 심리

35) 그렉 노자임/ 김한균, 앞의 글, 319쪽.

과정에서 해결해야 한다.

한편 비밀정보기관의 직원들이 법령 및 훈령에 적합하게 정보수집임무를 수행할 수 있게끔 하려면 직원들이 그러한 법령을 숙지할 수 있게 하는 교육에도 힘써야 한다. 미국의 국가안보국(NSA)의 경우 국가안보국내 법무실(Office of General Counsel) 주관 하에 법령교육을 매년 100회 이상 실시하고 있다. 모든 직원들은 매년 자기에게 할당된 교육과정에 참여해야 하며, 이에 참여하지 않은 직원은 국가안보국이 보유하고 있는 정보은행에 접근하지 못한다. 교육의 목적은 법령이 요구하는 사항들에 대한 정보요원의 주의력을 높이는데 있다고 한다. 예를 들어 어떠한 경우 사적 영역을 침해하게 되는지, 그럴 경우 어떻게 하는 것이 적정한 사무처리방법인지를 알게 하는 것이다.[36] 이런 식의 再教育이 어느 정도 성과가 있는지는 알 수 없으나, 이런 교육이 한국에서도 실시되어야 한다고 본다. 국가정보원이 당장 관련 교육을 실시할 수 없다면 국가인권위원회와 협의하여 교육을 실시하는 것도 한 방법이 되겠다.

3. 알 권리와 정보수집활동제한법리

정보수집권에 대한 통제방법으로 선진국에서는 사찰여부 확인, 사찰기록 공개, 부당한 사찰 중지, 부당하거나 오래 묵은 사찰기록 폐기 등을 정보공개법이나 개인정보보호법, 혹은 공안정보기구에 대한 시민권리장전 등의 법 형태를 빌어 시민의 권리로 인정하고

36) http://www.europarl.eu.int/meetdocs/committees/temp/20010322/434208de.pdf

있다.

예를 들어 독일의 연방헌법보호청법 제15조는 모든 시민에게 정보기관이 자신에 대해 수집·보관하고 있는 정보에 대해 알려 줄 것(Auskunft)을 요구할 권리를 부여한다. 이 경우 청구인은 자기정보에 대해 알아야 할 특별한 이유를 제시해야 한다. 예를 들어 연방헌법보호청이 확보하고 있는 자신의 과거정치활동기록 때문에 공무원임용에서 탈락하지 않을까 우려하는 자는 위 기관이 보관하고 있으리라고 예측되는 자기정보를 알아야 할 특별한 이유가 있다고 본다. 나아가 청구인은 연방헌법보호청이 자신에 대한 정보를 수집·보관하게 된 계기가 되었을 것으로 볼 수 있는 구체적 사실관계를 밝혀야 한다. 연방헌법보호청의 감시대상에 들어있는 시민운동활동, 정당 등에 자신이 참여했기 때문에 자신에 관한 정보를 연방헌법보호청이 보유하고 있을 것이라고 주장하는 것이 여기에 해당한다.[37)]

물론 이러한 전제조건 하에서의 알 권리 주장은 헌법적으로 볼 때 문제가 있다. 이러한 사정 때문에 대부분의 州 헌법보호청법에는 알 권리 주장을 위한 전제조건들을 삭제하였다.[38)] 누구든지 '구체적 사실관계'(즉 스스로 자신의 행위를 자백하지 않고도)를 들지 않고서도, 그리고 '특별한 이익'을 소명(疏明)하지 않고도 정보기관이 저장하고 있는 자기정보를 요구할 수 있는 권리를 갖게 된다면 정보기관의 무차별적 정보수집활동에 제동이 걸릴 수 있다. 또

---

37) Rolf Gössner, *Erste Hilfe*, Göttingen 2000, 297쪽. 한편 이러한 '알 권리'는 다른 비밀정보기관법에서도 보장되고 있다. 연방대외정보국법 제7조, 독일 군 방첩대법 제9조 등을 참고하라.

38) Rolf Gössner, 앞의 책, 297쪽.

한 그러한 정보청구권에 대한 비밀정보기관의 정보개시(情報開示) 거부사유는 축소되고, 나아가 이해관계인이 관련서류를 열람할 권리를 갖게 된다면 비밀정보기관의 활동은 상당히 제약될 것이다.[39)]

국민이 비밀정보기관에 대해서도 알 권리를 주장할 수 있다면 정보기관의 불법적인 정보수집관행은 상당정도 제약될 수 있다. 미국에서 유래한 정보의 자유, 알 권리, 그리고 독일연방헌법재판소가 다듬은 자기정보결정권에 따르면 국가기관의 비밀활동은 아주 제한된 예외의 경우에만 인정되어야 하며, 특별한 정당화 사유를 충족해야 한다. 따라서 '제한된 예외적인 상황', '특별한 정당화 사유'가 충족되지 않은 상황에서의 정보기관의 활동은 정보의 자유, 즉 국민의 자기정보결정권을 침해할 가능성이 커진다. 정보의 주체인 개인들은 말 그대로, 자기에 관한 어떠한 정보가 누구에 의해 수집되어 어떻게 무엇을 위하여 유통되고 있는가를 전혀 모를 가능성이 크기 때문이다.[40)]

이러한 관점에서 우리의 「공공기관의정보공개에관한법률」을 들여다보면 이 법의 문제점을 곧바로 발견할 수 있다. 동법 제4조는 "국가안전보장에 관련되는 정보 및 보안업무를 관장하는 기관에서 국가안전보장과 관련된 정보분석을 목적으로 수집되거나 작성된 정보에 대하여는 이 법을 적용하지 아니한다."고 하여 국가정보원이 수집하는 정보의 대부분을 정보공개법의 적용대상에 배제하고

---

39) Rolf Gössner, "Stets zu Dienst", *Geheim*, 1999년 1월호, 2쪽.
40) 변재옥, 『정보화사회의 프라이버시와 표현의 자유』, 커뮤니케이션북스, 1999, 39쪽 참고.

있다. 이 조항만 놓고 보면 국가정보원이 수집하는 정보라도 "국가안전보장과 관련된 정보분석을 목적으로 수집되거나 작성된 정보"가 아닌 경우, 즉 개인사찰기록정보에 대해서는 정보공개법에 의거 정보공개를 청구할 수 있다고 해석할 수 있다. 그러나 문제는 과연 국가정보원과 같은 비밀정보기관이 도대체 어떤 정보들을 수집·작성하고 있는지 전혀 알지 못하는 상황에서 그와 같은 정보공개청구가 과연 가능하겠는가 하는 점이다. 국가안보와 개인의 자유를 'all or nothing'의 관점에서 바라보는 입법태도를 버리고, 국가안보와 개인의 자유를 보다 구체적으로 衡量할 수 있는 법규정이 필요하다.

한편 최근에는 일본에서는 국민의 알 권리를 정부의 설명책임과 연결시켜 알 권리의 민주주의적 지평을 확대하는 해석이 정착되고 있다. 이 설명책임을 비밀정보기관 통제를 위한 근거법리로 끌어들일 수도 있다. 일본인 헌법학자의 평가에 의하면 일본에서는 이른바 설명책임이라는 말이 점차 정착되고 있다고 한다. 설명책임은 영어의 accountability를 옮긴 말로 "행정이 주권자인 국민에 대해 어떻게 행정을 하고 있는가를 설명하는 책무"라고 한다.41) 여기서 말하는 설명책임은 정보공개법이 요구하는 '정보의 제공'만이 아니라 행정의 수행에 대해 '설명explain'하고 경우에 따라서는 '정당화justify'하는 책무를 포함한다. 단지 정보를 공개하는 것에 그치는 책무는 따라서 설명책임의 일부일 뿐이라고 한다.42) 정보기관의 활동에 대해 어디까지 이러한 설명책임을 요구할 수 있는

41) 長谷部恭男, 憲法學, 岩波書店, 1999, 146쪽.
42) 長谷部恭男, 앞의 책, 157쪽.

가? 정보기관의 장이나 직원이 의회에 출석하여 자신들의 활동과 관련한 정보를 공개하고, 자신들의 '작전'(operation)에 대해 설명하며, 나아가 그 작전을 정당화한다면 이 의무는 이미 달성되는 것일까, 아니면 그 이상의 조치가 필요할까? 이 부분은 앞으로 좀더 연구가 필요하다.

제4절 의회에 의한 비밀정보기관 통제: 이론과 현실

민주주의 사회에서 안보행정을 둘러싼 쟁점은 단지 투명성과 공개성을 확보하는 문제에만 국한되지 않는다. 세계은행이 지적한 것처럼 민주주의적으로 선출된 의회를 안보정책관련 문제에 대한 판단에서 주도권을 갖도록 지원하는 일 또한 매우 중요하다.[43]

1. 통제기구 개관

정보기관에 대한 통제는 행정적 통제, 의회와 법원을 통한 통제, 그리고 민주주의적 여론을 통한 통제 등 일단 네 가지 방법으로 이루어질 수 있다.

1. 국가권력의 위계제적 구조에서 볼 때, 다른 행정기구에 대한 통제와 마찬가지로 정보기관에 대한 통제의 경우에도 감독권한이

43) Deutsche Gesellschaft für Technische Zusammenarbeit 편, *Reform des Sicherheitssektors in Entwicklungsländer*, 2000, 29쪽.

있는 장관과 그의 핵심 보좌진들에 의한 행정적 통제가 가장 효과적일 수 있다. 장관은 하급관청 및 조직에 대해 훈령권을 행사할 수 있다. 여기에 내부고발자제도 등 행정부 내부의 자체 통제시스템이 가동된다면 통제효과는 더욱 증대된다. 행정부 내부의 자기 통제시스템이 제대로 작동하는 경우라면, 의회는 정보기관 통제문제에 있어 행정부의 주도권을 인정하는 편이다.[44)]

2. 대의제 민주주의의 원리에 따르면 국민에 의해 선출된 의회에는 다른 국가권력에 비해 우월한 지위가 주어져야 한다. 그렇다면 의회에 의한 통제 또한 의회의 지위에 상응하는 중요성을 가져야 하는 것은 당연하다.

비밀정보기관에 대한 의회통제에서 선도적인 국가는 미국이다. 미국의회는 1976년과 1977년에 각각 상원과 하원에 정보위원회를 설치하였다. 물론 상하 양원에 정보위원회가 설치되기 이전에도 의회는 국방위원회를 통해 정보기관에 대한 감독권을 행사했다.

---

44) 미국 의회는 정보기관 통제에서 행정부의 주도권을 대체로 인정하는 경향을 보여왔으나 최근에는 의회통제를 재차 강화하고 있다고 한다. Stephen F. Knott, "The Great Republican Transformation on Oversight." International Journal of Intelligence and Counterintelligence 제13권 1호, 2000년 봄, 49-63쪽. 스테픈 노트는 1995년 1월 공화당이 다수를 차지하고 있는 의회의 정보위원회들이 정보기관에 대한 새로운 통제체제를 강화하였으며 집행부의 비밀주의에 대해 반대입장을 분명히 했다고 지적한다. 대통령은 국가안보에 관한 한 의회통제에서 벗어나 있는 자신만의 안보팀을 가지고 있어야 한다는 공화당의 전통적인 견해는 '앤서니 레이크 사건'을 계기로 공화당 자신에 의해 폐기되었다고 한다. 이상 스페픈 노트의 글은 아래에서 재인용하였다. http://intellit.muskingum.edu/oversight_folder/oversight2000s.html.

그러나 이전 시기 국방위원회에서 이루어졌던 감독은 정보위원회에서의 그것에 비해 공식적 성격이 부족했다. 청문이 행해지는 것도 드물었다.[45] 상하 양원에 정보위원회가 설치되던 당시에는 이 위원회에 외에도 국방위원회, 대외관계 및 외교위원회가 정보기관에 대한 감독권을 행사했으나 1980년 정보감독법(Intelligence Oversight Act)이 제정되면서 이 기능은 상하 양원의 정보위원회로 통합된다. 물론 정보기관의 예산에 대한 승인은 여전히 세출위원회의 몫이며, 그 밖의 위원회도 사안과 관할에 따라서는 정보기관의 활동에 대해 감독할 수 있다.

한편 독일에서도 1970년대 중반 이래 주 의회 차원에서 정보위원회(통제위원회) 설치가 논의되었고 연방 차원에서는 1978년 연방 의회통제위원회가 구성되어 현재에 이르고 있다.

영국은 1994년의 정보기관법(Intelligence Service Act)을 계기로 정보기관통제를 위한 법적 근거를 마련했다. 이 법에 따라 수상에 의해 임명되는 1인의 감독관(Commissioner)은 정보기관을 감시하며, 그 감시결과를 수상에 보고한다. 이 보고서는 이후 — 경우에 따라서는 몇몇 내용은 제외한 채 — 양원(兩院)에 보고된다. 이 기구 외에 의회에는 비밀정보부(SIS), 보안부(SS), 정보통신본부(GCHQ) 등 모든 정보기관의 활동을 감독하는 정보 및 보안위원회

---

45) 상원정보위원회(Senate Select Committee on Intelligence: SSCI)와 하원정보위원회(House Permanent Select Committee on Intelligence: HPSCI)등 미국 의회의 정보기관 통제시스템에 대해서는 우선 다음을 참고하라. 김윤덕, 『국가정보학』, 박영사, 2001, 262, 303, 307-310쪽. 상원 및 하원 정보위원회 설립 규정, 양 위원회의 구성 및 권한에 대해서는 김윤덕, 앞의 책, 377-395쪽과 309-310쪽을 참고.

(Intelligence and Security Committee)가 구성되어 있다. 상하 양원 의원 중에서 뽑은 9명의 위원들로 구성된 이 위원회도 연례보고서를 작성하여 수상에게 제출하는데, 이 보고서 또한 — 마찬가지로 앞의 보고서처럼 몇몇 내용이 제외될 수 있다 — 양원에 보고된다.

한국에서도 1994년 6월 28일의 국회법 개정에 의해 정보위원회가 신설되어 — 그 이전에는 국방위원회가 관장함 — 국가안전기획부(현 국가정보원)의 소관사항에 대해 다루기 시작했다.

그런데 중립적 연구자들은 대체로 의회에 의한 정보기관 통제가 거의 실효성이 없다고 평가한다. 이들 통제기관의 구성원 대부분이 정치적으로 정부와 밀접히 연결되어 있고 몇 안 되는 '야당' 통제위원들의 경우조차 비밀준수의무가 적용되기 때문이다.[46] 이러한 약점은 정보기구 관련 옴부즈만이나 통제위원회, 정보보호담당관(die Datenschutzbeauftragten)의 경우에도 그대로 적용된다. 예를 들어 캐나다 보안정보국(Canadian Security Intelliegence Service, CSIS)을 감독하는 기구로 설치되어 있는 보안정보감독위원회(Security Intelligence Review Committee, SIRC)의 경우 이제껏 가장 성공적인 통제모델로 평가받아 왔는데,[47] 최근의 다른 연구에 의하면 동 위원회의 감시활동은 그 설립초기와 같은 활력을 잃어버리고 있다고 한다.[48]

---

46) 마르틴 쿠차, 이계수 옮김, 「독일의 비밀정보기관과 민주주의적 사회구조」, 『민주법학』, 제12호, 1997, 277-278쪽.

47) Laurence Lustgarte/Ian Leigh, 앞의 책, 458-467쪽; 조용환, 앞의 글, 177쪽.

48) 캐나다 요크대학교 교수인 렉 휘태커의 평가이다. 영국 인권단체 '스테이트워치'의 웹페이지(http://www.statewatch.org)에 들어가 Search database를 클릭한 후 Security Intelligence Review Committee, Reg

3. 정보기관의 행위를 법원이 실효성 있게 통제하는 예는 거의 없다. 일반적으로 소송이란 소송청구인이 자신의 고유한 주관적 권리침해를 주장할 때에만 허용되기 때문이다. 그러나 거의 모든 일들이 비밀리에 일어나기 때문에 정보기관의 조치가 법적으로 보호받고 있는 각 개인의 고유한 법 영역을 침해하고 있는지는 극소수의 사례에서만 밝혀진다. 반면 그러한 사례가 법원에서 다루어지면 행정재판상의 절차는 공공에 대해 사건을 폭로하는 효과를 가질 수 있다.[49] 법원은 또한 도청과 같은 사례에서 유효한 통제자로 기능 할 수 있다. 법원의 통제가 비록 제한된 효과밖에 없다고 하더라도 그러한 통제 자체가 필요 없는 것은 아니다. 오히려 반대로 법원의 조사권과 정보보호담당관 또는 그 밖의 독립적인 통제기관의 지위가 강화되어야 한다.

4. 수많은 역사적 사례가 보여주듯이, 정치적 여론은 국가권력을 통제하는 가장 중요한 수단이다. 이것은 물론 민주적 의견 형성이 제대로 작동하는 시스템, 그리고 자유권(특히 많은 경우 귀찮게 여겨지는 정치적 소수자의 자유권도 포함하여)의 의미에 대한 널리 공유된 의식이 있을 경우에만 확보될 수 있다. 한국은 이점에서 전혀 모범적인 나라가 아니다. 특히 냉전으로 인해 국내정치상의 반대세력의 활동을 국외정치상의 적들의 목표와 동일시해온 것이 오랜 기간 부정적으로 작용했다. 그러나 그간의 정치 질서는 변하고 있다. 그래서 이제 한국에서도 국내정치상의 반대자를 적대세력의

Whitaker를 치면 관련 자료를 볼 수 있다.

49) 마르틴 쿠차, 이계수 옮김, 앞의 글, 278쪽.

'연장된 팔'로 몰아붙이는 것은 더 이상 가능하지 않다. 민주주의가 살아서 움직이기 위한 조건, 즉 서로 다른 견해들이 국가로부터 오는 억압에 대한 공포 없이 공개적으로 논쟁될 수 있는 상황이 만들어지고 있다. 그럼에도 불구하고 넘쳐나는 자유권이 아무런 위험도 없이 행사되는 민주적인 시민사회로 나아가기 위해서는 아직은 몇 단계의 노력이 더 필요하다.[50]

2. 의회통제의 현실

미국, 영국, 독일은 물론 한국에도 정보기관을 통제하는 의회위원회는 이미 만들어져 있다. 그런데 문제는 과연 이들 위원회가 제대로 활동하는가 혹은 할 수 있는가 하는 점이다. 이 점을 알아보기 위해 독일과 미국, 그리고 한국의 현실에 대해 각각 기술한 글들을 먼저 정리해보기로 한다.

1. 독일 브레멘 주의 한 의원은 자신이 8년간 브레멘 주의회의 정보위원회에서 활동하면서 얻은 경험을, 문제점을 중심으로 보고한 바 있다. 우리와 제도가 다른 나라에서의 경험이지만 그 보고는 다른 나라에서도 마찬가지로 나타날 수 있는 의회 정보위원회의 한계를 고스란히 드러내고 있어 흥미롭다.

그는 우선 두 가지 점에서 의회 정보위원회와 다른 상임위원회 간의 차이점이 드러난다고 지적한다. 각 정당은 재무, 사회복지 혹은 체육위원회 등 위원회의 위원이 될 자를 고를 때 제일 먼저 전

50) 마르틴 쿠차, 이계수 옮김, 앞의 글, 279-280쪽 참고.

문성을 고려한다. 그러나 정보위원회에서는 이러한 선발기준이 적용되지 않는다. 이것이 첫 번째 차이이다. 정보위원회에서 알게 된 사실에 대해서는 비밀을 지켜야 하며, 그곳에서 다루어지는 사안이 이른바 비밀정보기관이 연루된 '통치에 관한 사실'(Herrschaftswissen)임을 고려하여, 사민당(SPD) 기민련(CDU) 등 기성정당들은 당 지도부를 정보위원회 위원으로 선발한다. 그러나 당대표 등 당 지도부는 정보위원회 일 외에도 처리해야 할 안건이 많으므로 동 위원회에 비용과 시간을 제대로 투자하지 않으며, 통제에 대한 관심도 낮다. 정보기관을 사실상 통제하려면 지식도 있어야 하고, 사전준비도 철저히 해야 한다. 정보기관의 활동방식 및 구조에 대해 알고 있을 때에만 질문 하나라도 제대로 할 수 있다. 그리고 정곡을 찌르는 질문에서부터 비로소 통제는 시작될 수 있다. 이런 점을 고려하면 잘못된 위원선임을 지속시키는 법과 관행은 '정보기관 전문가'의 양성을 방해하며 효과적인 통제를 좌절시킨다.

두 번째 차이점은 다른 위원회와 달리 정보위원회의 경우 위원들이 회의에 앞서 사전 준비를 전혀 혹은 거의 할 수 없다는 사실이다. 회의에 앞서 회의문서가 배포되지 않기 때문이다. 예외적으로 미리 특별실에 문서를 비치해두고 그곳에서만 문서를 볼 수 있게 하는 경우가 있지만 대개에 경우는 회의 당일 회의 장소에서만 문서를 볼 수 있다. 회의가 끝나면 문서는 회의록과 함께 회수된다. 회의 시간도 매우 짧다고 한다. 초창기에는 시작한 지 15분에서 30분 사이에 회의가 끝난 경우도 있다고 한다(이후에는 대략 1시간에서 2시간으로 늘어났다고 한다). 그 결과 세 달에 한번은 열게 되어 있는 회의는 형식적인 것에 그치고 만다.

이상의 차이점 외에도 의사일정상의 문제도 있다고 한다. 의회 상임위원회 활동의 성패는 위원회 내에서 위원들이 얼마나 자주 독자적인 발의(發議)를 할 수 있는가에 달려있다. 그런데 정보위원회의 의사일정은 매번 정보기관의 보고로 고정되어 있다. 이러한 의사일정을 통해 알 수 있는 것은, 정보기관의 조직구조 및 활동방식에 대한 고유한 지식이 없으면 꼼짝없이 그냥 듣고 앉아 있어야만 한다는 사실이다. 어떤 수단을 써서 어떤 정보들을 수집하고 있는지, 어떤 분야에 정보력을 집중하고 있는지, 비밀정보원을 투입하고 있는 곳은 없는지 하는 문제들에 대해서는 일단 물어보고서야 알 수 있을 뿐인데 기껏해야 세 달에 한번 모임을 갖는 회의에서 그런 것들을 다 물어보기는 힘들다. 물론 위원회의 위원들에게는 특별한 경우 특별회의의 소집을 요구할 수 있는 권리가 있기는 하지만 회의소집요청이 있어도 일단 허가가 나야만 회의가 소집될 수 있다. 이러한 제약들 때문에 결국 제대로 된 통제는 정보기관의 활동으로 인해 대중들도 알게 되는 스캔들이 일어나고 이로 인해 책임 있는 정치가가 정당성의 위기를 느끼는 경우에나 가능할 뿐이었다고 한다.[51)]

2. 한편 미국의 한 연구자는 정보기관의 활동에 대해 의회가 제대로 된 통제를 하지 못하는 이유를 보다 체계적으로 분석하고 있다. 그 연구에 따르면 중앙정보국의 활동에 대한 의회의 감시기능을 무력화(無力化)시키는 요인은 대략 다음과 같은 여덟 가지 사

---

51) Martin Thomas, “Erfahrungen eines Bremer Geheimdienstkontrolleurs,” *Cilip*, 52호, 1995년 3호, 27-30쪽.

실로 집약된다.

첫째, 의회의 감사는 언론과 여론지도층이 미국의 대외적 모험주의에 대하여 지극히 비판적으로 되었을 때에만 활성화되는 경향이 있으며, 그나마도 중앙정보국의 활동과 정보예산 및 감사과정 자체가 비밀유지를 전제로 이루어지기 때문에 감사기능 자체가 실질적으로 거의 의미를 갖지 못한다.

둘째, 대통령의 권력이 외교정책의 목표와 수행을 지배하는 경향이 있으며, 특히 위기로 인식되는 시기일수록 대통령의 주도권이 존중된다. 이러한 상황에서 중앙정보국의 활동은 증가할 뿐 아니라, 의회가 그 활동을 필요악으로 용인하는 태도도 증가한다.

셋째, 행정부는 많은 정보기관을 두고 있기 때문에 필요한 경우 의회의 주목을 덜 받는 기관을 활용하여 자신이 원하는 활동을 전개할 수 있다.

넷째, 정보활동에 대한 감사를 위해 제정된 법률의 문언(文言)은 항상 모호하게 표현되어 있고, 그 내용 또한 철저하지 못하다. 이들 법률들은 행정부가 빠져나갈 여지를 남겨놓는 경향이 있다.

다섯째, 상당수의 의원들은 중앙정보국의 활동에 대하여 차라리 모르는 것이 약이라는 태도를 취한다.

여섯째, 의원들은 대부분 '모든 문제를 다루는 바쁜 사람들'이다. 따라서 그들이 중앙정보국의 활동에 특별한 관심을 갖고 여기에 시간과 정력을 쏟는 경우는 드물다.

일곱째, 중앙정보국 예산은 비밀유지조항 때문에 의원들만이 들여다 볼 수 있으며 의원 참모진은 이에 접근할 수 없다. 참모진의 도움을 받지 못하는 의원들이 그 예산의 의미와 내용을 일일이 이해하고 비판적으로 접근하는데는 한계가 있다. 거기에다 의원들은 바쁘기 때문에 중앙정보국의 예산에 대해서는 '눈감고 투표하는 것'과 마찬가지가 된다.

여덟째, 농업이나 의료와 같은 문제와 달리 중앙정보국 활동에 대한 적극적인 감시활동은 의원 개개인들에게 정치적으로 별 이득이 없다. 이 점을 의원들도 알고 있기 때문에 그들은 감시에 소극적이 된다.52)

3. 정보위원회의 구체적인 활동에 대한 공식적인 보고가 전혀 없으므로 우리의 경우 사정이 어떠한지는 잘 알 수 없다. 다만 몇 가지 통계자료나 그간의 일반적인 경험에 비추어 보건대 독일과 미국에서 나타나고 있는 현상들은 한국에서도 똑같이 나타나고 있거나 나타날 것으로 추측된다.

우선 독일에서의 보고내용과 우리의 현실을 비교해보자. 먼저 정보위원회의 위원들 면면을 보면 당 원내총무 및 사무총장직을 맡고 있거나 맡았던 이른바 당 지도부에 속하는 의원들과 검사 출신 국회의원들이 위원 대부분을 차지하고 있다. 집권당 원내총무와 같은 지위에 있는 사람의 위원회 참여가 법정(法定)되어 있다는 사실은(국회법 제 48조 제3항 단서) 정보위원회의 활동이 '통치기술'과 관련하여 매우 중요한 것임을 시사한다. 여당과 야당은 교섭

52) Thomas G. Patterson, "Oversight or Afterview?: Congress, the CIA, and Covert Action since 1947," Michael Barnhart 등, *Congress and United States Foreign Policy*, 1987에 수록, 166-167쪽; 이삼성, 『현대 미국외교와 국제정치』, 한길사, 1993, 548-550쪽에서 재인용. 다만 문장은 필자가 조금 고쳤고 무관한 내용은 뺐다.

단체대표의원들이(이른바 원내총무) 중간에 나서서 정보위원회 활동과 관련해 일정한 타협을 이끌어내도록 주문하고 있는 것이 아닌가 하는 추측을 해보게 된다. 또한 정보위원회 일 외에도 처리해야 할 안건이 많은 이들 의원을 정보위원회에 참여시킨 것은 정보기관에 대한 감독·통제의지를 의심케 한다.

정보위원회와 같은 위원회에서의 활동에서 중요한 것은 정보기관에 대해 정당한 감시·감독을 해야겠다는 의지이다. 미국 시민권연맹(ACLU) 소속 변호사인 그렉 노자임은 정보기관의 권력남용에 대한 의회감독의 효율성을 결정짓는 요소들을 거론하는데, 그 중에서도 가장 중요한 것은 정보기관의 활동을 파악하고 감시하는 자가 누구인지, 그리고 그가 얼마나 적극적으로 정보기관에게 해명을 요구할 수 있는지 하는 측면이라고 한다.[53] 오랫동안 검찰에 몸담은 경력을 가진 국회의원들이 그러한 의지를 갖고 있는지는 의문이다.[54]

정보위원회가 어떤 식으로 회의를 하고 있는지는 공개된 것이 없어 알기 어렵다. 회의 자체는 당연히 비공개로 할 것이다. 사전에 회의자료가 배포되는지 여부는 확인해보지 못했다. 아마도 앞서 살펴본 브레멘 주 의원의 보고내용과 크게 다르지 않을 것으로 추측해볼 수 있다. 개회(開會)는 제14대, 제15대 그리고 현행 제16

53) 그렉 노자임/김한균 옮김, 「미국에서 정보기관에 대한 법적 통제」, 『민주법학』, 제12호, 1997, 328쪽.

54) 흥미롭게도 그렉 노자임은 미국에서는 전직 검찰이나 전직 연방수사국 출신 의원들이 종종 연방수사국에 대한 가장 신중하고 효과적인 감독자로 활동한다는 사실이 놀랍다고 지적한다. 그렉 노자임/김한균 옮김, 앞의 글, 같은 쪽.

대 국회에서 각각 14회(현안보고 8회), 30회(현안보고 17회) 11회(현안보고 16회)였다.[55] 이 정도면 다른 상임위원회와 비교할 때 그렇게 높지 않은 회의일수라 할 수 있다. 또한 전체회의 중 현안보고가 차지하는 비율이 매우 높다는 사실은 회의가 정보기관으로부터 일방통행식 보고를 받고 이에 대해 간단히 의견을 나누는 간담회 수준에 머물고 있을 것임을 시사한다.

다음으로, 미국 의회에서의 통제실태를 분석한 내용을 우리의 사례에 적용해 보게 되더라도 별로 다른 평가가 나올 것 같지는 않다. 예를 들어 행정부는 많은 정보기관을 두고 있기 때문에 필요한 경우 의회의 주목을 덜 받는 기관을 활용하여 자신이 원하는 활동을 전개할 수 있다는 분석은 이른바 '사직동 팀 운영사례'를 통해 입증된 바 있다. 중앙정보국 활동에 대한 적극적인 감시활동은 의원 개개인들에게 정치적 별 이득이 없으므로 의원들은 정보기관 감시에서 소극적이 된다는 지적도 남의 나라 얘기가 아니다.[56]

결국 일반적으로 나타나고 있는 의회 정보위원회의 무력함이 한국 국회에서도 거의 그대로 나타나고 있다고 보면 크게 틀리지 않을 것이다. 이러한 현실을 염두에 두면서 아래에서는 현행 국회법과 국가정보원법 등에 규정되어 있는 정보위원회 관련 조항을 중

55) http://node2.assembly.go.kr:4000/intelligence/public_html/scedule.htm. 회의시간은 나와있지 않으므로 얼마나 오랜 시간동안 회의를 하는 지는 알 수 없다.

56) 국회 정보위원회 활동을 정면으로 문제삼은 것은 아니지만 한 의원 보좌관은 다음과 같이 지적했다: "국감 열심히 하는 의원은 바보 취급받는다. 그렇게 열심히 해서 재선되는 사람이 별로 없기 때문이다. 무조건 의혹성, 폭로성으로 가야 한다. 그래야 다음 선거에서 공천이라도 받을 수 있는 것 아닌가?" 한겨레21, 2002. 10. 2, 428호, 45쪽.

심으로 국회에 의한 정보기관 통제시스템의 문제점 및 그 개선방안을 정리해 보았다.

3. 현행 국회정보위원회에 대한 평가

2003년 봄 노무현 대통령이 새 정부의 초대 국정원장으로 고영구 변호사를 임명하자 국회정보위원회는 '국정원장 인사청문회'를 끝내며 여야합의로 '고영구 국정원장 임명 부적절'이라는 의견을 제시하여 논란이 인 적이 있다.[57] 그 논란은 많은 이들로 하여금 국회 정보위원회의 실체에 대해 생각하는 계기를 마련해주었다. 몇 가지 중요한 쟁점을 중심으로 살펴보자.

1. 우선 국회법이 정하고 있는 정보위원회 위원선임 방법에 대해 검토해보자. 정보위원회 위원선임방법에 대해 정하고 있는 국회법 제48조 제3항은 다음과 같이 규정하고 있다.

> 정보위원회의 위원은 의장이 각 교섭단체대표의원으로부터 당해 교섭단체소속의원 중에서 후보를 추천 받아 부의장 및 각 교섭단체 대표의원과 협의하여 선임 또는 개선(改選)한다. 다만, 각 교섭단체 대표의원은 정보위원회의 위원이 된다.

57) 국회정보위원회가 그러한 의견을 제시하자 민주당 사무총장인 이상수 의원은 '민주당 소속 정보위원을 전원 교체하겠다'는 식으로 되받아 쳤다. 당 사무총장이 정보위원회 위원선임권한을 갖고 있는 것은 물론 아니지만. 한겨레신문, 2003, 4. 24일자 기사 「고후보 국정원장 부적절」 등 참고.

원내총무를 정보위원회의 당연직 위원으로 참여시킴으로써 정보위원회 활동이 자칫 왜곡될 가능성에 대해서는 앞에서 언급했다. 현행 국회법이 정보위원회 위원선임에서 국회교섭단체를 구성하지 못하는 소수당의 이해관계는 전혀 고려하지 않고 있다는 사실은 독일제도와 같은 부분이다. 이런 식이라면 앞으로 민주노동당 등 정보기관의 활동에 대해 기성정당보다 비판적인 입장을 취할 가능성이 있는 정당이 국회의원을 배출한다고 하더라도 이들이 독자적으로 교섭단체를 구성하지 못하는 한 정보위원회에 참여할 수 있는 길은 없다.[58] 국회 상임위원회의 위원 선임이 국회 내 세력관계에 의해 결정되는 것이 현실이라고 하더라도 처음부터 일정한 세력에 대해서는 정보위원회 참여 자체를 배제하는 입법태도가 과연 옳은 것일까? 독일에서도 주에 따라서는 소수교섭단체의 참여권을 보장하는 쪽으로 법개정을 하고 있다는 사실을 고려한다면[59] 우리도 모든 교섭단체에게 국회정보위원회 참여 및 표결권을 부여하며, 소수교섭단체에게도 일정한 통제권을 부여하는 법개정을 진지하게 논의해 보아야 한다.

또한 현재처럼 검찰출신 인사를 집중적으로 정보위원회 위원으로 추천하는 관행에서 탈피하여 검사출신이 아니라고 하더라도 정보기관 통제문제에 대해 관심과 전문적 식견을 갖추고 있는 의원이 있으면 그들에게 우선적으로 정보위원회 임무를 맡길 수 있도

---

58) 민주노동당 소속 의원들은 자신들이 원해도 정보위원회 위원으로 선임될 수 없다.

59) 1992년 니더작센 주 「헌법보호청법」은 모든 교섭단체에게 헌법보호청 통제위원회 참여권을 보장했다. 이에 따라 소수 교섭단체라도 동 위원회에서 의석을 갖으며 표결권을 행사한다.

록 고치는 것이 바람직하다. 어떤 경우에도 의지와 전문성을 갖춘 인물이 정보위원회 위원으로 선임될 수 있도록 하는 제도개선이 필요하다.

정보위원회의 위원의 임기를 다른 상임위원회 위원과 달리 2년이 아니라 국회의원 임기동안으로 규정한 것(제40조 제2항)은 지속적이고 전문적인 감시·감독이라는 측면에서 바람직하다고 본다. 다만 재선되는 국회의원들도 있을 것이므로 재선된 경우 계속해서 정보위원회 위원으로 선임될 수 있는지에 대한 규정도 필요하다고 본다. 현재는 "…협의하여 선임 또는 개선한다"고만 되어 있으나 정보기관과 위원의 '결합'을 방지하기 위해서는 연이어 두 번까지, 즉 8년까지만 정보위원회 위원으로 활동할 수 있도록 제한하는 규정이 필요하다고 본다.

2. 다음으로 지적할 것은 정보위원회의 운영방식 상의 문제점들이다. 정보위원회는 다른 상임위원회와 달리 덜 모여도 상관없고 (폐회 중에는 최소 월 1회만 정례회의를 하면 됨. 제53조 제1항), 그 회의는 모두 비공개로 한다(제54조의2). 다른 위원회에서는 3개씩 설치하도록 되어 있는 상설 소위원회의도 두지 못하도록 못박았다(제57조 제2항).[60] 이런 식의 상임위원회 운영은 여러 면에서 문제가 있다.

---

60) 국회 정보위원회에 설치되어 있는 소위원회는 4인의 위원으로 구성되어 있는 '청원심사 소위원회'(국회법 제125조) 뿐이다. 청원심사소위원회는 상설 소위원회적인 성격을 갖고 있는 것은 사실이나 국회법 제57조 제2항에서 말하는 소위원회에는 포함되지 않는 것으로 본다. 국회사무처, 『국회법해설』, 1996, 170쪽.

첫째로 상임위원회의 모든 회의를 비공개로 하는 문제이다. 여기서 우선 드는 의문은 과연 현행 국회법 제54조의2가 규정한 것처럼 정보위원회의 회의를 모두 비공개로 하고, 정보위원회 회의석상에서 오고간 토의 혹은 대화, 보고내용 전체를 무조건 국가기밀이라 하여 비밀에 부치는 것이 과연 옳은가 하는 점이다.

앞서 지적했듯이 정보위원회 회의의 비공개와 위원의 비밀준수의무는 한국은 물론 다른 나라에서도 정보위원회의 활동을 성과 없게 만드는 중요요인인 것으로 보고되고 있다.[61)]

따라서 어떤 식으로든 바로 이 비밀준수의무를 완화·변경하여 '국가안보'와 '정보기관통제 및 자유권의 보장'이라는 두 목표를

---

61) 독일에서는 1974년 함부르크 주 의회 선거 당시 자유민주당(FDP)은 사민당(SPD)과 연정협상을 할 때 비밀정보기관을 통제하기로 합의한 후 법안을 제출하였다. 법안에는 1. 의회위원회는 언제든지 사전통보 없이 비밀정보기관을 방문할 권한이 있으며 개별사안별로 관련서류의 제출을 요구할 수 있다. 2. 신원조회 내용 및 결과는 모두 통보해야 한다. 3. 정보기관원을 증인 및 참고인으로 출석시킬 수 있다는 내용이 포함되어 있었다. 이제까지 개괄적 보고만을 받는 수준, 혹은 전혀 통제를 받지 않는 기구에 대해 의회위원회를 설치한 것은 민주주의적 진보라고 할 수 있었다. 그러나 당시 법안 중에서 실제로 실현된 것은 거의 없었고 의회통제위원회가 만들어지고 난 뒤에도 달라진 것은 거의 없었다고 한다. 가장 큰 실수는 위원회 회의를 완전히 비공개로 하고, 그곳에서 알게 된 사실을 대중들에게는 물론 자기 당에도 보고할 수 없도록 규정한 것이라고 한다. 강력한 비밀준수의무(위반하면 형벌부과)가 의회위원회 실패의 주된 이유였던 셈이다. Otto Diederichs, "Geheimdienstkontrolle durch die Milchglasscheibe," *Cilip*, 52호, 1995년 3호, 16쪽. 우리의 경우에도 비밀준수의무를 어길 시 국회법에 의한 제재는 물론 특별형법상의 처벌이 예정되어 있다. 국회법 제155조 제2항 제2호 및 특정범죄가중처벌에 관한 법률 제4조의3 참조.

조화시킬 필요가 있다. 즉 정보위원회에서 다루어지는 정보를 공개할 수 있는 정보와 비공개정보를 나누어 공개해도 좋은 정보는 최대한 공개하도록 하는 방안을 마련해야 한다. 물론 이 경우에도 국가기밀이 당파적 이해관계에 따라 무책임하게 공개되는 사태를 막을 수 있는 장치는 마련되어 있어야 한다.

모든 정보를 공개하라는 것은 아니다. 비밀정보기관이 수집하는 중요한 외교·국방관련 정보는 비밀로 해야 한다는 것. 이것은 물론 하나의 원칙이며 그 원칙에 대해서는 동의할 수 있다. 그러나 이것과 비밀정보기관과 관련된 정보는 모두 비밀로 해야 한다는 것은 다른 차원의 얘기이다. 다시 말해 정보기관이 수집한 정보 이외에 기본정보들 즉 정보기구의 규모 및 구조, 그 임무 및 인적·물적 자원 활용실태 등에 관한 정보는 비밀의 대상이 아니라는 뜻이다. 이러한 정보는 국회에 대해서 뿐만 아니라 시민사회에도 공개해야 한다.[62] 이렇게 해야 가능한 한 많은 정보를 비밀에 부치려고 하는 정보기관의 관행에 제동을 걸 수 있다. 과거 이른바 특별권력관계에 대해서는 사법통제가 불가능하다는 논리가 지배적이었을 때, 독일학자 울레는 특별권력관계를 기본관계와 경영수행관계로 나누어 전자에 대해서는 전면적 사법통제가 허용되어야 한다고 주장한 적이 있다. 이러한 법 논리를 정보기관의 정보공개에도 유추·적용한다면 비밀정보기관이 보유하거나 관련된 정보는 얼마든지 공개가능정보와 비공개정보로 나눌 수도 있다.

그런 면에서 예산내역을 공개하는 것조차 금기시하거나(국가정

62) Deutsche Gesellschaft für Technische Zusammenarbeit 엮음, *Reform des Sicherheitssektors in Entwicklungsländer*, 2000, 22쪽.

보원법 제12조 제5항), "군사·외교·대외관계의 국가기밀에 관한 사항으로서 그 발표로 말미암아 국가안위에 중대한 영향을 미치는 사항"이라는 포괄적인 법규정을 근거로 국가정보원장이 국회증언을 거부할 수 있게 한(국가정보원법 제13조 제2항) 것은 옳지 않다.

한편 군사·외교문제와 관련한 중요정보를 비밀에 부쳐야 하는 경우를 인정한다고 하더라도 그러한 정보를 포함하여 기타 정보수집을 위하여 정보기관이 사용한 첩보수단(도청 등)의 사용실태에 대해서는 일반적으로 보고하도록 해야 한다. 물론 이러한 지적에 대해서는 반론도 있을 것이지만 적어도 다음 두 가지 원칙은 지켜져야 한다고 본다. 그 하나는 예를 들어, 국가안보를 이유로 도청을 해야 하느냐 하는 문제에 대해 비밀정보기관에게 독자적 판단권을 주어서는 안 된다는 사실이며, 다른 하나는 그러한 문제들은 공개적으로 논의되어야 하며, 논의를 거쳐 결정을 함으로써 비밀정보기관의 활동을 규율하는 규범에 대해 대중들도 알 수 있어야 한다는 사실이다.[63)]

둘째로 정보위원회를 '간담회위원회'식으로 운영하게끔 부추기는 현행법제의 문제점을 지적하지 않을 수 없다. 정보위원회가 모이는 빈도수가 낮다는 것도 문제이지만 상설 소위원회가 설치되어

---

63) 「시민사회에서의 정보기관: 감독과 책임」이라는 주제로 개최된 국제회의(1995. 6. 30~7. 2)에서 미국측 참가자 케이트 마틴(Kate Martin)이 발표한 발제문 "The Role of Security Services in a Democratic Society: The Human Rights/ Civil Liberties Perspective"에서 인용함. 이 발제문은 조지 워싱턴 대학 '국가안보연구센터' 웹 페이지에 게시되어 있다. 정확한 게시주소는 다음과 같다. http://www.gwu.edu/~cnss/warsaw/role.html

있지 않다는 사실은 보다 결정적인 흠이다. 상설 소위원회는 제13대 국회 당시 '전문가 활용제도'(국회법 제43조)와 함께 위원회의 전문성을 강화하기 위해 도입된 제도이다.[64] 바로 이 소위원회가 상시적으로 설치됨으로써 해당 상임위원회는 자신들의 소관사항에 대해 집중조사와 검토를 할 수 있게 되었다.[65] 이 경우 상임위원회의 의결로 개별 사안별로 소위원회에 전문가를 참여시킨다면(국회법 제43조) 소위원회의 조사와 검토는 더욱 전문성을 갖게 될 것이다. 이처럼 중요한 역할을 수행할 수 있는 소위원회의 설치를 유독 정보위원회에 대해서만 배제하고 있는 국회법 조항은 하루빨리 개정해야 한다.[66] 정보위원회에 소위원회를 설치하게 하고, 그 소위원회에서 사전에 정보를 검토하게 하는 방안을 고려하되, 정보를 사전에 배포하기 곤란한 사안에 대해서는 '특별실'에서의 자료열람이라도 가능케 해야 한다.

결국 정보위원회가 간담회위원회로 머물지 않기 위한 여러 보완조치들이 필요하다는 얘기인데, 정보위원회가 정보기관에 대해 자료열람을 청구하고, 질문하며, 사전 통지 없이 정보기관시설에 출입하는 권한 정도는 가져야 그나마 의회에 의한 정보기관 통제라는 말도 할 수 있는 것이 아닌가 한다.

---

64) 1991. 5. 31일자 국회법 개정.

65) 국회사무처, 앞의 책, 169쪽.

66) 현행 국회법 제57조 제2항의 입법배경은 정보위원회 회의를 위해 필요한 정보와 자료가 회의 당일, 회의장소에서만 공개되는 현실과 무관해 보이지 않는다. 사전에 상설 소위원회를 통해 무언가 집중조사를 하려고 해도, 조사에 필요한 자료가 사전 공개되지 않으니 그러한 소위원회가 아무 소용이 없다는 얘기이다.

3. 현행 국회법에 의하면 군 정보기관에 대한 감독·통제는 국방위원회 소관사항이고, 경찰 내의 정보조직에 대한 감독·통제는 행정자치위원회 소관사항이 된다. 그러나 종합적이고 실효성 있는 감시·통제를 위해서는 여러 위원회에 분산되어 있는 통제임무를 하나의 위원회로 통합하는 것이 바람직하다.[67]

4. 민주주의 사회에서 안보행정을 둘러싼 쟁점은 단지 투명성과 공개성을 확보하는 문제에만 국한되지 않는다. 세계은행이 각국의 안보기구개혁과 관련하여 지적한 것처럼 민주주의적으로 선출된 의회가 안보정책과 관련된 문제에 대한 판단에서도 주도권을 갖도록 지원하는 일 또한 매우 중요하다.[68] 앞으로 국회 정보위원회를 개혁하는 방안이 논의된다면 이러한 부분에 대해서도 충분히 고려해야 한다.

제5절 글을 맺으며: 비밀정보기관 개혁논의는 어떤 식으로 이루어져야 하는가?

정보기관이 민주주의 사회에서도 존속해야 한다면 적어도 그 존속을 위한 헌법적 한계설정만큼은 분명하게 되어 있어야 한다. 투

67) 그런데 이런 식의 통합이 이루어지려면 그 위원회의 위원구성에서부터 통합된 위원회의 권한을 어떤 식으로 조정·확대할 것인가 하는 부분에 대한 깊이 있는 논의가 필요하다.

68) Deutsche Gesellschaft für Technische Zusammenarbeit 엮음, 앞의 책, 29쪽.

명성과 여론을 통한 국가활동에 대한 통제가능성을 그 내용으로 하는 민주주의 원리에 대한 예외가 될 정보기관의 활동은 특별한 정당화 사유와 실효성 있는 법적 제한 그리고 특별한 통제장치를 필요로 한다.

그러나 문제는 비밀정보기관에게 맞는 실효성 있는 법적 제한과 특별한 통제장치를 어떻게 만들어낼 것인가 하는 점이다. 이와 관련해서 특별히 필자의 주목을 끄는 두 프로그램이 있다. 하나는 헬싱키 인권재단(폴란드 바르샤바 소재)과 국가안보연구센터(미국 조지 워싱턴 대학)가 공동으로 진행하는 '동유럽 및 러시아비밀정보기관 개혁프로그램'이고 다른 하나는 경제협력개발기구(OECD)의 개발협력위원회(Development Assistance Committee)에 의해 제시된 개발도상국가의 안보부문개혁프로그램이다.

1990년대 중반이래 진행되고 있는 이른바 동유럽 개혁 프로그램은 냉전 종식이후에도 그대로 그 권력을 유지하고 있는 이 지역 비밀정보기구에 초점을 맞춘다. 우선 중요한 것은 감독 및 책임에 대한 개념과 방법을 만들어내고 진작시키는 일이다. 이를 위해 정보기관 활동의 투명성확보, 정보에 대한 시민들의 접근권 보장, 입법적·사법적 통제를 포함한 권력의 분립, 인권보호를 보장할 법적 구제장치를 마련하는 일 등이 고려된다. 다년간 진행될 이 프로그램에는 구체적으로 공적 교육, 조사·연구, 법적 분석 및 비정부단체에 대한 지원 등이 포함된다. 이 프로그램은 대략 두 단계로 진행된다. 첫 번째 단계에서는 정보 공유를 위해 비정부단체, 학계, 언론계, 국회의원 등으로 구성된 국제적 네트워크를 만든다. 이 네트워크를 통해 정보기관에 영향을 주는 현존 국내법 및 국제법 자료를 찾아내어 검토하고, 동유럽 지역에서의 실정법 및 법률안을 분석한다. 두 번째 단계는 정보기관을 감시할 비정부단체를 지원·교육하는 프로그램을 가동한다.[69)]

이 프로그램으로부터 필자도 많은 시사점을 얻는다. 특히 정보기관개혁을 위한 국제적 네트워크의 결성과 정보기관을 감시할 시민단체의 지원·교육에 주목하게 된다. 이러한 프로그램이 한국 및 동북아시아 차원에서도 이루어진다면 좋은 성과를 얻게 될 것이다. 특히 국회가 이러한 프로그램의 중심에 설 필요가 있다.

한편 비록 한국이 경제협력개발기구의 회원국이기는 하나, 이 기구에 의해 추진되고 있는 '개발도상국에서의 안보부문 개혁 프로그램'도 눈여겨 볼 필요가 있다. 이와 관련하여 최근 독일의 기술협력협회가 발표한 보고서는 매우 관심을 끈다. 지면 관계상 자세히 소개할 수는 없으나 요지만 정리하면 이렇다.

우선 이 보고서는 군대, 혹은 비밀정보기관을 개혁하는 문제는 그렇게 쉬운 일이 아님을 인정한 뒤 이들 기구들을 개혁의 대상 혹은 개혁의 파트너로 삼아 공론의 장으로 끌어내는 일이 중요하다고 지적한다.[70)] 이들을 공론의 장으로 끌어내려면 우선 안보분야에 대한 개혁의 의미를 공유하는 노력이 우선되어야 한다. 개혁=자원감축(인적, 물적 자원 감축)이라고 생각하는 상황에서 정보기관들은 개혁에 저항할 게 분명하다. 그러한 저항이 있는 상황에서 이루어지는 개혁논의나 시도는 성과를 거두기 어렵다. 개혁이란

---

69) http://www.gwu.edu/~cnss/intlproj/intlproj.html

70) Deutsche Gesellschaft für Technische Zusammenarbeit 엮음, 앞의 책, 21쪽.

개혁대상이 된 행위자로 하여금 개혁을 진지하게 받아들일 자세를 갖게끔 해야 가능하며, 그런 것이 전제가 될 때 지속적이고 체계적인 변화도 이루어질 수 있다고 한다.[71)]

안보분야에 대한 개혁은 한국사회가 선진사회로 진입하는 과정에서 아주 중요한 부분을 차지한다. 이제 우리는 그러한 개혁을 개발도상국가들이 안고 있는 일반적인 문제들, 즉 자원배분의 실패를 조정하는 작업의 하나로 이해하는 안목도 가져야 한다. 안보분야의 개혁도 단순한 자원감축의 문제만이 아니라 자원 재분배의 문제라는 사실을 인식한다면 개혁프로그램은 의외로 빠르게 실행될 수 있다. 세계은행은 안보분야를 민주주의적 통제아래 두는 개혁을 위해서는 투입해야 할 자원(재정, 인력, 수단)을 늘리는 조치가 필요할 수도 있다는 사실을 인식해야 한다는 지적을 한 바 있다. 한국군의 개혁을 위해서는 보다 많은 자원투입(특히 재정)이 초기에 집중적으로 이루어져야 한다는 지적과 같은 맥락으로 보면 된다. 안보분야의 개혁이 자동적으로 자원감축이 아니라는 사실을 안보관련기구들이 인식하게 될 때[72)] 그들도 쉽게 개혁의 장으로 나올 수 있다는 지적인데 참고할 만하다.

한편 정보기관에 근무하는 직원에 대한 지속적인 재교육은 정보기관의 위법행위자체를 줄이거나 행정 내부 통제시스템의 원활한 작동에 기여할 수 있다.[73)] 아무튼 이러한 재교육의 경우에도 의회

---

71) Deutsche Gesellschaft für Technische Zusammenarbeit 엮음, 앞의 책, 32쪽.

72) Deutsche Gesellschaft für Technische Zusammenarbeit 엮음, 앞의 책, 22-23쪽 참고.

73) 그러나 우리 현실에서 이런 식의 접근은 여전히 남의 나라 얘기이다.

가 입법과 예산을 통해, 그리고 실행에 대한 사후점검을 통해 그 프로그램을 적극 지지해주지 않으면 의도했던 성과를 거두기 어려울 것이다.

비밀정보기관은 그 명칭이 말해주듯 비밀리에 활동한다. 반면 민주주의는 투명성과 공공성에 기반하고 있다. 그 점에서 비밀정보기관과 민주주의는 조화되기 어렵다. '민주주의적 비밀정보기구'라는 말은 '둥근 사각형'이라는 표현처럼 형용모순(contradictio in adjecto)일 따름이다. 그러므로 우리는 "입법자는 비밀정보기구의 권한과 임무를 최대한 제한적으로 설정하려는 노력을 기울여야 하며, 사후적으로도 이들의 활동에 대해서 감시·감독해야 한다"는 식의 주장이 갖는 타당성은 물론 한계도 인식하지 않을 수 없다. 다만 그러한 기본적 인식 속에서도 규모를 키우고 힘을 늘리며, 권력확대를 위한 수단과 가능성을 계속해서 모색하는 비밀정보권력을 통제하려는 노력은 지속적으로 이루어져야 할 것이다.

예컨대 국가정보원 직원 대부분은 「국가정보원직원법」에 규정되어 있는 계급정년 때문에 상당한 스트레스를 받고 있으며, 계급정년 전에 진급해야 한다는 압박감으로 인해 고유한 업무조차도 제대로 수행하지 못하는 형편이라고 한다. 문정인 편저, 『국가정보론』, 박영사, 2002, 629-630쪽.

제5장 전 근대적 군사문화와 군인의 인권*

제1절 군인인권의 현실

2005년 초 논산훈련소에서는 훈련 중인 병사들에게 인분을 먹게 한 이른바 '인분사건'이 발생하여 사람들을 놀라게 했다. 국방부는 이 사건에 대한 대응으로 장병기본권제정과 군인복무기본법 제정, 장병기본권 상담위원회 설치, 인권상담관제도 도입, 고충 상담센터와 복무부적응 병사 진료센터 설치 추진 등의 방안을 발표했다. 나

---

* 이 글은 같은 제목으로 『민주법학』 제28호, 2005년, 160-180쪽에 기고한 논문을 가필한 것임. 한편 원래의 글에는 국방부의 장병인권정책에 대한 평가 부분이 포함되어 있었으나, 이 책에서는 삭제했다. 2005년 이후 현재까지 국방부는 상당히 많은 장병인권정책을 쏟아내고 있고, 2006년 12월 26일자로 「군인복무기본법」안도 입법예고 하였다. 군인복무기본법안을 포함하여 국방부의 각종 장병인권정책에 대한 평가와 관련하여 필자는 '비판적 검토'를 거의 마무리해 둔 상태이다. 그 내용은 앞으로 군사법, 군인인권법을 연구하는 동료들(특히 '평화군사법 학회'의 회원들)과의 토론 등을 거쳐 공간할 예정이라는 사실을 덧붙여 둔다.

름대로 의미가 있는 이러한 제안들이 본격적으로 논의되기도 전에 2005년 6월에는 전방 감시초소(Guard Post)에서 '총기난사사건'이 발생하여 8명의 아까운 젊은 생명이 희생당하는 안타까운 사건이 발생했다. 연이어 병사들이 알몸으로 이른바 '기합'을 받는 사진들이 인터넷에 공개되어 군인인권침해사례가 전면적으로 공개되는 일이 발생하기도 했다. 2005년 11월 이후에는 노충국, 김웅민 병장 등 전역 직후 암으로 사망하는 병사들이 속출하면서 병사들의 건강권이 중요한 인권 문제로 등장하기도 했다. 그 와중에 국적법이 개정되면서 이른바 돈 있고 권세 있는 집안의 자식들이 군대에 가지 않겠다고 집단적으로 국적포기신청을 했다.

안타까운 것은 우리 사회의 많은 부분들이 그렇듯이 군대에서의 인권침해사례를 공개하고 폭로하는 일이 있고 나면, 그것이 이후 책임 있는 대책마련으로까지 연결되어 문제해결로 이르는 경우가 드물다는 사실이다. 군 인권문제와 군 개혁을 전문적으로 다루는 단체나 사람이 거의 없는 실정에서 이러한 귀결은 어쩌면 당연한지도 모른다.

제2절 군의 기본가치와 군인의 인권

1. 한국국방연구원이 2004년 11월 발표한 『장병 기본권 확립방안』 연구 결과(요약)[1]를 보면 결론부분을 다음과 같이 마무리하고

1) 김광식, 「장병 인권문제의 쟁점과 과제」, 열린우리당, 『장병기본권 확립방안에 관한 심포지엄 자료집』, 2005. 6. 2자에 이 연구 결과가 요약

있다.

> 군은 장병 인권보장체계의 선진화가 본연의 임수수행 역량의 강화에 순기능적임을 인식, 지속적인 노력을 경주하되, 군의 기본가치/질서를 도외시한 주장에 대해서는 군의 입장을 분명히 밝히고, 이해와 설득을 통해 국민적 공감대를 확보해야 함. (밑줄은 저자)

사회의 '민주화'에 대한 시대적 요구가 교도소, 학교 등 '전통적으로' 인권의 사각지대로 알려져 온 영역을 거쳐 최근에는 군대에까지 미치고 있는 실정이다. 군 개혁, 군사문화의 민주화, 군에서의 인권보장체계 정비에 대한 시민사회단체의 요구가 늘어난 것은 사실이다. 이에 대해 군은 어떻게 반응하고 있을까. 일단은 긍정적으로 평가하면서도 단서를 달고 있다. 그것이 위에 밑줄 친 부분이다. 인용문이 적나라하게 보여주듯이 군 측은 민간의 요구사항 중에는 군의 기본가치/질서를 도외시한 주장이 있다고 판단하는 듯하다. 그렇다면 군의 기본가치/질서를 도외시한 주장이란 구체적으로 무엇이며, 그런 것들이 주장되는 빈도는 어느 정도일까?

그러나 이러한 질문을 던지기에 앞서 "군의 기본가치/질서를 도외시한 주장"이라는 표현을 어떻게 받아들여야 할지부터 생각해 볼 필요가 있다. 어떤 취지에서 위와 같은 주장을 한 것인지에 대해서는 이해하는 바가 있다. 그러나 그럼에도 불구하고 위와 같은 주장이 부지불식간에 전제하고 있는 인식에 대해서는 짚고 넘어갈 필요가 있어 보인다. 그것은 군의 기본가치가 무엇인가를 확정하는 것은 군이어야 한다는 생각을 국방부가 하고 있는 것은 아닌가

수록되어 있다. 전체 연구보고서는 공개되지 않았다.

하는 의문이다.

군의 기본가치와 질서를 정하는 것은 군인가 국민인가? 시대의 변화에도 불구하고 국민들의 이해와 설득을 통해 국민적 공감대를 확보해야 할 영구불변의 군 기본가치와 질서가 존재하는가? 만약 그러한 것이 존재한다면 군에 대한 정치의 역할, 군에 대한 의회의 역할은 아주 제한된 영역에 한정되고 말 것이다. 군 측의 주장대로라면 의회든 국민이든 군의 기본가치와 관련된 부분에 대해서는 발언과 요구를 자제해야 하며, 어떤 주장이 군의 기본가치와 질서를 도외시하지 않도록 유념해야 할지도 모른다.

다소 과장되게 표현하였으나 나는 위의 결론부분은 군과 민 사이에 현재 존재하는 간극을 보여주는 예라고 생각한다. 그러한 간극은 최근에도 분명하게 드러난 바 있다.

군 사법제도 개혁방안이 사법개혁위원회를 거쳐 사법개혁추진위원회에서 구체적인 법안으로 만들어지고 있던 2005년 상반기의 어느 날 국방부장관을 비롯하여 합참의장과 3군 참모총장, 군사령관 등 군 고위지휘관 70여명은 비공개 토론회를 갖고 "현재 추진 중인 군 사법제도개혁은 인권보장과 지휘권 확립에 도움이 되는 방향에서 검토돼야 한다."는 의견을 사법개혁추진위원회에 전달하기로 의견을 모은 바 있다.[2] 군 고위지휘관들은 특히 군 검찰조직 독립방안 등에 대해 문제점을 지적하고 있다. 그들은 "군의 존재목적은 전쟁에서 싸워 이기는데 있고 이를 위해서는 지휘권이 확립되고 보장돼야 한다."고 주장하였다.[3] 지휘권을 항상 강조하는 이

2) 한겨레신문, 2005. 5. 20자.

3) 군의 존재목적은 전쟁에서 싸워 이기는 데 있는가 아니면 전쟁 자체가

런 식의 태도에 대해서는 헌법과 인권의 정신으로 맞받아쳐야 한다. 필자는 군의 논리를 반박하는 데 있어 가장 중요한 출발점이 군에 대한 민주적·시민적 지도라고 생각한다.

전후 독일에서 패전 10년 만에 재무장하면서 제일성(第一聲)으로 밝힌 것이 군에 대한 정치의 우위(Primat der Politik)였다.[4] 군의 기본가치와 질서는 군사전문가, 군사관료, 군사집단의 가치에 의해 만들어지는 것이 아니라 철저히 정치의 힘에 의해 만들어지는 것이며, 그 정치의 기준점은 헌법이라는 것. 이것이 독일에서 말하는 정치의 우위이며, 군에 대한 민주적·시민적 지도(innere Führung) 원리이다.

현재 우리의 상황에서 군인인권을 말할 때 시급한 것은 몇몇 권리들을 법적으로 보장하는 것보다 군의 가치와 질서를 정치의 영역이 선도적으로 제시하고 형성해나가는 것, 군에 대한 헌법의 요청을 실현해나가는 일일 것이다. 우리 헌법은 제60조 제2항에서 대통령의 국군통수권 행사에 대하여 국회의 동의를 얻도록 하고 있고 제89조에서는 군사에 관한 중요사항은 국무회의의 심의를 거

발발하지 않도록 억지력을 발휘하는 데 있는가? 필자는 오늘날 군의 존재목적은 전쟁이 아니라 '평화유지'에 초점이 맞추어져 있다고 본다. 군의 가치와 질서를 정립하는 데서도 전쟁 중심적 사고 혹은 전시 중심적 사고에서 벗어나야 할 때가 되었다.

4) 1949년 5월 23일 출범한 독일 본 공화국(서독)에는 원래 군대가 없었다. 1950년대 초에는 군대의 필요성 및 창군을 둘러싼 논쟁이 벌어졌고, 이후 1954년에 서독은 나토에 가입한다. 서독에서 창군작업은 1955년에 시작되었지만 이미 3년 전부터 나치스 전력으로부터 비교적 자유로운 위치에 있었던 전직 군 지휘관들 및 일련의 법률가들이 군대창설을 위한 법률적 검토 작업을 진행했다. 그 과정에서 독일군대의 이념적 기초에 대한 논의가 이루어졌다.

치도록 하는 등 문민우위의 원칙 또는 문민통제(civilian control)의 원칙을 명시하고 있다.[5] 또한 헌법 제74조 제1항은 "대통령은 헌법과 법률이 정하는 바에 의하여 국군을 통수한다."고 규정하여 군정작용에 대한 민주주의적 통제와 법치주의적 통제를 인정하고 있다(이른바 민주군정의 원칙).[6]

그러한 헌법의 요청을 적극적으로 수용한다면 의회가 예산을 통해 군대의 조직과 규모를 새롭게 재편하는 것은 불가능하지 않다고 본다. 2004년 국정감사에서 국방위원회 소속 임종인 의원이 구체적 통계자료를 통해 50년 동안 유지되어왔던 국방력에서의 '남한열세론'을 반박한 것은 좋은 시도이다.[7] 그러한 시도들이 예산을 통한 군대 조직과 규모의 재편으로 나아가야 한다. 이러한 과정을 통해 정치의 영역이 21세기에 적합한 군의 가치와 질서를 선도적으로 형성하는 일은 매우 중요하리라고 본다. 그러기에 다음과 같은 보도가 나오면 국회는 민감하게 반응할 필요가 있다.

> 국방부는 21일 제252회 임시국회 국방위원회 업무보고 자료에서 장병 기본권 향상 차원에서 장병 기본권 규정을 제정하고 국방부 및 각 군에 장병 기본권 상담위원회를 설치할 계획이라고 밝혔다. 장병 기본권 규정에는 병사들의 기본권을 어느 정도까지 보장할 것인지, 만약 군의 특수성을 감안해 기본권을 제한한다면 어느 범위까지 제한할 것인지 등의 내용이 구체적으로 들어갈 것이라고 국방부는 설명했다[8]. (밑줄은 저자)

5) 권영성, 『헌법학원론』, 법문사, 2004, 257-258쪽.
6) 권영성, 앞의 책, 259쪽.
7) 「50년 고정관념 '남한열세론'을 깨다」, 오마이뉴스, 2004. 10. 27자.
8) 「국방부 '장병기본권 규정' 제정 추진」, 인터넷 연합뉴스, 2005. 2. 21자.

병사들의 기본권을 어느 정도까지 보장할 것인지에 대해 최종적으로 판단·결정하는 기관은 국방부가 아니다. 국민의 기본권과 관련하여 중요하고 본질적인 사항은 의회가 정해야 한다. 이러한 사항을 정하는 것은 의회에 유보되어 있다(의회유보론). 군인의 인권과 관련한 입법과정에서부터 국회가 개입해야 한다. 국회는 국방부가 마련해주는 방안을 앉아서 받으려는 안일한 자세를 버려야 한다. 그래야 국회가 국민으로부터 지지받는다. 군은 입법, 사법, 행정으로부터 독립된 권력이 아니다. 군도 행정부의 한 부분이며 입법, 사법적 통제의 대상이 된다. 국민, 그리고 그 국민의 의사를 대표하는 의회는 바로 이러한 사실을 항상 중요하게 생각해야 한다.

2. 한국국방연구원이 『장병 기본권 확립방안』을 마련하기 위해 연구하는 과정에서 개최한 포럼에서 한 발제자는 다음과 같이 지적하고 있다.

> 국민이 군대에 대해 가지는 감정은 매우 복합적이고 다양하다. 그러나 여전히 부정적인 평가가 지배적이라고 생각된다. 그 이유 가운데 하나는 자신의 군대생활 동안 겪었던 수많은 인권의 침해 또는 제약들의 기억과 군복무로 인해 상실한 또는 변질된 꿈에 대한 아쉬움 때문이라 생각된다. 오죽하면 군대 안가면 신의 자식이라 하고 현역 입영하면 어둠의 자식이라는 우스개 아닌 우스개 소리가 퍼질까?[9)]

위의 지적처럼 군에 대한 국민의 감정은 매우 복합적이고 다양

9) 송기춘, 「헌법의 관점에서 본 군 사법제도의 문제점과 개선방안」, 2004. 10. 15, 한국국방연구원 NGO 포럼 발표문 중에서.

하지만 부정적 평가가 아직은 많다. 시민단체 혹은 이른바 '민간' 전문가들이, 때로는 군의 기본가치/질서를 도외시한다는 비판을 받아가면서 장병의 기본권에 대해서 문제제기를 하는 까닭은 바로 그와 같은 군에 대한 뿌리 깊은 불신을 털어버리는 가장 확실하고 빠른 방법이 군인 인권보장이기 때문이다.

3. 군인인권보장의 출발은 군대에서의 폭력, 비합리주의, 일방주의를 하루 빨리 없애는 것에서 시작해야한다. 군대에서의 이러한 경험이 이후 사회생활에 상당한 영향을 미친다는 연구결과도 있다.[10)]

군인, 특히 의무복무 중인 장병들에 대한 가혹행위는 한국만의 현실은 아니다. 보도에 의하면 구소련 시절부터 군대 내 가혹행위가 심했던 러시아에서는 냉전 체제 이후에도 군대 내 인권침해가 심각한 것으로 알려져 있다. 특히 군사영역에 대한 재정지출이 현저하게 줄어들면서 군대 내 인권침해는 조직적으로 묵인되고 있다. 구타, 가혹행위를 매개로 한 군기유지를 통해 과거 군사강국의 면모를 유지하는 러시아 공화국의 안타까운 현실을 개탄하지 않을 수 없다.[11)]

그러나 놀랍게도(!) 이른바 군인 인권보장에 관한 한 모범국가의

---

10) 군대 내 폭력이 심한 러시아의 경우 인구 1만 명당 살인사건의 건수가 유럽에서 1위(10만 명당 거의 30건. 노르웨이 같으면 0.97건에 불과하다)라고 한다. 군대에서 폭력을 경험한 사람이 제대한 뒤 갑자기 차분한 준법 시민이 될 리 만무하다. 「'살인기계'는 어떻게 태어나는가」, 한겨레21, 2002. 11. 13자.

11) 앞의 잡지 기사. 러시아 국회 국방위원회 부위원장은 "군대 안에서 인권이라는 것이 생기면 군대가 해체되고 만다"고 발언하기도 하였다.

하나로 평가되어온 독일의 병영에서도 최근(2004년) 가혹행위 사례가 밝혀져 전 독일이 경악하는 일이 발생했다. 어떠한 예방장치라도 그것은 완벽할 수 없으며 사후적으로 문제가 발생할 수 있다. 그런데 여기서 우리가 주목해야 할 것은 그러한 일이 발생했을 때 한 사회가 느끼는 민감성, 그리고 그 문제에 대응하는 능력과 방식이다. 러시아에서는 군대 내 폭력이 한 사회 전체가 민감하게 반응하는 중요한 이슈가 되지 못하며, 가혹행위를 한 자에 대한 처벌조차 명료하지 않다. 그러나 독일에서의 상황은 다르다. 평시 군 통수권자인 국방부장관(독일 헌법 제 65a조 제1항)에서부터 일반 국민에 이르기까지 병영 내 가혹행위에 대한 반응은 즉각적이었고 지속적이었다. 그리고 민간검찰 - 독일에는 군사법원과 군 검찰이 없으므로 - 이 곧바로 사건에 대한 수사를 개시하였다.

현재 대한민국의 군대를 러시아와 같은 인권후진국의 군대와 비교할 수는 없다. 그러나 인권보장이 비교적 잘 되어있는 독일의 군대와 대한민국의 군대를 비교하기에는 아직 이른 감이 있다. 독일의 모델이 우리사회의 전범(典範)이 되어야 할 까닭은 없다고 본다. 그러나 그러한 모델이 제시하고 있는 기본적 사고방식, 일을 풀어나가는 접근법에 대해서는 우리사회도 눈여겨 볼 필요가 있다.

제3절 군인인권보장을 위해 생각해 보아야 할 것들

1. 개념의 문제: 군대에서의 인권?

군대와 인권은 양립하기 어려운 개념들이다. 군대는 단체주의 정신, 일사불란한 단일의 가치를 강조하는 조직이다. 이러한 조직이 인권문제를 제대로 이해하고 해결할 수 있을지는 의문이다. 군인들은 자유로운 존재라기보다는 군인적 단체정신(Korpsgeist)에 매몰되어온 존재에 가깝다.

그런데 인권이란 기본적으로 개인의 권리이며, 인권보장은 개인에 대한 존중, 다원주의적 가치에 대한 관용에서부터 출발한다. 그러나 군대는 계급중심의 사회이며 단일한 가치를 신봉한다. 지휘관 혹은 군 수뇌의 가치와 다른 생각과 행동을 용납하지 않는 사회이다. 사정이 이러하므로 군대 내에서 인권이 정착하기는 구조적으로 매우 어려운 것이 현실이다.

우리 현실에서는 여기에 과잉국가주의가 가세하여 상황을 더욱 어렵게 만든다. 대한민국에 태어난 남자들은 죽거나 국적을 포기하기 전에는 벗어나지 못하는 의무를 지고 있다. 군에 가야 할 의무, '사고'치지 않고 군복무를 마쳐야 할 의무가 그것이다. 그 의무를 다하지 않으려는 '국민'이 있으면 국가는 그러한 병역거부행위가 양심에 따른 것이건 종교적 신념에 따른 것이건 일체 허용하지 않는다. 그리고 그 의무를 제대로 이행하지 않은 '국민'에 대해 국가는 끝까지 추적한다. 예컨대 살인죄에도 적용되는 공소시효제도가 군무이탈죄에는 '사실상' 적용되지 않는다.[12] 이런 문화 하에서 국민의 권리(기본권)가 얘기되기란 쉽지 않다.

그러나 군대의 존재이유가 무엇인가? 헌정질서 수호이다. 군대는 대외적 적(敵)으로부터 민주적 기본질서를 수호하기 위해 존재한다. 민주적 기본질서의 핵심은 모든 국민의 기본적 인권의 보장이다. 그런데 외적으로부터 민주적 기본질서를 지켜야 할 군인들이 실제로는 인권에 대해 제대로 인식하지도 향유하지도 못한다면 이것은 모순이다. 민주적 기본질서의 의미를 스스로 체현하지도 못하는 이들에게 그러한 질서를 수호하라고 내모는 것은 말이 안 된다. 그런데 이런 일이 우리 군에서는 일어나고 있다. 군인의 인권에 관한 한 우리사회의 현실과 이념 사이의 모순은 존재하는 현실이다. 이런 모순을 지양하는데 있어 국회와 시민사회가 해야 할 일은 무엇일까?

여러 가지가 있을 것이다. 그런데 그 중에서도 나는 군대에서 인권이 통용될 수 있는 공간을 찾아내는 일이 매우 중요하고 시급하다고 본다. 이는 달리 말하면, 공적 삶과 사적 삶을 포괄적으로 규제하는 군사제도와 군사문화의 극복하는 일이라고 할 수 있다. 구체적으로 표현하면 직업, 신분, 직무로서 군인과 한 인간으로서 장병을 분리해서 사고하는 접근이 되겠다. 의무 복무 중인 장병의 경우 2년에서 2년 4개월의 기간을 통틀어 근무 시간 외에도 자유를 구속당하고 있다. 이들에게 인권을 보장하려면 근무와 여가를 분리하고, 직무 중(시간, 공간)과 직무 외를 구분하는 군대 운영과 그에 부합하는 권리·의무체계를 만드는 일부터 시작해야 한다. 군대

12) 헌법재판소 전원재판부 1995. 5. 25. 91헌바20 결정【군형법 제47조에 대한 헌법소원】사건 참조.

도 일종의 '직장'이고 근무와 관련하여서만 명령과 복종의 관계가 형성되어야 하므로 한 인격적 존재의 전체를 '병영'에 수용하여 24시간 지배·통제할 수 있다는 사고(전근대적 병영문화)에서 벗어나야 한다. '복무부적응' 병사라는 표현을 일반적으로 쓰지만, 정확하게는 '복무시간 이외에도 감시·통제·관리하는 군 병영제도와 문화에 대한 부적응'이라고 표현하는 것이 사태의 진실에 보다 가깝다. 그러한 현실을 극복하려면 개인의 존엄과 가치가 인정되는 군 복무환경을 만드는 일이 시급하다.

군인의 인권을 자유(권)의 측면에서 파악하면 방금 지적한 군대 내에서의 자유가 그 주된 내용이 되겠지만 그것에만 한정되는 것은 아니다. 군인의 인권은 군대로부터의 자유, 다시 말해 '군대조직으로부터의 자유'(= 양심적 병역거부권)까지 포괄하고 있는 개념이다.[13] 실제로 양심적 병역거부 및 대체복무제도의 도입은 우리 사회 군인 인권 논쟁에서 주요한 쟁점이 되고 있다. 모병제가 아닌 징병제 국가에서 군인 인권논의는 모병제 국가에서의 그것과는 사뭇 다르다. 또한 같은 모병제 국가라고 하더라도 양심에 따른 병역거부를 인정하느냐 그렇지 않으냐에 따라 인권에 대한 인식 자체가 달라 질 것이라는 점은 충분히 예측할 수 있다. 그렇기에 국가가 필요로 하는 대체복무[14]는 허용하면서 종교적, 평화주의적

13) 水島朝穂, 現代軍事法制の研究, 日本評論社, 2000, 86-87쪽.

14) 한국은 1969년 방위병제도의 도입 이래 폭넓은 대체복무제도를 운영해왔다. 1973년에는 특례보충역제도가 도입되었다. 최근까지 매년 공익근무요원 5만5천명, 산업기능요원 5만5천명, 전문연구요원 1만5천명, 공중보건의 4천명, 상근예비역 3만6천명, 전·의경 5만명 등 20만명이 넘는 젊은이들이 현역이 아닌 대체복무를 통해 병역의무를 대신해왔다. 한홍구, 「한국군은 인해전술을 원하는가」, 『한겨레21』, 2004.

신념에 따른 대체복무를 인정하지 않는 우리 현실에서 군대로부터의 자유를 인정하는 것은 군인인권보장 논의에서 매우 중요한 지점이 될 수 있으리라 본다.

한편 군인의 인권에는 자유권만 있는 것은 아니다. '인간다운 생활을 할 권리'가 보장되는 수준의 병영시설(사생활의 자유와 비밀이 보장되는 시설)에서 거주하면서 문화적 권리(여가 및 스포츠 활동)를 향유하며 건강한 군인으로 생활하는 것 또한 군인인권보장 논의에서 중요하게 다루어져야 한다.15)

병영시설과 관련한 인권의 보장은 국가권력의 침해로부터의 방어라는 내용을 가지는 자유권과 달리 일정한 수준의 시설을 갖추어 줄 것을 국가에 요구하는 내용을 가지는 적극적 권리의 성격을 띠는 경우가 많다. 그런데 이러한 권리들은 그 실현에 국가의 재정투입이 요구되므로 사회권처럼 국가예산에 의한 일정한 한계를 가질 수밖에 없다. 그렇다고 허구한 날 예산 타령만 할 수는 없다. 의회가 장병인권에 조금이라도 진지한 관심을 갖고 있다면, 의회 스스로 적극적으로 현재의 국방예산의 배정방식을 바꾸는 노력을 해야 한다. 이 또한 헌법이 의회에 위임한 사항이라고 보아야 한다.

2. 인식의 문제: 인권을 지휘권과 대립시키는 것은 타당한가?

군사행정에서의 법치주의실현, 군인의 권리확보를 '내세우게'

---

6. 17자, 98-99쪽.

15) 자세한 것은 오동석, 「인권의 관점으로 본 병영시설의 문제점과 과제」, 국회인권포럼/인권실천시민연대 공동개최 토론회 자료집, 『군 인권문제, 어떻게 풀어갈 것인가』, 2005. 7. 5자, 23쪽 아래 참고.

되면 지휘관의 권한이 그만큼 줄어 들 것이고, 지휘권의 약화는 군 전투력의 약화로 이어질 것이라는 우려는 항상 있었다. 그런데 그러한 우려가 실제로 근거가 있는 것인지는 객관적으로 검증된 바 없다. 객관적으로 검증할 만한 장치 자체가 없었다고 하는 것이 더 정확할 지도 모르겠다.

그러나 객관적 검증이 이루어지지 않은 상태에서의 이루어지는 인권 대 지휘권 논쟁은 결말이 나지 않을 것이다. 그러므로 당장에는 인식의 차이를 줄일 수 있는 객관적 검증 장치, 기준을 개발하는 것이 군인인권보장 논의에서 중요한 의미를 갖는다.[16] 사실(fact)에 대한 정확한 판독은 문제해결의 출발점이다.[17] 그러한 작

---

16) 정확한 통계자료의 획득과 그 자료에 대한 과학적 분석 작업, 이것은 군인인권개선을 위한 논의에서 출발점이 되어야 한다. 한국국방연구원에 따르면 국가인권위원회의 용역연구 결과 및 인권단체 세미나 등에서 발표되는 군 인권 실태는 군의 통계나 한국국방연구원의 조사결과와 상당한 차이를 보이고 있다고 한다.

17) 군에서의 자살사고를 예로 들어보자. 국방부가 2005년 4월 임시국회에서 현황 보고한 바에 의하면 2000~2004년까지의 자살자 수는 82 → 66 → 79 → 69 → 66명으로 되어 있다. 군에서의 자살은 10만 명당 9.8명으로 20대 남자의 자살자 수(10만 명당 18.9명)와 비교할 때 매우 낮은 수치이다. 그런데 이 통계에 대해서는 여러 해석이 있다. 국방부 측은 이 통계를 군에서의 자살이 그리 심각하지 않다는 주장의 증거로 제시하는 반면, 다른 이들은 군에서의 자살은 20-22세로 한정해서 해석해야 한다고 주장한다. 즉, 20대 전체가 아니라 20대의 10년 중 2-3년의 기간에 한정해서 자살률을 해석해야 하며, 그렇게 볼 때 군에서의 자살률은 사회에 비해 결코 낮지 않고 오히려 2배 가까이 높아진다고 한다. 필자가 보기에는 이런 해석도 가능하다. 군 측에서 발표한 내용에 따르면 부대관계가 원인이 된 것보다도 개인관계가 원인이 된 자살의 비율이 다소 높게 나타난다. 군의 주장대로 군대에서의 자살이 여러 다양한 이유(애인변심, 가정환경비관, 내성적 성

업이 선행되지 않으면 논의는 겉돌게 된다. 동일한 사실을 두고 한쪽에서는 심각한 인권 문제라고, 다른 한쪽에서는 문제는 있으나 심각하지 않다고 하거나 인권문제가 중요해도 지휘권 확립을 위해서 일단은 감수해야 한다고 주장한다면 결론은 나지 않는다.

그렇다면 객관적 검증은 어떻게 할 것인가? 국가인권위원회나 군 옴부즈만(국방감독관)과 같은 중립적 기구(국가조직이나 독립적인 조직)에 의한 정기적인 군 인권 및 지휘권 운영 실태조사가 이루어지고 그러한 실태조사결과가 어느 정도 축적되어 간다면 인권과 지휘권의 상관관계 등에 관한 객관적 자료들을 확보할 수 있을 것이다. 스웨덴, 독일에서도 옴부즈만의 역할은 정확한 실태파악에 우선 초점이 맞추어져 있다.

그런데 여기에서 또 하나 던져보고 싶은 의문은 인권과 지휘권을 대립되는 개념으로 설정하는 논쟁구도가 올바른 것인지 하는 점이다. 인권, 즉 군인의 권리와 비교형량되는 것은 지휘권이 아니라 군의 기능적 적합성 확보요청(= 헌법에 의해 부여된 군 본연의 임무수행에 장애가 없는 상태)이라고 해야 할 것이다. 지휘권은 군이 본연의 임무를 수행하는 데 필요한 한 요소일 뿐이다. 군인의 권리를 제한하려면 군인의 권리행사로 인해 군이 본연의 임무(작전 및 훈련)를 수행하는 데 중대한 장애가 발생하는지를 적절히 비교형량하는 자세가 필요하다. 그러한 비교형량에서는 단순히 '군의 특수성'이라는 모호한 근거가 아니라 군의 임무 중 구체적으로

격 등) 때문이라면 자살률이 오히려 사회 보다 낮다는 국방부 측의 주장에 대해 일정 정도 동의할 수 있다. 그러나 반면 표면적인 이유는 그러해도 결국 군대에서의 자살은 구타 등으로 인한 복무부적응이라는 단일한 이유로 귀결된다면 얘기는 달라진다.

어떠한 부분이 기본권 제한을 정당화하는 것인지를 분명하게 제시해야 한다.

그런데 군대 훈련과 작전은 일반적으로 인권의 문제와 큰 관련이 없다. 충실하게 그리고 군사작전의 이론에 입각하여 훈련과 작전을 시행하면 될 뿐 그기에 무슨 인권을 침해할 요소가 개입할 여지는 거의 없다. 작전과 관련하여 인권의 문제가 붉어지는 것은 훈련이나 작전과정에서 지나친 제재가 행해진다거나, 작전수행 상 무리한 조치가 취해진다거나 하는 때 등 매우 제한적인 경우로 한정된다. 반면 군대에서의 인권침해는 군의 직무 이외의 사적 생활이 이루어는 시간과 공간에서 주로 나타난다.[18]

3. 현실의 문제: 군대에서의 법치주의 확립 가능성

사회의 민주화로 국민 각 개인의 권리, 인권의식이 전반적으로 깊어지면서 군대에서의 인권을 얘기할 수 있는 사회적 환경은 우리사회에서도 어느 정도 갖추어지기 시작했다. 군인을 제복을 입은 시민(Citizen in Uniform)으로 이해하는 유럽의 일반적인 분위기에 우리사회도 한 발 다가서고 있는 셈이다. 한편 군인의 인권(권리)을 논의할 때에는 직업군인의 인권과 의무복무 중인 자의 인권을 구분해서 정리할 필요가 있다. 현재 시급하게 다루어야 할 부분은 후자이지만 전자의 문제도 중요하게 다루어져야 한다.

---

18) 송기춘, 「병영문화 개선의 전제와 과제」, 국회인권포럼/인권실천시민연대 공동개최 토론회 자료집, 『군 인권문제, 어떻게 풀어갈 것인가』, 2005. 7. 5자, 15-16쪽.

그러나 아직까지 군사행정은 특별권력관계론이 여전히 위력을 발휘하는 거의 유일한 영역으로 통한다. 과거 교도소, 학교, 일반 공무원 복무관계 등이 특별권력관계론에 의해 정당화되었으나 현재는 대부분 법률에 의해 규율되고 있는 실정이다. 다만, 아직까지 법적 규율이 부족한 부분이 일반 공무원의 복무관계와 군인의 권리·의무관계이다. 특히 현행 군인사법 제47조의2는 군인의 복무에 관한 것을 대통령령에 위임하고 있고, 대통령령인 군복무규율은 군인의 내부생활에 관한 규율을 국방부장관·각 군 참모총장이 정하도록 하고 있다. 군인의 기본권을 법률의 근거 없이도 얼마든지 제한할 수 있게 되어 있는 구조라 하겠다.

"군의 특수성을 감안할 때 국민의 기본적 권리에 대한 부분적 제한이 불가피하다는 입장"(군)에 대해서는 어느 정도 동의할 수 있다. 그러나 문제는 다시 '군의 특수성'이 무엇이며, '부분적 제한'이라고 할 때 그것의 범위와 방법은 어떠한가 하는 것이다. '제복을 입은 시민'으로서 군인을 바라본다는 것은 군일을 다른 모든 시민과 똑같이 기본권의 주체로 인정하되, 군인의 권리는 군 임무 수행의 필요성의 범위 내에서(비례원칙) 법률적으로 근거 지워진 그의 의무를 통하여 제한한다(법률의 유보원리)는 뜻이 되겠다. 그렇게 실무를 운영하는 나라가 독일이다.[19] 우리도 그러한 독일의 실무를 실천할 수 있는 방법을 찾아야 한다.

최근에는 '군인의 법적 지위에 관한 법률'(군인법 혹은 군인기본법)을 제정해야 한다는 주장이 군 내외에서 제기되고 있다. 그러한 법률의 제정이 쉬운 일은 아니다. 다만, 앞으로 그러한 법률을 만

---

19) 독일 군인법 제6조 참조.

든다면 이미 존재하고 있는 교육법체계(교육기본법을 기본법으로 하고 초·중등교육법과 고등교육법을 별도로 제정)를 참고할 필요가 있다.

부사관 및 장교 이상의 직업군인들에 대한 법적 규율에서는 임무, 의무에 걸 맞는 적절한 권리보장체계 보장을 통해 장기적으로 우수한 인력을 군내부로 흡수하는 것이 주요관심사라면 병의 경우는 징병절차부터 병과배치, 전문적 정신상담 등 기본적 근무환경과 관련된 제반 권리를 보장하는 체제를 정비하는 일이 주요 논의 대상이 된다. 이러한 각각의 목적에 부합하는 법률을 만들자면 양자를 분리해서 규율하는 것이 옳다고 본다.

따라서 「군인의 법적 지위에 관한 법률」(가칭)을 군인기본법으로 제정하고, 장교·부사관을 대상으로 한 「군인사법」과 병장 이하의 의무군인을 대상으로 한 「의무군인의 지위와 권리·의무에 관한 법률」로 이원화하여 법제화한다면 의무군인과 직업군인에 각각 접합한 법률을 제정할 수 있을 것이다. 또한 「의무군인의 지위와 권리·의무에 관한 법률」은 현행 「병역법」과 통합하여 의무군인의 징집절차와 그들의 권리·의무에 대해 규율하면 될 것이다. 그리고 이참에 징병절차도 대폭 개혁해야 한다. 징병절차 단계에서 복무부적응 인물을 사전에 추려내는 합리적 방안이 법률에 규정되어야 하는데 쉬운 일은 아니다. 외국의 입법례를 충실하게 조사하고 우리 실정에 맞는 징병절차의 개발과 입법화를 위해 많은 노력을 기울여야 한다.[20] 그밖에 제대군인에 대해서는 '국가유공자 등 예우

20) 현행 징병검사 제도 하에서는 장정의 복무 부적응 여부가 제대로 판별되기 어렵다. 또한 입대 이후 병사의 부적응 상태가 드러났을 때 취

및 지원에 관한 법률에서 분리하여 「제대군인지원법」으로 규율하는 것이 타당하다.

4. 법적 규율을 한다면 무엇부터 해야 하는가?

1. 군인의 법적 지위에 관한 법률과 같은 군인기본법을 제정한다고 했을 때 제일 중요하게 다루어질 사안은 역시 군인의 권리목록을 만드는 일이다. 그러나 이 일은 생각만큼 쉽지는 않아 보인다. 따라서 방법론적으로는 군인의 (실체적) 권리목록을 만드는 일에 앞서 그러한 권리들을 관철시키는 절차를 먼저 정비하는 것도 고려해 볼 만하다(군인권리의 절차법적 보장의 우선성). 어떠어떠한 권리를 보장한다고 명문화하는 것도 중요하지만, 지금의 법제도 하에서 이미 주장할 수 있는 권리라도 제대로 보장하는 제도 개혁

해져야 할 복무부적합 판정 조치도 절차가 복잡하고 까다로운 데다 자칫하면 병역 비리 의혹을 살 수 있다는 점에서 적극적으로 시행되지 못하고 있다. 그 결과 실제로 도저히 복무가 불가능한 장병인데도 불구하고 이러한 제도적 한계로 인해 본인과 부대 모두 고통과 부담을 안은 채 그대로 복무하는 경우가 자주 있다고 한다. 김광식 박사는 "장정의 복무 부적응 여부를 가려낼 수 있도록 징병검사를 보완하는 문제는 중기적으로 풀어나가야겠지만, 복무부적합 판정 절차의 합리적 개선은 훨씬 용이하다. 이미 군사령부 차원에서 사단 단위로 판정 주체를 변경하는 문제가 검토되고 있거니와, 판정 과정에 해당 중·소대장의 의견 반영 비중을 높이고 해당 전문의의 소견을 반영토록 하면 비교적 신속하고도 공정하게 절차가 이루어질 수 있을 것으로 본다."고 지적하고 있다. 김광식, 「병영문화 개선 논의의 추이와 과제」, 국회인권포럼/인권실천시민연대 공동개최 토론회 자료집, 『군 인권문제, 어떻게 풀어갈 것인가』, 2005. 7. 5자, 57-58쪽.

이 급선무이다. 예컨대 모든 국민은 물론 외국인에게도 보장되는 헌법 제10조 상의 '인간으로서의 존엄과 가치, 행복추구권'에 따르면 군인에게도 당연히 인간으로서의 존엄을 유지할 권리가 보장된다. 이러한 권리를 어떻게 실질적으로 보장해 줄 것인가에 대해 고민해야 한다. 또 다른 예로는 군인의 신체적 자유를 자의적으로 제한하는 제도(영창제도 등)의 개혁을 들 수 있겠다. 따라서 "어느 수준까지 장병의 권리를 보장하는 것이 적절한"[21] 지에 대해서는 그것대로 고민하되, 현재 주장할 수 있는 권리라도 제대로 실현할 수 있는 제도적 장치가 중요하다.

재판청구권, 청원권 등에 대한 실효적 보장도 매우 중요하고 시급한 일 중의 하나다. 이와 관련해서 꼭 짚어보고 넘어가야 할 것이 군 사법제도 개혁이다. 그간 군 사법제도 개혁을 위한 충분한 연구와 검토가 있었다. 현재는 사법개혁추진위원회가 모범법안을 만들어 제시하고 있는데, 이 안에 의거하여 2005년 9월의 정기국회에 군 사법제도 개혁을 위한 각종 관련 법안이 제출될 예정이다. 인권보장을 위해서는 인권을 침해하는 행위들을 사전에 차단할 사전예방·교육이 매우 중요하나, 보충적으로 사후처벌 체제의 정비도 동시에 이루어져야 한다. 그러한 사후처벌이 군 지휘관의 지휘권 논리에 의해 좌지우지 되면 인권의 관점은 후퇴할 수 있다는 사실에 유의해야 한다.

---

21) 많은 이들이 군인의 인권보장을 얘기할 때 "어느 수준까지 장병의 권리를 보장해야 하느냐" 식으로 접근한다. 그러나 이런 식의 접근은 군인을 피동적인 보호대상으로 보게 되는 오류를 범할 수 있다.

2. 군인인권의 보장을 위해서는 군 옴부즈만 제도의 도입이 꼭 필요하다. 50년 동안 외부 통제가 거의 전무한 조직이 군이었다. 외부통제가 없다면 내부통제도 제대로 기능할 수 없다.[22) 외부통제제도를 확립하고 내부통제제도와 외부통제제도가 유기적으로 연계될 수 있도록 제도설계를 하는 것이 군인 인권보장에서는 중요한데 이를 위해 군 옴부즈만을 설치하는 방안을 고려해 볼 수 있는 것이다. 그러한 길이 아니라면 「국가인권위원회법」을 개정하여 이 기구로 하여금 군인 인권 실태를 점검, 통제할 수 있도록 해야 한다.

3. 명백히 위법한 명령에 대해 불복할 수 있도록 군형법을 개정해야 한다. 인분사건에서 드러난 것과 같은 범죄가 되는 명령 정도가 아니더라도 불복할 수 있어야 한다. 외국의 사례를 보면 내무반 바닥을 칫솔로 청소하라고 한 것은 '인간의 존엄성에 반하는 명령'이므로 불복할 수 있다고 한 예가 있다. 독일에서는 상관의 명령이 좋은 의도 하에서 나온 것이라고 하더라도 (법적) 한계를 넘으면 징계의 대상이 된다.

'인간의 존엄에 반하는 명령'을 유형화하여 교육·전파·숙지시키고 그에 대해서는 불복할 수 있게 해야 한다. 정당하지 않은 명령에 대해 하급자가 불복하고자 하는 경우에는 법무장교들이 도와줄 수 있도록

---

22) 독일의 경우에는 해마다 약 5,000~10,000건 정도의 청원이 국방감독관(군 옴부즈만)에게 제기된다. 또한 6,000건 정도의 군 내부 소원(訴願)이 제기되는데, 국방감독관에 대한 청원과 군 내부의 소원제도는 서로 유기적으로 연계되어 운영되고 있다. 자세한 통계는 국방감독관의 2005년도 Jahresbericht(BT-Druchs.16/850), 61쪽 이하를 참고.

제도 설계를 해야 한다. 혹은 독일식 중개위원(Vertrauensmann)[23] 제도를 벤치마킹하여 이들 중개위원들의 조력 하에 위법한 명령에 대해 이의를 제기하는 제도를 구상할 수도 있다. 독일식 중개위원제도는 독일법제에 독특한 참여제도(노동자의 경영참여제도 등)에서 유래한 것이지만 우리 현실에 맞게 도입을 검토해 볼 수 있다. 독일식 중개위원제는 현재 한국군에서 실시하고 있는 계급·계층별 간담회제도와는 차원이 다르다. 독일군 내의 중개위원들도 지휘관의 작전권한에 대해서 개입하는 것은 아니다. 그들이 문제제기할 수 있는 것은 지휘관의 행정(예. 잘못된 인사행정)작용에 한정되어 있다. 작전과 행정을 분리하는 체계 하에서는 도입이 가능한 제도라 할 수 있다.

4. 정치적 자유(근무 시간 외의 정치활동, 집회·결사참여, 정당가입, 선거입후보, 직업군인의 경우 노조 결성권 등)는 일반 공무원법상의 제도설계에 맞추어서 논의하면 된다.

5. 안전하게 복무할 권리를 보장하는 것도 매우 중요하다.[24] 장병의 안전을 보장하기 위해서는 위험한 장비를 취급하는 장병들을 보호하는 매뉴얼이 있는지 우선 점검해야 한다. 또한 제대 후에 발

---

23) Vertrauensmann, Vertrauensperson을 직역하면 '신뢰관계에 있는 자'가 되는데, 우리 현행법에도 '신뢰관계에 있는 자'에 대해 규정하고 있는 경우가 있다. 「성폭력범죄의처벌및피해자보호등에관한법률」 제22조의3 (신뢰관계에 있는 자등의 동석).

24) "국민의 자유와 권리는 헌법에 열거되지 아니한 이유로 경시되지 아니한다."는 헌법 제37조 제1항에 근거하여 이러한 권리들을 인정할 수 있다.

병한 자에 대해서도 군대에서의 업무와 인과관계를 폭넓게 인정하여 치료 및 보상하는 법제도를 마련할 필요가 있다.

6. 규율, 훈육, 징계에 관한 각종 규정, 제도들을 전반적으로 재검토하여 법제화할 수 있는 부분을 가려내는 작업을 하여야 한다. 현재의 군 인사법에서 징계부분을 분리 독립시켜 별도로 군 징계법을 제정해야 한다. 군 징계법에서는 징계요건을 법정하고, 징계권자를 제한하고(입창처분은 현재 중대장도 할 수 있음), 징계절차를 보다 구체화하고, 징계요건확정과 징계종류의 선택에서의 재량을 줄일 수 있는 방법을 강구해야 한다. 상관의 명령권한과 징계권을 제한하는 방법도 구체적으로 연구해야 한다. 한편현행 징계입창제도는 폐지하고 제도를 개선해야 한다. 군 징계법이 제정되면 당연히 군 형법과 군 징계법의 관계도 정리해야 한다. 군사질서위반법(가칭)을 제정하여 군 형법에 의해 과도하게 처벌하는 것을 재조정하는 것도 필요하다.

제4절 군인인권교육

1. 현재 한국군에 복무 중인 병사들의 지적 능력은 세계 그 어느 군대보다도 높다고 하겠다. 이러한 군인들에게 과거와 같은 방식의 훈육이나 교육은 타당하지 않다. 병사를 관리의 대상으로 보는 것도 잘못이다.

그러나 현실에서는 그런 일이 비일비재하고, 병사들이 그런 식의 훈육이나 교육 혹은 가혹행위를 당하게 되었을 때 대처할 수 있는 능력도 매우 낮은 듯하다. 병사들 상당수가 대학졸업 혹은 대학 재학 중 입대한 자임에도 불구하고 자기 권리에 대해 무지하며, 군대 내에서 발생하는 인권문제에 대한 해결 능력이 떨어지는 이유는 무엇인가?

그것은 군대라는 제도 그 자체가 안고 있는 문제때문이기도 하겠지만, 병사들의 낮은 인권의식(권리자각의식)에서 기인하기도 한다고 생각한다. 이러한 낮은 인권의식을 높이려면 무엇보다도 인권교육이 강화되어야 한다.

2. 그렇다면 그 교육은 어떻게 이루어져야 하는가? 이에 대해서는 병사와 간부로 나누어 생각해 볼 필요가 있다. 그런데 간부에 대한 '병사인권관련교육'은 현재 군 내부에서 이루어지고 있으나, 그 실효성은 극히 떨어지는 것으로 알려져 있다.

> 장교와 부사관 각각 11.6%, 28.3%가 병사인권에 관련된 교육을 전혀 받지 못한 것으로 나타났고 5회 미만 교육을 받은 장교와 부사관은 각각 67.4%, 70.8%였으며 인권교육 경험자의 79.3%는 인권교육 담당자가 정훈장교였다고 응답했다. 그러나 인권교육 횟수와 관련 문항을 교차분석한 결과 어떠한 의미 있는 상관관계를 발견하기 힘들었는데 이는 군대에서 이루어지는 간부대상 인권교육의 실효성에 의구심을 갖게 한다.[25)]

따라서 우리는 다른 방식의 간부인권교육을 설계해 볼 필요도

---

25) 한홍구 외, 『군대 내 인권상황 실태조사 및 개선방안 연구』, 국가인권위원회 연구용역보고서, 2005, 287쪽.

있다고 생각한다. 간부의 의식수준, 의지가 군대 내 인권문제 해결에 매우 '의미 있게' 작용하는 것이 분명한 이상, 효과 없는 교육을 대체할 새로운 교육방식과 채널이 마련되어야 한다.

그러한 채널의 하나로 토론자는 또한 군대와 대학의 연계를 강조하고 싶다. 즉, 간부교육을 담당하는 각종 사관학교의 교과과정에서 인권교육의 중요성을 계속 얘기해야 하겠지만, 그것은 그것대로 하고, 교육부가 개입하여 학군무관(학군사관+학군부사관)에 대한 인권교육을 실시해야 한다. 예컨대 학군사관(ROTC) 후보생 교육과정이 만들어져 있는 대학별로 군인인권을 중심으로 한 '인권법 강좌'를 개발하여, 이를 학군사관의 교육과정 내에서 시행하도록 하는 것도 한 방안이 되리라고 본다.

또한 학군사관 외에 학군부사관 후보생 교육과정에도 동일한 강좌를 개발하여 실시하도록 한다. 실제로 군에서는 부사관의 역할이 매우 중요하므로 이 과정에 대한 인권교육도 결코 등한시 할 수 없다. 다만, 부사관의 경우 전문대학이나 실업계고등학교에서 이들을 대상으로 인권교육을 실시하기가 쉽지 않으므로 대학에서의 교육방식과는 다른 방식을 연구해보아야 할 것이다.

학생군사교육실시령

제3조 (교육대상자) 제2조의 규정에 의한 학군무관후보생과정의 교육대상자는 다음 각호와 같다.

1. 학군사관후보생과정의 교육대상자의 범위는 대학·교육대학 및 사범대학의 제2학년까지의 소정의 교육과정을 이수한 재학생으로서 지원에 의하여 선발된 자로 한다. 다만, 항해과·기관과·어업학과 또는 어로학과에 재학하는 학생의 경우에는 제1학년에 재학하는 자로서 지원에 의하여 선발된 자를 그 대상으로 할 수 있다.

2. 학군부사관후보생과정의 교육대상자의 범위는 교육인적자원부장관이 국방부장관과 협의하여 정하는 전문대학 및 실업계고등학교의 제1학년에 재학하는 자로서 지원에 의하여 선발된 자로 한다.

제4조 (군사교육의 주관)

① 군사교육은 교육인적자원부장관이 국방부장관과 협의하여 주관하고, 제3조의 규정에 의한 학교의 장이 학칙이 정하는 바에 의하여 이를 실시한다. (밑줄은 저자)

※ 위 시행령의 모법은 병역법 제57조이다.

병역법 제57조 (학생군사교육등)

① 고등학교 이상의 학교에 재학하는 학생에 대하여는 대통령령이 정하는 바에 따라 일반군사교육을 실시할 수 있으며, 그 군사교육을 받은 사람에 대하여는 현역병(제21조·제24조 및 제25조의 규정에 의하여 복무중인 사람을 포함한다) 또는 공익근무요원의 복무기간을 단축할 수 있다.

3. 이와는 별도로 병사에 대한 인권교육의 채널도 다양화 할 필요가 있다. 여기서도 새로운 채널로 대학과 군의 연계를 강조하고 싶다. 구체적으로 대학 내에 '입영자를 위한 예비학교' 및 '전역자를 위한 복학전 준비학교' 등을 설치하도록 교육부가 지원하는 방안을 조심스럽게 제안해본다.

'예비학교'에서는 입영절차에 대한 교육 및 '병역의무 이행이 적합하지 않을 수 있는' 대학생에 대한 상담, 군대생활과 인권에 대한 교육 및 군대생활에 대한 사전예비지식전달(전역병이 참여하여 도움을 줄 수도 있을 것임) 등을 행할 수 있으며, '준비학교'에서는 전역 후 복학이전의 학생들에 대한 학습지원 및 '폭력경험'에 대한 치유과정 같은 것을 제공하여, 군복무자들이 느끼는 상대적 박탈감[26]을 어느 정도 상쇄해주며 군대에서의 폭력 혹은 '불합리한 상황' 경험이 사회로 이전되지 않도록 도울 수 있을 것이다.

26) 군가산제가 없어진 후 군복무자들이 박탈감을 느끼고 있는 것으로 알고 있다. 실제로 공무원시험 등에서 최근 여성들의 약진이 눈에 띄는 것은 사실이다.

제6장
국가의 군인인권보호의무 : 군대 내 구타, 가혹행위 사례를 중심으로*

제1절 군대: 인권의 사각지대

1. 현재 대한민국 군대 내에서는 해마다 장병들(병사와 초급장교를 지칭하는 표현으로 사용함)이 이러저러한 이유로 죽어나가는 일이 끊이지 않고 있다. 공식적으로 매년 800명 이상씩 죽어나갔던 1980년대와 비교할 때 군 복무와 관련한 사망자 수가 요즘 들어 줄어들고 있는 점은 주목할 만하지만 여전히 100명이 넘는 장병들이 매년 군 복무와 관련하여 사망한다는 것은 결코 간과할 수 없다.

수치로 나타나는 사망자 수도 문제이지만 더 큰 문제는 사망자

---

* 이 글은 「군대 내 구타 가혹행위 및 그로 인한 사고를 방지하기 위한 법적 제도적 방안에 관한 연구」, 『민주법학』, 제23호, 2003년, 285-317쪽에 기고한 논문을 가필한 것임.

중 이른바 자살자의 자살 이유 혹은 동기이다. 전체 자살자 수는 줄고 있지만 자살자 중 구타, 복무염증, 처벌우려 등 부대 내 문제로 인해 자살하는 자들의 비율은 오히려 늘어나고 있다. 이러한 통계는 군인의 인권과 관련하여 매우 우려할 만한 일이 군대 내에서 여전히 발생하고 있다는 사실을 간접적으로 드러낸다.

군대 내 사망, 혹은 군 복무 중 사망사건은 과거에도 있었다. 더하면 더했지 지금보다 상황이 좋지는 않았다. 그럼에도 불구하고 최근에야 이 문제가 본격적으로 논의되기 시작했다는 것은 우리 사회의 인권지수를 가늠케 한다. 어쨌건 늦었지만 지금부터라도 이 문제가 갖는 인권적 의의를 충분히 인식하고 대응방안을 강구하는 노력이 경주되어야 하리라고 본다.

2. 군대 내에서 혹은 군 복무 중에 장병이 사망하는 원인은 대략 세 가지 정도로 정리할 수 있다. (자연사는 제외한다.) 첫째 안전사고로 인한 사망이다. 차량, 항공, 폭발, 추락, 익사, 화재 사고 등으로 인한 사망을 군은 안전사고로 분류하고 있다. 그러나 이상의 유형에 속하지 않는 안전사고와 그로 인한 사망도 다수 존재할 것으로 본다. 둘째 구타, 폭행, 가혹행위로 인한 사망을 들 수 있다. 셋째 개인신상문제 혹은 복무에 대한 불만이 동기가 되어 일어나는 자살이다. 이 두 번째와 세 번째 사망을 군은 군기사고로 일괄하여 묶고 있다.[1]

---

1) 군대 내에서는 폭행사고가 발생하면 피해자도 처벌되는 경우가 많다. 피해자를 원인제공자로 바라보는 시각에서 이러한 판단이 내려진다. 이와 같은 시각의 연장선상에서 군은 자살을 군기사고의 한 유형으로 분류하고 있다. 자살을 독자적인 사망원인으로 분류하여 그 자살의 원

이 연구에서 관심을 둔 부분은 두 번째와 세 번째 사망이다. 두 번째와 세 번째 유형에 해당하는 죽음이 발생하는 이유는 크게 장병 개인적인 문제와 군 자체 문제로 나누어 볼 수 있다. 군 자체 문제는 다른 말로 군 내부에서 구타와 가혹행위가 존속할 수밖에 없는 군 구조상의 문제라고 하겠다. 그런 구조적 문제가 과거는 물론 인권국가를 표방하고 있는 현정부 하에서도 사라지지 않는 이유는 무엇일까? 크게 두 가지 이유를 생각해 볼 수 있다. 구타와 가혹행위를 사전에 예방하는 프로그램이 부족한 것이 그 한 이유가 되겠고, 구타와 가혹행위로 인한 불의의 사고에 대해 공정하고 독립적으로 조사·수사하고 처벌하는 시스템이 구축되어 있지 않는 것이 또 다른 이유가 되겠다. 잘못된 관행과 행위, 구타와 가혹행위와 같은 범죄행위가 사전에 제지되지 않고 또한 사후에도 제대로 처벌되지 않는 곳에서 잘못은 되풀이 될 수밖에 없다.

구타와 가혹행위, 그리고 그것이 직접적, 간접적 이유가 된 죽음을 국가는 사전에 예방하고 사후에라도 그 행위자, 행위의 원인을 밝혀내야 한다. 이것은 군 조직의 생리와 논리를 들어서라도 부인할 수 없는 국가의 임무이다. 군대를 인권사각지대로 방치해두는 한 인권국가의 실현은 불가능하다.

군대 내에서의 폭력경험이 이후 사회에서의 폭력행사로 이어진다고도 한다. 그러한 사실을 직시한다면 군 폭력 및 그로 인한 상해·사망사고(군 의문사를 포함하여) 문제는 군대 내의 인권은 물론

인을 자세히 분석하는 시도는 하지 않고, 자살을 뭉뚱그려 군기사고의 한 유형으로 분류, 통계 처리하는 발상을 갖고 있는 한 군이 자살문제에 효과적으로 대처하기란 어려워 보인다.

우리 사회 전체의 인권과 관련해서도 매우 중요한 사안임을 알 수 있다. 이 연구에서는 바로 이러한 중대한 인권사안을 해결할 방법을 찾아보고자 한다.

제2절 국가의 군인인권보호의무와 군인의 인권

군인도 국민의 한 사람이고 당연히 헌법에 보장된 기본권의 주체이다. 그러나 그간 대한민국의 국가는 군인을 다른 시민과 마찬가지로 헌법에 보장된 기본권 주체, 제복을 입은 시민(Citizen in uniform)으로 인정한 것이 아니라 군인정신과 복무규율에 따라 관리·통제해야 할 전투력으로만 보아왔다.

헌법 제10조에 따르면 국가는 국민의 기본적 인권을 확인하고 보장할 의무를 지고 있다. 군인도 당연히 그 국민에 속한다. 그렇다면 이제까지 국가는 국민의 한 사람인 군인의 인권보장을 위해 자신의 의무를 다해왔던가? 사실 과거에는 이런 식의 질문을 던지는 것조차 허용되지 않았다. 그리고 그것은 군대라는 특수한 조직의 생리상 당연한 것으로 받아들여졌다. 그러나 이제는 군대의 논리와 함께 군인의 인권도 생각해야 할 때가 되었다. 물론 군대와 군인의 처한 모순적 상황을 - 군대는 민주주의 사회 속에 편입되어 있는 비민주적인 조직이며 군대가 처한 그러한 모순적 상황은 군인의 지위에도 그대로 반영되어 있다[2] - 해결하는 것은 쉬운 일이 아니다. 그러기에 그 딜레마를 해결하는 원리의 선택은 1차적으로

2) 水島朝穂, 現代軍事法制の研究, 日本評論社, 2000, 79쪽 참고.

입법자의 맡겨져 있지만, 반면 그 선택은 헌법의 제한을 받는다.

1. 군대의 논리와 현행군사행정의 특징

사회의 민주화가 진행되면서 불법체포 및 고문에 의한 수사 등 과거 군사독재 시기에 전형적이었던 인권침해사례들이 많이 줄어들고 있고 국민들의 인권의식도 높아지고 있다. 그러나 여전히 인권의 사각지대로 남아 있는 영역이 있으니 군대와 교도소가 그 대표적인 예이다. 특히 군대의 경우 그 내부에서 일어나는 문제에 대해 외부의 통제가 거의 미치지 못하는 영역의 대명사로 남아 있다.[3] 군대와 사회의 괴리, 대립은 현행 군사행정에도 다음과 같이 고스란히 반영되어 있다.

첫째, 군사행정분야에서는 법률에 의한 행정이 관철되지 않는다. 국방부 관료, 군 지휘부의 의사는 법보다 더 중요하다. 지휘관들은 법과 법치행정에 대해서는 전혀 무관심하거나 형식적으로만 법을 준수한다. 또한 설사 법규정이 있다고 하더라도 그 규정들이 지나치게 포괄적이고 불확정적이어서 지휘관들은 대단한 재량권을 행사할 수 있다.[4]

---

3) 군대란 기본적으로 사회와 차단, 격리되어 있는 조직이다. 일반적으로 군대가 사회로부터 분리되는 원인으로 ① 군대생활의 사회적 고립성 ② 군대생활의 규율성 ③ 군대생활의 단체성과 사회생활의 자유성 ④ 의무병역과 사회적 직업과의 괴리 ⑤ 군대의 사회관과 사회의 군대관의 대립 등이 거론된다. 水島朝穗, 앞의 책, 79쪽.

4) 예를 들어 군인사법 제56조에 의하면 "군인으로서 군율에 위반해 군풍기를 문란하게 하거나 그 본분에 배치되는 행위를 한 자"를 징계할 수 있게 되어 있지만, 똑같은 일을 해도 영창에 가는 병사가 있고 포상휴

둘째, 군은 원래부터가 법보다는 명령을 앞세우는 조직이지만 한국군의 경우 이러한 경향이 지나치게 강하여 상하 조직간의 의사소통이 제대로 되지 않는다. 명령에 대한 복종은 일반 형법보다 강력한 군형법 등에 의해 강요된다. 제재권한에 의해 뒷받침되는 강력한 명령권과 이를 행사하는 상급자의 존재로 인해 군 내부에서 문제가 발생해도 이를 해결할 시스템이 제때에 작동하지 않는다. 또한 상급자와 하급자를 연결하는 고리가 전혀 없다. 상급자는 하급자의 의견을 일방적으로 수용하거나 거부하는 경우가 대부분이다. 반면 상급자와 하급자가 함께 의견을 형성한다든지, 하급자의 의견과 상급자의 의견이 경합할 수 있는 경우는 찾아보기 힘들다. 하사관(부사관)이라 불리는 중간 관리층이 군조직에서 행하는 역할은 매우 제한되어 있다. 한국군의 운영에서 하급자의 참여라는 요소는 전혀 제도화되어 있지 않다.[5)]

가를 받는 병사가 있다. 영창에 보내고 안 보내고가 전적으로 지휘관의 재량에 맡겨져 있기 때문이다. 한겨레21, 특집기사 「살 떨리는 말 "너 영창 갈래?"」, 2003년 1월 15일자 제443호, 17쪽.

5) 반면 독일 연방군대에는 노동자들의 경영참여와 유사한 이른바 군인참여가 제도화되어 있다. 하사관과 병사 그리고 장교는 각각의 직역에서 각 1명의 중개위원(Vertrauensmann)을 선출한다. 이들 중개위원들은 일상적인 부대운영에 대해 영향력을 행사한다. 그들은 부대 내 직무수행 및 직무 외 공동생활 등의 문제와 관련하여 당해 상관에 대하여 제안을 할 권리를 갖는다. 이 제안에 대한 상관 측의 처리에 대해서도 자세하게 규율되어 있다. 이들의 권한 혹은 역할 중 특히 중요한 부분은 자신들을 중개위원으로 선발해준 장병들과 상급자 사이에서 중개자 역할을 하는 것이다(독일 군인법 제35조 4항). 예를 들어 부대의 장은 장병에게 상훈(賞勳)을 수여하거나 징계조치를 취하려면 반드시 그 전에 중개위원의 의견을 듣도록 되어 있다. 중개위원제도는 중대급 이상의 모든 단위부대에서 실시되고 있다. 네덜란드에도 이와 유사한 제도가

셋째, 사회에서의 변화를 수용하지 않은 채 군은 지나치게 군 조직의 생리 혹은 논리만을 강조하는 하는 경우가 많다. 이러한 측면은 폭행사고 및 그와 관련된 사망사고의 처리에서도 그대로 드러난다. '구타 및 가혹행위 근절지침'(국방부훈령 제463호) 및 '육군 시행지침'(국방부훈령 제463호)에 따르면 폭행사고가 발생하면 가해자는 물론이고 피해자도 원인을 제공한 것으로 밝혀지면 사법처리 되거나 징계를 받는다. 나아가 당직 근무자에서 그 부대의 최고 지휘관에 이르기까지 지휘책임을 물어 처벌한다. 더욱이 관련사고로 인한 사망사고 발생한 부대에 대해서는 조사결과에 따라 장관급 지휘관에게 상당한 제재가 가해진다. 이러한 집단책임추궁주의는 결국 폭행사고 및 관련사고 처리에서의 비밀주의를 낳게 된다. 즉 집단적으로 책임을 추궁 당할 것을 우려하여 하부조직에서 자체적으로 사고를 은폐하거나 경미하게 처벌 또는 무마시키는 경우가 발생하기도 한다.[6]

넷째, 한국군은 사법권의 행사와 군 지휘권을 연계시키는 과거의 전통을 여전히 답습하고 있다. 지휘관이 행사하는 군 사법권은 근대 초기에 유럽 각국에서 상비군이 창설되면서부터 본격적으로 등장한 것이다. 과거 군국주의 시대의 국가들은 사법권의 행사와 군 지휘권을 연계시키고 있었다. 즉 지휘권을 가진 자만이 재판권을 행사하도록 했다. 그러나 이러한 과거의 법 원리는 오늘날 대부분의 국가에서 극복되었다. 유독 한국 등 일부의 나라에서만 과거

있다.

6) 진준두, 『육군의 폭행사고 실태와 예방대책에 관한 연구』, 동국대 행정대학원 석사학위논문, 1997, 18쪽. 결국 이는 제2, 제3의 강력사고를 유발시키는 원인이 되기도 한다. 진준두, 같은 쪽.

의 법 원리가 그대로 유지되고 있다.[7)]

2. 군인인권의 현실

사회의 가치관으로부터 괴리되어 있고, 법치주의 원리에서 벗어나 있는 군사행정 혹은 군 조직의 특성들은 군인의 인권상황에도 그대로 반영되어 있다.

첫째, 군인은 특별권력관계에 놓여있기 때문에 법률에 의거하지 않고도 기본권을 제한할 수 있다는 논리가 예나 지금이나 관철되고 있다. “기본권을 제한할 때에는 반드시 법률에 의거해서 하라”는 헌법의 원칙은 군대행정에서는 전혀 지켜지지 않고 있다. 그런데 외국의 예를 보면 군인은 특별권력관계에 있는 자이기 때문에 법률의 근거 없이도 권리를 제한할 수 있다는 식의 논리는 오늘날 거의 인정되지 않는다. 일례로 유럽연합(EU) 국가 중 군인의 권리를 특별권력관계론에 입각하여 설명하거나 정당화하는 나라는 없다. 유럽연합의 회원국들은 군인의 권리를 제한하기 위해서는 반드시 법률의 근거가 있어야 한다는 입장을 취하고 있다.[8)] 반면 한

7) 민주적이고 평화적인 헌법체제 하에서는 군에 의한 경찰권·사법권 행사가 철저히 부정된다. 패전 후 평화헌법체제를 받아들인 독일과 일본에는 군사법원제도 자체가 없다. 독일과 달리 일본은 군대가 아예 없으므로 군사법원제도는 처음부터 생각할 여지가 없다. 독일은 1955년 이후 연방군을 보유하고 있지만 독일군 내에는 군 징계법원만 있을 뿐 한국식의 군사법원은 없다.

8) Georg Nolte, “Europäische Wehrrechtssysteme als Ausgangspunkte für europäische Streitskräftestrukturen”, 2002년 10월 11-12일 양일간 뮌헨에서 개최된 2002년 독일 군사법학회 발표문 중에서. www.deutsches-

국군 내부에서는 특별권력관계론이 여전히 유지되고 있다. 그러다 보니 구타 등의 문제를 해결하기 위해 관련 법령을 정비하기보다는 훈령에 의존하여 그때그때 미봉책으로 대응한다.

둘째, 명령을 앞세우는 군대조직의 생리상 군에 소집된 이들은 훈련소 단계에서부터 명령과 복종에 길들여진다. 그들은 자신의 양심에 대한 책임을 다하라는 얘기를 듣는 것이 아니라 조직으로서 군에 복종하라는 교육을 되풀이해서 받는다. 또한 명령불복종이 이른바 징계입창(懲戒入倉)의 과반수를 차지할 정도로 한국군 내에서 명령복종의무의 이행은 매우 중요한 덕목으로 여겨지고 있다. 그러다 보니 대개의 장병들은 군기의 확립을 위해 별도의 다른 수단이 없다면 폭력의 사용은 당연하다는 생각을 자연스럽게 받아들이게 된다.

셋째, 지나친 비밀주의로 인해 장병들은 자신들이 고충을 외부로 표현할 수 있는 길을 차단 당하고 있다. 우리 헌법은 모든 국민에게 청원권을 보장하고 있고 국가는 청원을 심사할 수 있는 의무를 진다(헌법 제26조). 또한 누구든지 청원을 하였다는 이유로 차별대우를 받거나 불이익을 강요당하지 아니한다(청원법 제11조). 한편 징계처분을 받은 자는 당해 처분이 위법 또는 부당하다고 인정할 때에는 그 처분의 통지를 받은 날부터 30일 이내에 징계권자의 차상급 부대 또는 기관의 장(국방부장관이 징계권자인 경우에는 국방부장관)에게 항고할 수 있다(군인사법 제60조 1항). 그러나 이것은 법규정일 뿐이고 현실도 법규정대로 되리라고 믿는다면 오산이다.

---

wehrrecht.de/DtGfWuHV/MuenchenerTagung.htm 참고.

넷째, 지휘관이 행정권과 사법권을 아울러 갖게 됨으로써 군 사법권은 일종의 지휘체계확립을 위한 수단으로 전락한지 오래다. 지금까지 군 사법제도는 재판의 공정성보다는 군기확립을, 피고인 및 피해자의 인권보다는 지휘권 보장에 더 치중해 왔다. 이러한 현실은 군인에게도 보장된 재판청구권 등 군인에게 보장된 절차적 권리의 실현을 저해하였다.

3. 국가의 의무

독일에서는 군인의 지위가 군인의 법적 지위에 관한 법률(Gesetz über die Rechtsstellung des Soldaten. 줄여서 흔히 Soldatengesetz 즉 군인법이라 함) 등에 의해 구체화되고 있다. 주된 내용으로 ① 군인의 참정권 등 시민적 자유의 보장 ② 상관의 명령권한 및 징계권의 제한 ③ 군법회의의 폐지 ④ 근무와 여가의 분리 ⑤ 명령에 대한 심사권 ⑥ 군 옴부즈만 제도 ⑦ 중개위원(Vertrauensmann)의 참여 등을 들 수 있다.[9)]

독일 군인법 등에 규정되어 있는 내용들을 당장 우리 현실에 수용하기는 어려울 것이다. 그러나 그 규범들에 담겨있는 기본정신, 원리만큼은 - 군인도 자유와 권리의 주체인 국민의 한 사람이며, 군인에게도 일반국민과 같은 자유와 지위를 보장해야 한다 - 곧바로 수용해야한다. 헌법 제10조는 그러한 방향으로의 전환에서 그 출발점이 된다. 헌법 제10조는 인간의 존엄과 가치, 행복추구권을, 그리고 그와 같은 불가침의 기본적 인권을 확인하고 이를 보장할

9) 水島朝穗, 앞의 책, 81쪽.

국가의 의무를 규정하고 있다. 군인에게도 인간의 존엄과 가치, 행복추구권, 신체의 안전에 관한 권리가 보장된다는 사실을 확인하고 이를 실천하는 방안을 고려하는 것은 시급히 필요한 일이며, 또한 노력여하에 따라서는 이른 시일 안에 이 부분에 관한 가시적인 성과가 나타날 수 있다.10)

군인인권보호장치마련을 위해 가장 적극적으로 나서야 할 기관은 국회이다. 국회는 국민의 일원인 군인의 인권에 대해 더 이상 침묵해서는 안 된다. 입법부는 입법을 할 것인가 말 것인가에 관한 한 원칙적으로 재량권을 갖고 있다. 하지만 헌법 해석상 일정한 입법을 해야한다는 결론이 도출되는 상황에서도 국회가 입법재량권을 갖고 있는 것은 아니다. 그런 경우 국회의 재량권은 극도로 축소되거나 경우에 따라서는 영(零)으로 줄어들 수도 있다. 재량권이 극도로 축소되었거나 영으로 줄어들었음에도 불구하고 국회가 아무런 입법도 하지 않는다면 — 즉 입법부작위(立法不作爲)로 일관한다면 이는 기본권을 침해하는 공권력의 불행사로서 헌법소원심판의 대상이 된다. 한 해에 200명 가까운 장병들이 군복무와 관련하여 사망하고 1000명 가까운 장병들이 매년 정신질환에 시달리는 상황인데도 국회가 군인의 인권에 대해 침묵할 재량이 있다고 볼

---

10) 군사행정에서의 법치주의 실현, 군인의 권리확보를 '내세우게' 되면 지휘관의 권한이 그만큼 줄어 들 것이고, 지휘권의 약화는 군 전투력의 약화로 이어질 것이라는 우려도 제기될 수 있다. 그러나 그러한 우려가 실제로 근거가 있는지는 냉정히 따져 보아야 한다. 예를 들어 아무런 법적 통제 없이 때로는 지휘관의 자의적인 판단에 따라 주어지는 휴가제도와 법적으로 규율되는 휴가제도 중 어느 방식이 군의 사기와 전투력을 높이는지 비교해보는 것도 한 방법이다.

수는 없다. "국가는 개인이 가지는 불가침의 기본적 인권을 확인하고 이를 보장할 의무를 진다"(헌법 제10조 후문). 개인의 생명권, 신체와 정신의 완전성유지만큼 기본적인 인권은 없다. 이들 기본권이 침해되는 상황을 방치한다면 국가는 기본권 보장이라는 자신의 의무를 다하지 못한 것이 된다.

4. 구타, 가혹행위 및 그로 인한 사고방지를 위해 인정해야 할 권리들

군인법과 같은 법률이 제정되어야 인정될 수 있는 군인의 권리들도 있겠지만 현행법령의 적극적인 해석을 통해 인정할 수 있는 군인의 권리들도 있다. 특히 구타, 가혹행위 방지를 위해 지금이라도 적극적인 해석을 통해 주장해 볼 수 있는 권리들은 없을까?

이런 사례가 있다고 하자. A는 해군에 지원 입대하여 전투함에 배치되었다. 그런데 알고 보니 A는 멀미가 심하여 도저히 함정에 근무하기에 부적합한 자이다. 그런데도 지휘관은 A에게 전투함에서 계속 근무하기를 명하였고, A의 상급자는 함상생활에 잘 적응하지 못하는 A에게 계속해서 가혹행위를 가하고 있다. 이 경우 A가 자살의 충동을 이겨내면서 군 생활을 마칠 수 있게 하려면 아래에 설명한 정도의 권리들만큼은 해석상 인정되어야 한다. 권리가 법에 규정되어 있다고 해서 권리가 보장되는 것은 아니다. 그 권리를 행사할 수 있는 법적, 제도적 뒷받침이 마련되어야 한다. 또한 군인들이 제기할 법한 주장들을 권리로 인정하려는 적극적 해석이 필요하다.

1) 강화된 징병검사절차, 보직배정절차의 도입 및 그에 대응하는 권리의 인정

구타, 가혹행위 등 군대내 사고는 하급자를 괴롭히거나 구타하는 상급자와 따돌림을 당할 정도로 군 복무에 적응하지 못하는 하급자의 존재로부터 출발한다. 이런 자들을 사전에 가려내기 위해서는 지금 보다 강화된 징병검사절차를 도입할 필요가 있다. 이를 위해 다른 나라의 입법례를 참고하여 외국에서는 어떤 식으로 징집절차를 진행시키고 있는지 사례연구를 정확하게 해 볼 필요가 있다. 이들 연구를 바탕으로 군복무 부적격자(이상성격자, 난폭한 자, 적응력이 떨어지는 자 등)를 적극적으로 가려내어 군복무로부터 배제할 수 있는 징병검사절차를 만들어내야 한다.

현행 징병검사절차는 병사의 신상파악에서 실질적으로 중요한 징병대상자의 사회환경, 교육상태, 가정환경을 파악해내지 못하고 있다. 아무런 증빙자료 없이 단지 징집대상자의 진술서를 바탕으로 징병여부 판단을 하게 되어 있어 군복무에 부적절한 소지를 가진 사람을 사전에 찾아내기 어렵다. 또한 신체검사도 단순히 신체등급판단 및 엑스 선 촬영 정도로 그치고 있어 겉으로 드러나지 않지만 신병(身柄)문제가 있거나 허약한 체력을 가진 자를 가려내지 못하고 있다.[11] 징병절차가 부실하다는 것은 군 폭행사고를 방지할 가장 기초적인 안전장치가 빠져 있다는 뜻이다.[12] 따라서 앞으로는 법을 정비하여, 징집판정이 내려진 자에게 일정한 경우 증빙

11) 안현의 외, 『군 복무 부적응자 인권상황 실태조사』, 국가인권위원회 용역보고서, 2006 참고.
12) 진준두, 앞의 논문, 35쪽 참고.

서류를 갖추어 자신을 군복무 부적격자로 판정해 줄 것을 청구할 수 있는 권리를 부여해야 한다.

한편 과거에 비해 입대시 사회에서의 전공 및 적성을 고려하여 보직을 부여하는 경우가 많아졌지만 병사의 적성에 맞는 보직수가 제한되어 있어 모든 이에게 적절한 보직이 부여되는 것은 현실적으로 불가능하다. 보직에 대한 불만 혹은 갈등이 군 폭행사고의 주된 이유 중 하나라는 사실을[13] 상기한다면 적어도 보직배정절차만큼은 개선해야한다. 징집된 병사에 대해서는 세밀한 신상파악을 근거로 정확한 병과를 부여해야하며, 병사에게는 병과부여과정에서 재량이 흠 없이 행사되었는지를 문의할 권리를 부여해야 한다. 이런 권리를 인정하는 것은 결국 행정법에서 말하는 일종의 무하자재량행사청구권(無瑕疵裁量行使請求權)을 군사행정법에서 구체화하는 것이 될 것이다.

2) 전문적 정신상담 청구권, 근무지 재배치청구권

군 생활에 적응하지 못하는 병사들[14]이 자살, 탈영 등 극단적 행위를 하지 않도록 사전에 예방하기 위한 프로그램을 강화해야 한다. 이를 위해 적응력이 떨어지는 병사들을 사전에 발견하여 상담할 전문인력(특히 정신과 전문의인 군의관, 군목, 주임원사, 인사장교)을 충분히 배치해야 한다. 과도한 얼차려, 기합, 비밀리에 이루

---

13) 진준두, 앞의 논문, 36쪽.

14) 2001년 국정감사자료집, 국방위원회, 38쪽에 따르면 2000년 9월부터 2001년 7월까지 '공식적'으로 집계된 정신질환자 수는 955명이다. 군대라는 특수한 조직의 현실을 고려하면 실제 정신질환자 수는 이 수치보다 높을 것으로 추정된다.

어지는 가혹행위로 인해 군대생활에 적응하지 못하는 병사를 조기에 발견하여 정신과 전문의인 군의관에게 상담 받을 수 있게 배려하는 것도 인권의 한 내용이기 때문이다. 이런 경우 지휘관은 정신과전문의에게 적성검사를 의뢰해야 할 의무를 지고, 반대로 해당 병사에게는 적성검사를 요구할 수 있는 권리가 부여되어야 한다. 전문적 정신상담을 받을 수 있는 이익은 지휘관이 베푸는 시혜(施惠)가 아니라 장병 한사람 한사람의 권리로 인정되어야 한다. 다시 말해 적응력을 떨어지는 병사들을 그대로 방치하는 것은 지휘관의 보호의무위반으로 보아야하고, 반면 그러한 병사 및 그의 가족들에게는 적절한 조치를 취해줄 것을 요구할 수 있는 권리를 인정해야 한다.

한편 실태분석을 통해 살펴보면 부대 내 구타·폭행사고 및 이로 인한 사망사고의 가해자·희생자는 사고 발생 전에 이미 그와 같은 사고의 발생징후나 요인을 직·간접적으로 표출하고 있음을 알 수 있다. 그런데 대개의 부대에서는 그와 같은 징후나 요인에 대해 적시에 대처하지 못하거나 무시하는 경우가 많다. 반면 적절한 시기에 그와 같은 징후나 요인을 찾아내어 대처하여 사고발생을 미연에 방지하는 경우도 있다. 후자와 같은 사례를 늘리려면 사고를 미연에 방지하기 위한 체제를 정비하는 수밖에 없다. 그와 관련해서 생각해 볼 수 있는 것이 근무지 재배치 청구권이라고 하겠다.

이런 권리들을 인정하는 것은 결국 행정법에서 말하는 행정개입청구권을 군사행정법에서 구체화하는 것이 될 것이다.

3) 안전하게 복무할 권리: 군인의 안전권

군인의 인권과 관련해서는 또 하나 중요한 것이 안전하게 복무할 권리이다. 전투상황이 아니라고 하더라도 군인들은 고도의 위험에 노출되어 있다. 우리 군은 이런 군인들에게 어떤 안전보호장치, 제도를 마련하고 있는지, 하고 있지 않다면, 입법자와 지휘관들은 앞으로 어떤 조치들을 취해야 하는지 하는 부분을 우선 점검해 보아야 한다.

외국에서는 레이더탐지 장병 등에게 나타나는 높은 비율의 암(癌)발병률 같은 사례가 이미 사회적 문제로 제기 된 바 있다. 군대 내에서 사망한 것만을 군 복무 관련 사망으로 보는 것은 매우 협소한 태도이다. 군 복무와 관련하여 질병을 얻거나 사망에 이르게 되면 이는 모두 군 복무 관련 상이(傷痍) 및 사망으로 보아야 한다.

나아가 국가는 위험시설, 위험장비를 운용하는 장병들에 대한 건강검진, 장비에 대한 안전도 및 유해성 검사를 정기적으로 실시하여 장병들의 건강을 복무시기와 관계없이 보장해 주어야 한다. 그러나 이 후자와 관련된 부분에 대한 우리 군, 우리 정부의 인식 수준은 매우 낮은 것으로 보인다. 그간 우리 군은 장병들의 안전을 군 시스템이 아니라 과도한 얼차려와 군기(軍紀)를 통해 확보하려 했다. 그 과정에서 폭력이 행사되고, 무조건적인 복종이 강요되었음은 두 말할 나위가 없다.

4) 청원권, 공식적 절차를 통한 이의제기권(異議提起權)

포괄적·전면적 지배권에 복종해 지내는 군인의 특성을 감안할 때 침해적 처분·결정이나 상황에 대해 해당장병이 이의제기를 한다는 것을 기대하기란 어렵다. 일반 장병들이 받는 침해는 대개 법적으로 구성하기 힘든 사실상의 불이익인 경우가 많을 것이므로 이들 침해에 대해 행정심판이나 행정소송으로 다툰다는 게 쉽지 않다. 나아가 법적으로 다툴 수 있는 불이익이라고해서 불이익을 받은 자가 실제로 행정심판 - 예를 들어 군인사법 제60조에 보장된 징계항고권의 행사 - 이나 행정소송을 제기하기도 어려울 것이다.[15] 국회 등에 청원을 한다고 해서 그것이 신속하고 적절하게 처리될 지도 의문이다. 한편 군인사법에는 고충심사를 청구할 권리도 규정되어 있지만(제51조의3), 이를 청구할 수 있는 자는 장교·준사관 및 부사관에 한정되어 있다.

따라서 앞으로는 징계처분 등 행정심판 등을 제기할 수 있는 '처분' 등에 대해서는 행정심판을 적시에 제기할 수 있도록 도와줄 수 있는 제도정비가 있어야겠고 청원을 수리·처리하는 담당관 또한 충분히 확보해야 한다. 예를 들어 군단급 사령부에 청원담당관실을 설치한다든지 국회 국방위원회의 소위원회 중 청원을 담당하는 소위를 활성화하여 전문적으로 청원을 처리할 청원담당관을 두는 방안도 고려해 볼 필요가 있다. 고충심사를 청구할 수 있는 자의 범위, 고충심사 대상도 확대할 필요가 있다.

---

15) 2000년과 2001년 징계를 받은 2만2938명 가운데 징계항고권을 행사한 사병은 단 한명이었다. 지휘관이 명령한 징계에 대해 항고한다는 것은 군대생활에서 제 무덤을 파는 짓이기 때문이다. 한겨레21, 특집기사 「살 떨리는 말 "너 영창 갈래?"」, 2003년01월15일 제443호, 19쪽.

제3절 폭행 및 가혹행위 방지책 (1): 금지행위의 법정(法定, Verrechtlichung) 등을 통한 예방

어떤 목적을 달성하는 데는 여러 수단이 동원될 수 있다. 그런데 민주주의적 법치국가는 그러한 수단 중에서 적합하고, 필요하며, 상당한 수단만을 사용하도록 요구하고 있다(비례원칙). 나아가 그러한 목적을 달성하기 위해 적절한 수단이 사용되었는지를 확인하는 절차를 두고 있다. 법원에 의한 사법심사가 그 대표적이지만, 옴부즈만과 같은 중립적인 외부기관에 의한 확인·통제절차를 채택하는 나라들도 있다. 한편 어떤 목적을 달성하기 위한 수단은 규범준수자들이 충분히 인식하고 실천할 수 있을 정도로 명확해야 한다. 법치주의는 규범의 명확성을 그 한 내용으로 하므로 당연한 얘기이다. 공동체가 지향하는 가치 혹은 목적은 행위자 스스로가 그 가치와 목적의 내용을 충분히 인식하고 알고 있을 때 가장 확실하게 실현될 수 있다. 이를 위해 필요한 것이 교육이다.

군대 내 폭행 및 가혹행위 방지책을 위한 첫 번째 제언은 이상 기술한 당연한 원리들을 적용한 것에 불과하다. 아래에서는 그 내용을 ① 병(兵) 상호간 준수해야 할 금지행위를 구체화하고, 그 내용을 법률로 정해야 한다. ② 군대내 폭행 및 가혹행위를 방지할 외부통제제도를 확립해야 한다. ③ 군대내 인권교육이 상시활동이 될 수 있도록 외부전문가들도 참여하는 인권교육을 강화해야 한다는 등 세 가지로 정리해 보았다.

1. 5대 금지사항의 법정

현행 군 형법은 군국주의 군대에나 적용될 내용을 그 골간으로 하고 있다. 철저한 위계제 군대를 전제로 상명하복을 강조하고 그것에 위반한 행위는 엄격히 처벌한다. “당해 명령이 구속력이 없으면, 특히 그 명령이 직무상의 목적에서 발령된 것이 아니거나 인간의 존엄성을 해치거나 그 명령에 따를 때 범죄행위가 되어 그러할 때에는 하급자의 행위가 제19조에서 제21조(각각 불복종, 명령거부, 명령불수행을 규정)에 해당해도 위법하지 않다.”(독일 군형법 제22조는 제1항)는 식의 조항은 상상할 수도 없다.

반면 실상 일반 장병들의 군 생활과 관련하여 아주 중요한 위법행위, 일탈행위들 즉 집합행위, 지시행위, 얼차려, 군기교육행위, 암기강요행위 등 이른바 병 상호간 5대 금지사항에 대해서는 군 형법에 자세히 규율되어 있지 않다. 5대 금지사항 관련 조항은 폭행·협박(제60조), 가혹행위(제62조)에 불과하다. 이러한 행위들을 규율하는 것은 국방부의 훈령 및 각 군 내부의 훈령 혹은 지침이다. 훈령 혹은 지침으로 제정되다 보니 그 금지사항을 일반인들이 알기도 어렵거니와, 그 내용의 적정성, 타당성에 대한 외부통제도 어렵다.

따라서 앞으로는 이른바 5대 금지사항의 내용을 명시한 법률을 제정하여 금지행위의 규범력과 명확성을 높여야 한다. 다만 이른바 5대 금지사항 위반을 형벌로 처벌할 정도의 범법행위로 볼 것인가는 논의가 필요하다고 본다. 즉 5대 금지사항을 법률로 정하되, 그에 대한 처벌은 형벌이 아니라 질서벌(Ordnungswidrigkeit)로 다스리는 것이 옳다고 본다. 이렇게 하는 것이 비례원칙에도 맞다. 즉 군대의 특성과 지휘권확립이라는 목적을 감안하여 5대 금지사항 등을 위반한 행위에 대해서는 제재를 가하되, 그 제재는 적정하고, 필요한 범위로 한정되어야 한다. 이를 위해 현행 군형법을 한편으로는 일반형법으로 해소하고 다른 한편으로는 군사질서위반법(가칭)으로 대체하는 것이 바람직하다. 굳이 군형법을 존속시켜야 한다면, 우선 일반 형법으로 처벌할 수 있는 것은 일반 형법에서 규율하게 하고, 군형법은 순수하게 명령·지휘계통상의 중대한 위반행위에 대해서만 규율해야 한다. 또한 군사질서위반법에는 5대 금지사항과 같은 실체적 규정뿐만 아니라 군사질서위반법 위반행위에 대한 과벌절차(科罰節次)를 규율하여 지휘관의 재량에 맡겨져 있는 징계절차를 보다 정식화해야 한다. 이런 식의 입법적 대안은 현행 군인사법상에 규정되어 있는 영창제도, 혹은 입창(入倉)제도의 문제점을 극복하는데도 도움이 되리라고 본다.16)

16) 현행 영창제도는 몇 가지 점에서 문제가 있다. 첫째, 현행 제도는 죄형법정주의에 반한다. 영창처분을 받게 될 위반행위의 구성요건이 법률로 규율되지 않아 영창처분이 오로지 지휘관의 재량에 맡겨져 있다. 경범죄처벌법이 구류를 과할 대상으로서 범죄의 내용을 자세하게 세분해 놓은 것과 대비된다. 둘째, 현행 제도는 재판청구권을 침해한다. 현재 군법무관이 징계 절차에 관여하고는 있으나 입창은 군 판사에 의한 군 형사재판절차에 의해 이루어지는 것은 아니다. 또한 징계를 받은 병사가 불복방법으로서 재판을 선택하는 것은 사실상 포괄적·전면적 지배권에 복종해 지내는 군인의 특성을 감안할 때 기대하기 어렵다. 셋째, 현행 제도는 이중처벌금지의 기본정신에 배치될 여지가 있다. 징계입창이 실질적으로는 형벌임에도 불구하고 형식적으로는 징계처분인 결과 벌금 등 형벌을 받고도 재차 입창처분을 받는 경우가 종종 있다. 헌법재판소는 행정형벌과 행정질서벌의 관계에 대해

2. 군 옴부즈만 제도의 도입 등 외부통제제도 강화

군대 내 폭행 및 가혹행위는 어지간해서는 그 사실이 외부에 알려지기 어렵다. 따라서 군내 '사고'를 사전에 방지하려면 군대의 인권상황을 수시로 점검할 수 있는 외부 통제기관이 필요하다. 이와 관련해서 생각해 볼 수 있는 것이 독일 등이 채택하고 있는 군 옴부즈만(Wehrbeauftragter)제도이다. 군 옴부즈만은 의회의 위임을 받아 군대를 통제하는 임무를 수행한다. 나아가 이 기관은 특별한 청원기관으로서 군인의 권리를 옹호하는 중요한 역할을 담당한다. 모든 군인에게는 직접 혹은 중개위원이나 가족을 통해서 국회 청원위원회에 청원할 수 있을 뿐만 아니라 군 옴부즈만에게 자신이 처한 어려움(권리침해는 물론 군 생활상의 어려움을 포함)을 곧바로 호소·청원할 권리가 주어져 있다.

군 옴부즈만은 연방의회에 소속되어 있으며 연방의회에 대하여 보고의무를 진다. 연방의회와 의회 내 국방위원회는 군 옴부즈만에 대하여 훈령을 발할 권한이 있다. 그러나 행정부 소속인 국방부장관은 군 옴부즈만에 대하여 어떠한 훈령도 발할 수 없다. 그 역도 마찬가지다. 연방의회의 다수결에 의하여 군 옴부즈만은 선출되며, 국방위원회 및 연방의회 내 교섭단체는 군 옴부즈만에 대한 추천권을 갖는다. 35세 이상의 독일인이면 누구나 군 옴부즈만으로 선출될 수 있으며 군사지식이나 군에 관한 지식은 없어도 된다.

판단하면서 "양자는 목적·기능이 중복되는 면이 있어 병과하는 경우 이중처벌금지의 기본정신에 배치될 여지가 있다"(헌재 1994. 6. 30. 선고 92헌바38 전원재판부 결정)고 판단했는데, 이러한 판단은 형벌과 징계입창에도 그대로 타당하다고 본다.

따라서 여성도 군 옴부즈만으로 선출될 수 있으며 실제로 선출된 사례도 있다. 임기는 5년으로 연방의원의 임기보다 긴데, 의회 내 다수파의 영향력으로부터 군 옴부즈만을 독립시키기 위한 배려라고 한다.

군 옴부즈만의 권한은 크게 두 가지이다. 첫째, 정보에 관한 권한이다. 군 옴부즈만은 국방부장관 및 모든 그 관할 부서에 대하여 정보제공과 문서열람을 청구할 권한이 있다. 이러한 권한이 있기 때문에 그는 그에게 제기된 청원 및 진정을 처리할 수 있다. 즉 그는 군대 및 기타 부서에 대하여 특정사안을 검토해보라고 요구할 수 있으며 그 검토결과에 대한 입장을 물을 수 있으며, 관련 문서의 제출을 요구할 수 있다. 군 옴부즈만은 아무 때나 사전 예고 없이 부대, 사령부, 기타 연방군의 시설 및 행정 부서를 방문할 수 있다. 바로 이 부대 방문권을 매개로 그는 모든 계급의 군인과 개별적으로 대화할 수가 있고 연방군 내부의 사정을 소상히 알 수 있다. 이를 통해 진정이나 청원서만 보아서는 잘 알 수 없는 부분을 확인하고 점검할 수 있게 된다. 또한 자신이 확인한 중요한 사실을 곧바로 국방부장관에게 제출하여 문제를 사전에 예방할 수도 있으며 군 내부의 징계권행사실태에 대한 보고서제출을 요구할 권한도 있다. 그는 형사소송 및 징계법원상의 절차에 참관인으로 참여할 수도 있다.

둘째, 제안 및 권고를 할 수 있는 권한이다. 군 옴부즈만이 진정이나 청원에 대한 심사 후(군 옴부즈만은 진정이나 청원이 없어도 자신의 임무를 수행할 수 있다) 실제로 문제가 있었음을 확인한 경우에는 관련 부서에 대해 사태의 재발을 방지하지 하기 위해 규정을 만들도록 권고할 수 있다. 이 권고는 구속력은 없다.

군 옴부즈만의 권한이 이 두 가지로 제한되어 있다고 하여 그의 영향력을 과소평가해서는 안 된다. 의회로부터 권한을 위임받은 독립된 인물(군 옴부즈만은 1인이나 그 밑에 그를 보좌하는 인원들이 수 십 명 있다)이 존재한다는 사실, 그리고 군인이라면 계급을 막론하고 그에게 곧바로 진정 및 청원을 할 수 있다는 사실로 인해 대부분의 지휘관들은 행동 면에서 실제적인 영향을 받고 있다. 직접 국방부장관과 대면하여 문제해결을 촉구할 수 있는 지위에 있다는 사실, 의회에 매년 연례보고를 통해 확인한 문제점을 보고하고 특별보고서를 제출할 수 있다는 사실도 군 옴부즈만의 영향력을 키우는 한 요소이다. 결국 그의 힘은 한정된 법적인 권위에서 나오는 것이 아니라 그 누구도 무시할 수 없는 도덕적 힘에서 나온다.17)

군 옴부즈만 제도는 특히 군대의 비밀주의를 극복하는 데 중요한 역할을 할 수 있다. 나아가 군 옴부즈만 제도는 궁극적으로 국회에 대해 책임을 지는 군대를 만드는데 일조할 것이다. 다만 우리 현실에서 당장 이러한 제도를 도입하기 곤란하면 국가인권위원회 내에 군인인권보호소위를 만드는 것도 한 방안이다. 현행 국가인권위원회법은 군대 내 인권침해에 대한 대처방안을 갖고 있지 않다. 군 교도소(지소·미결수용실 및 헌병대영창을 포함한다)를 구금

17) 이상 독일의 군 옴부즈만에 관한 설명은 독일연방의회의 공식자료(http://www.bundestag.de/wehrbeauftragter/aufgaben)를 참고하여 작성한 것이다. 독일의 군 옴부즈만에 관한 설명 중 가장 권위 있는 것은 Rudolf Dolzer/Klaus Vogel/Karin Graßhof가 편집한 Bonner Kommentar zum Grundgesetz에서 Eckart Busch가 쓴 주석(제45b조 부분)이다.

·보호시설의 하나로 분류하여 방문조사 대상지로 선정해두었으나 실제로 병 상호간에 이루어지는 인권침해의 대표적 현장인 내무반 등을 방문하여 조사할 수 있는 권한은 없다. 그런데 사실 군대의 내무반이야말로 전형적인 구금·보호시설로 보아야 한다. 이들 영역에 대해서도 사전 통지 없이 어느 때건 방문하여 조사할 수 있는 기구가 설치된다면 군대 내 폭행, 구타 및 이로 인한 사망사고 등은 현저하게 줄일 수 있을 것으로 본다. 설문조사 등을 통해 확인해 보면 휴식을 취하는 공간인 내무반에서 여전히 가장 많은 폭행사고가 발생하고 있다. 아직도 내무반내의 군기 잡는 행위나 가혹행위가 군 내부에 잔존하고 있다는 얘기다.[18] 이것을 막을 방도를 생각해야 한다.

3. 인권교육강화

이상의 대책 외에 보충적으로 지속적인 인권교육을 통해 지휘관 및 군 복무자들의 의식과 행위를 변화시키는 노력이 행해져야 한다. 새로운 정권이 들어설 때마다 조직을 바꾸고 군대 내 기강확립을 얘기했지만 우리의 군대문화는 그 큰 틀에서 변함이 없다. 이러한 상황을 조금씩이라도 개선하려면 군대 내 인권교육을 상시적으로 실시해야 한다. 물론 어떤 방식으로 그러한 교육을 실시할 것인가 하는 부분에 대해서는 깊은 연구가 필요하다.

---

18) 김형태/이계수/남상덕, 『군대 내 인권실태 및 개선방안 마련을 위한 기초연구』, 국가인권위원회 용역보고서, 2002 참고; 진준두, 앞의 논문, 25쪽.

인권교육을 실시할 때에는 교육대상자를 분명하게 구분하여, 직위에 따른 적절한 인권교육이 가능하도록 교재를 만들고 자료를 꾸며야 한다. 인권침해위험이 높은 영역 및 인물(군대 내 영창운영자 등), 인권교육이 특히 필요한 집단을 교육할 수 있는 적절한 지침을 만드는 것이 좋다. 현재 군의 편성상 교육수준정도가 가장 낮은 직위군이 바로 부사관 집단이다. 이들은 10-20년의 군대생활을 해오면서 체득한 예전의 사고방식을 고수하거나 인권교육에 대해서도 부정적인 태도를 보일 가능성이 높다. 이런 사람들을 어떻게 교육시킬 것인가 하는 부분을 고민하고 그 방안을 마련한다면 군대 내 인권상황개선에 큰 도움이 될 것이다.

제4절 폭행 및 가혹행위 방지책 (2): 공정하고 독립적인 수사 및 처벌을 통한 사후적 통제

군대 내 폭행 및 가혹행위를 방지하기 위한 두 번째 제언은 공정하고 독립적인 수사 및 처벌을 통한 사후적 통제책을 마련하라는 것으로 요약할 수 있다. 병영 내에서 일어나고 있는 위법행위, 범죄행위를 공정하고 독립적으로 조사하고 처리하는 기구가 있다면, 범죄(혹은 비행)억지력은 높아질 수 있다.

1. 군 수사체계의 정비

군대 내에는 군 수사기구가 있지만 천주교 인권위원회 등 시민단체의 평가에 따르면 폭행 및 가혹행위, 나아가 그로 인한 죽음과 관련한 사고의 조사 및 수사에서 이들의 수사능력과 의지는 매우 약하다고 한다. 군대 내 사고의 피해자 가족 및 희생자 유가족들이 군에 대해 갖는 불만도 우선은 군 수사기관의 부족한 수사의지와 결여된 수사능력에 모아져 있다. 특히 군 의문사와 관련하여 희생자의 유가족들은 잘못된 현장보존조치 등 엉성한 초동수사로 인해 진상규명이 출발점에서부터 실패하고 있다는 점에 대해 강한 불만과 의혹을 나타내고 있다.[19)]

군대 내 구타 및 이로 인한 사망사건에 대한 1차 수사를 담당하고 있는 헌병대의 수사능력(법의학적 지식)에 문제가 있다면 수사능력 있는 요원을 늘려 이 문제에 어느 정도 대처해 나갈 수 있을 것이다. 현장에 처음 출동하는 군 수사요원들의 현장보존조치능력을 향상시키기 위한 전문교육을 강화한다든지 현재의 국방부과학

---

19) 군대와 같은 폐쇄적 집단 내에서의 사건일수록 현장보존은 이후 수사와 재판에서 결정적인 역할을 한다. 반면 초동수사 단계에서 진실이 은폐되면 이후의 단계에서 '실체적 진실'을 발견하기란 매우 어렵다. 이는 군 의문사 가족들로 구성된 '군 의문사 진상규명과 군 폭력 근절을 위한 가족협의회'의 요청으로 구성된 '국방부 민원제기 사망사고 특별조사단'이 여러 의문사 사건을 재조사했음에도 불구하고 당초의 수사발표와 다른 결론이 내려진 사례는 거의 없었다는 점을 통해서도 확인된다. 1999년 4월에 설치된 동 조사단은 1999년 9월 30일까지 기존사건에 대한 민원접수를 받아 2001년 10월까지 재조사를 진행했다. 총 166건(5건은 회송, 이첩됨)이 접수되어 이 중 최초 자살, 변사, 일반사망 및 병사가 순직으로 바뀐 경우가 20건, 변사에서 일반사망, 자살에서 변사 등으로 바뀐 사건이 4건이었고, 나머지 137건은 최초 결과와 동일하였다. 국방부, 『민원제기 사망사고 조사결과 보고서』, 2001 참고.

수사연구소의 역량을 강화하는 방안도 연구해 볼 필요가 있다. 특히 후자를 위해서는 국방부과학수사연구소의 현재역량과 운영실태를 종합적으로 점검하는 과정을 거쳐야 하리라고 본다. 문제는 군 수사기관의 능력은 이런 과정을 통해 서서히 향상시킬 수 있겠지만 군 수사기관의 수사 의지도 그만큼 끌어올릴 수 있겠는가 하는 점이다. 사실 군 수사기관의 능력과 의지를 의심하는 이들은 이 점에 초점을 맞춘다.

검사의 수사지휘를 받아 수사를 해야하는 일반사법경찰관리(형사소송법 제196조 1항, 경찰청법 제46조 2항)와 달리 군 수사관은 군 검찰관의 수사지휘를 받지 않는다. 군 수사관 즉 군 사법경찰관의 범죄수사를 지휘하는 것은 직무상 상관이고, 그들은 직무상 상관의 명령에 복종해야 한다(군사법원법 제45조). 일반 수사기관보다 전문성이 떨어진다는 평가를 받고 있는 군 수사기관이 군 검찰관이 아니라 헌병대장과 '관할관'[20]인 군 지휘관의 수사지휘를 받게 됨으로써 군 내부의 수사는 처음부터 실패할 가능성을 안고 있다. 경우에 따라서는 수사의 대상이 될 수도 있을 군 지휘관이 - 그들은 군 수사관, 헌병대장에 대한 인사고과를 매길 권한을 갖고 있기도 하다 - 수사를 지휘하게 될 때 발생할 수 있는 상황을 예상하

20) 관할관은 군사법원이 설치된 부대의 장인 지휘관으로서 행정사무의 관장(제8조), 군검찰사무의 관장과 소속검찰관의 지휘감독(제40조), 심판관의 임명(제24조), 재판관의 지정(제25조), 재정신청사건의 처리(제303조), 판결에 대한 확인조치권(제379조) 등 광범위한 권한을 갖고 있다. 이전 시기 그는 군검찰관의 임명권(1994. 1. 5일 법개정으로 현재는 원칙적으로 각 군 참모총장이 임명), 구속영장의 발부권한(1999. 12. 28일의 법개정으로 현재는 군 판사가 발부)까지 갖고 있었다.

기란 어렵지 않다.

지휘관들은 피의자, 피해자의 인권을 최우선 관심사로 두지 않는 경향이 있다. 그들은 전투의 효율 및 효과에 대해 생각하고, 전투를 준비하는 부대의 능률에 대해 고민한다. 군 지휘관들의 관심사는 군대의 기강을 유지하여 군 전력을 극대화하는 일이고, 군 수사기구는 바로 그러한 그들의 관심사를 실현하는 보조기구일 뿐이다. 자연 군 수사기관들은 군기와 복무자세를 유지시켜 군인 각자에게 할당된 임무를 수행케 하려는 지휘관들의 요구를 충족시키는 방향으로 활동하게 된다. 이러다 보니 중립적이고 객관적인 조사는 처음부터 성립되기가 어렵다.

그렇다면 앞으로는 어떻게 해야 할까? 여러 방안을 생각해 볼 수 있지만 독일, 프랑스 등에서처럼 군 내부 사건·사고라도 민간수사기구가 전담하여 수사를 진행하는 게 가장 바람직하다. 그러나 우리여건상 이러한 개혁이 당장 실현되기 어렵다면 적어도 군 수사기구를 관할관, 즉 지휘관의 통제로부터 독립시켜야 한다. 사단 단위별로 헌병대를 설치하되 이들에 대한 통합지휘 및 감독권은 각 군 본부 소속 직할헌병대장이 갖도록 하는 것도 한 방안이라고 하겠다.

2. 군 사법제도 개혁

군대 내 인권문제는 한 국가의 인권상황을 가늠하는 중요한 척도임에 틀림없다. 그런 점에서 1980년대 이후 유럽 각국이 군사분야의 법적 규율을 강화하고 있는 것은 우리에게도 시사하는 바가 많다. 1997년 유럽인권법원에서 다투어진 '핀들리 대 영국 사건'[21]을 전후하여 군 사법제도를 대폭 개혁한 영국의 사례에서 드러나듯 군인인권보호방안은 유럽연합 차원에서도 실효적으로 논의되고 있다. 이러한 흐름은 냉전이 끝난 1990년대 이후 더욱 두드러지고 있다. 특히 서유럽 국가들은 동유럽 제국(諸國) 군대에서의 인권상황을 비교, 점검하고 이를 개선하기 위한 프로그램을 가동시키기도 한다.[22]

군대 내 인권개선을 위한 여러 방안 중 군 사법제도개혁은 빠질 수 없는 주제이다. 군 사법제도의 개혁은 독립적이고 공정한 사법제도를 군대 내에서도 관철시킨다는 차원에서만 필요한 것은 아니다. 군 사법제도 개혁은 군대를 지배하는 논리를 지휘권 중심에서

---

21) 포클랜드 전쟁 참전 후 중대한 정신장애로 시달리고 있었던 원고가 동료에게 총으로 위협한 일 때문에 군법회의에서 2년형을 선고받자 유럽인권법원에서 영국의 군사법원제도의 위법성을 다툰 사건. 이 사건에서 유럽인권법원은 영국의 군사법원제도는 유럽인권협약 제6조가 보장하고 있는 '독립·공정한 재판을 받을 권리'를 침해한다고 선고하였다. 동 법원은 판결이유 부분에서 군법회의 소집권, 군법회의에 참여할 장교선임권, 군 검찰관 임명권을 모두 지휘관 한 사람이 갖도록 한 영국군사법원제도의 문제점을 집중적으로 거론하였다. 판결문 전문은 아래 주소에 수록되어 있다. http://hudoc.echr.coe.int/Hudoc1doc/HEJUD/sift/602.txt에 수록되어 있다. 김형태/ 이계수/ 남상덕, 앞의 보고서, 2002. 12월, 부록에 우리말로 요약 번역되어 있다. 이 판결에 대한 해설은 Richard Clayton/Hugh Tomlinson, *The Law of Human Rights*, Vol. 1, Oxford Univ. Press, 2000, 686쪽.

22) 예를 들어 1997년 6월부터 1998년 12월까지 유럽연합 위원회의 한 프로그램으로 「우크라이나 군대에서의 인권보호정책개선방안」이라는 국제적 프로젝트가 국제인권협회 본부 및 독일 및 우크라이나 지부에 의해 실시된 바 있다. 자세한 내용은 아래 웹 문서를 참고하라. http://www.igfm.de/projekt/eu-alt-p.htm#streitkrafte

인권중심으로 옮겨놓는데 있어서도 중요한 역할을 한다.

이 후자의 측면은 매우 중요하다. 예를 들어 현행 군사법원법의 경우 최근의 개정(특히 1994년 및 2000년 법개정)을 통해 군 형사 사법 절차에서의 피의자, 피고인의 권리를 강화했다. 기소된 군인들에게도 민간법정에서 재판 받는 민간피고인에게 부여된 것과 똑같은 권리를 보장하는 방향으로 개혁이 추진되었고 또한 추진되고 있다. 이러한 변화는 의미 있게 평가할 수 있다. 그러나 보다 중요한 것은 군 사법제도의 존재의의에 대한 고민이고, 그러한 고민에 입각한 군 사법제도개혁이다. 그것은 단지 피의자, 피고인에게 어떤 하나의 권리를 더 인정하느냐 그렇지 않느냐의 문제가 아니라 잠정적으로 군 사법절차의 목적을 어떻게 설정할 것인가 하는 문제로 나타난다. 군대내 폭행, 가혹행위 등 위법행위를 철저히 적발해내고 이를 처벌하여 인권유린행위를 방지할 수 있는 군 사법제도를 만들 것인가 아니면 전투력과 동원력을 갖춘 부대의 양성에(만) 초점을 맞춘 군 사법제도를 만들 것인가 하는 원칙의 문제가 군 사법제도 개혁논의의 이면에 깔려있다.

아래에서는 이러한 원칙의 문제를 고려하면서 외국 입법례와 우리 법제를 비교하였고, 그것에 근거하여 개혁 방안을 나름대로 제시하였다. 물론 제시하는 개혁안은 군기를 통제하는 군 사법제도가 아니라 인권침해를 사전에 차단하고 사후에라도 즉각 발견해내는 군 사법제도에 초점이 맞추어져 있다.

1) 어떤 경우이건 외국법제를 우리 것과 단순 비교하기는 어렵고 또 그렇게 할 수도 없다. 필요한 것은 외국법제를 단순 비교하

는 일이 아니고, 제도의 의미, 앞으로의 전망을 읽는 일이다. 1998년 3월 이탈리아 군 사법당국이 개최한 일종의 국제 청문회를 통해 수집·정리된 자료[23]에 의하면 당시 조사국가 27개국 중 군사법원(군 사법제도)을 인정하지 않는 나라와(오스트리아, 체코공화국, 독일, 일본, 리투아니아, 스웨덴, 포르투갈, 슬로베니아) 민간법원과 군사법원이 섞여 있는 나라(헝가리, 라트비아, 에스토니아, 핀란드, 불가리아, 프랑스, 네덜란드, 노르웨이)가 각각 8개국이고 독립 군사법원을 두고 있는 나라는 11개국(캐나다, 한국, 덴마크, 영국, 이스라엘, 폴란드, 루마니아, 스페인, 스위스, 미국, 아일랜드)에 불과하다. 즉 군대만을 따로 관할하는 군사법원을 설치하지 않는 나라들이 있는가 하면 군사법원을 설치하되 그 법원을 민간법원에 통합하는 형태를 취하거나(네덜란드), 민간법원에 군인을 참여시키는 형태(헝가리)로 절충형을 취하는 나라들도 있다. 끝으로 우리처럼 군사재판을 담당하는 독립된 법원이나 조직을 군 조직 내에 별도로 설치하고 민간법원과 구분하는 특별군사법원형을 취하는 경우도 있다. 민간법원형, 절충형, 특별군사법원형 등 대략 3가지 모델이 존재하는 셈이다. 이들 자료 및 통계는 현행 군 사법제도와 다른 방식의 군 사법제도의 형성가능성을 시사한다.

2) 이들 모델을 염두에 두면서 외국의 법제를 검토해보면 미국 등 일부 국가를 제외하면 군 수사기구 및 군 사법절차에서 점차 민

23) 자료의 원문은 http://www.giustiziamilitare.difesa.it에 게시되어 있다. 외국의 입법례를 소개하는 부분 중 달리 특별히 각주를 붙이지 않은 것은 아래의 자료에서 뽑은 것이다. 이 자료는 대부분 김형태/이계수/남상덕, 앞의 보고서, 276쪽 아래에 번역되어 있다.

간검찰과 민간법원의 주도권을 인정하거나 이들의 협력과 개입을 인정하는 군 사법제도개혁이 보편화되고 있음을 알 수 있다. 다만 미국은 냉전체제 당시는 물론 냉전체제 이후에도 세계 최대 군사 강국으로서 전 세계에게 미군을 파병하고 있으며, 파병부대와 함께 파견되는 군 수사기구 및 군 사법제도를 유지하고 있다.

미국처럼 군대를 해외파병하고 있는 다른 나라들도 군대관련 범죄에 대한 수사와 재판을 담당할 특별사법제도를 두고 있지만 제국주의 군대의 전통을 사실상 상실한 영국과 프랑스는 과거 제국주의 시대의 전통에 기반 해있는 군 사법제도를 바꾸지 않을 수 없었다. 즉 이들 나라들은 전시와 평시, 국내와 해외로 나누어 군 사법제도를 원칙적으로 다르게 운영하고 있으며 평시·국내의 경우 대개 민간기구와 민간법원에 의한 수사와 재판을 인정하고 있다.

평시·국내와 전시·해외를 구분하여 군 사법제도를 다르게 운영하는 것은 헌법상의 원칙인 비례원칙에 비추어보아도 타당한 태도라 할 수 있다. 제도는 목적과 상황에 맞게 운영되어야 하며(적합성의 원칙), 국민들에게 더 적은 부담을 주면서도 동일한 효과를 달성할 수 있는 방편이 있으면 그것을 선택해야 한다(필요성의 원칙). 또한 어떤 제도가 추구하는 공익상의 필요도 중요하지만, 그 필요를 달성하기 위해 개인이 참을 수 없을 정도로 가혹한 수단을 동원해서는 안 된다(상당성의 원칙, 협의의 비례원칙).

우리는 이러한 사실에 주목해야 한다. 대한민국은 일상적으로 해외에 군사력을 파병할 수 있는 나라가 아니라는 사실에 주목한다면 현재와 같은 군 수사기구, 군 사법기구를 유지해야 할 이유를 찾기가 쉽지 않다. 그래서 최근에는 우리 내부에서도 “군 범죄를 전시와 평시, 그리고 국내범죄와 국외 파병부대 내에서의 범죄로 구분하여 전시가 아닌 평시, 국내 범죄에 대해서는 일반 검찰·경찰이 수사를 맡도록 해야 한다. 또한 군 형사사법의 운용에 지휘권이 영향을 미치지 않도록 해야하며 평시 범죄에 대해서는 민간법원이 군사재판을 담당해야 한다"는 식의 주장이 제기되고 있다.[24] 이번 연구를 진행하면서 군법무관 경력이 있는 변호사들을 인터뷰해보니 유사한 주장이 제기되었다. 특히 의무복무의 일환으로 군법무관직을 수행한 이들은 "전시와 평시를 구분하고, 사건도 이른바 진정(眞正) 군사사건과 일반사건으로 나누어 전자에 대해서만 군사법원이 판단해야 한다. 평시의 일반사건에 대해서는 경찰, 혹은 민간검찰이 수사해야 한다."는 견해를 견지하는 경우가 많았다.

이러한 주장에 대해 일부에서는 독일, 프랑스, 영국의 군 체계와 우리의 그것은 완전히 다르기 때문에 그런 식의 제도개혁은 불필요하다고 반박한다.[25] 물론 오스트리아에서는 시민권, 인권이 군

24) 「수사·기소권 군검이 독점 유족들, 민간인 참여 요구」, 중앙일보, 2002. 9. 11일자; 「'군사법제도', 깨트려야 할 또 하나의 성역: 예비역 군법무관들, 군사법제도의 개혁을 촉구하는 성명서 발표」, 2002. 10. 17일자 참여연대기사; 「장병인권 침해하는 군사법제도 관망 안될 말: '군사법원에 의한 형사재판의 문제점과 개선방안' 토론회」, 2002, 11. 12일자 참여연대기사. 이 기사들은 참여연대(http://peoplepower21.org) 홈페이지 자료실에서 쉽게 찾을 수 있다.

25) "독일·일본·프랑스 등에서는 군내 사고라도 일반 검찰·경찰이 수사를 맡는데, 이것은 그 나라들의 군 체계가 우리와는 완전히 다르기 때문이다. 군의 존재는 전쟁을 전제로 하고 있다. 군 내부의 사건·사고까지 일반 검·경찰이 수사한다는 것은 현실적으로 거의 불가능한 일이고 있을 수 없는 일이다." 지광준, 「불신 받는 군의문사 수사 해결책 없나」, 한겨레신문, 2002. 9. 26일자.

대의 영역에서도 그대로 통용되며, 군인은 민간법원의 형사절차에 따라 처벌된다고 하는데, 그것이 중립국인 오스트리아의 지위를 반영한 것일 수도 있다. 다만 군 체계가 다르기 때문에 우리에게는 우리 식의 군 사법제도가 필요하다고 한다면 이러한 사실은 외국의 일반적인 입법례와 다른 특별한 사법제도를 유지·운영하려는 국가 측에서 입증해야 한다. 기본권을 - 이 경우에는 재판을 받을 권리, 특히 신속하고 공정한 재판을 받을 권리, 민간인, 군인의 구분 없이 평등한 사법적 구제를 받을 권리 - 제한하기 위해서는 그 제한의 필요성을 주장하는 자가 자신이 동원하는 제한수단의 정당성을 입증해야 하기 때문이다. 이 경우 입증의 정도는 단지 사실상의 필요성만으로는 부족하다.

3) 외국의 군 사법제도를 조금만 들여다보아도 알 수 있듯이 군 사법제도는 그 나라의 사법(司法) 전통에 따라 달라질 수 있으며, 또한 시대에 따라서 새롭게 재편될 수 있다. 독일의 경우 지금과 같은 제도를 채택한 것은 제2차 세계대전 이후라는 사실을 상기할 필요가 있다. 프랑스는 1981년에야 지금과 같은 제도를 채택했다. 시대의 요청에 맞게 군 사법제도도 얼마든지 바뀔 수 있고, 개혁될 수 있다.

군 사법제도의 개혁과 관련해서 빼놓을 수 없는 것 중 하나는 많은 국가들이 이른바 징계절차와 사법절차를 구분하여 대부분의 경미한 위반행위는 징계절차로 처리한다는 사실이다. 예를 들어 독일의 경우 평시에 군사법원을 운영하지 않는다. 일반적으로 알려진 군사법원은 군사징계법원이며, 형벌을 부과하는 법원은 아니다. 전시에 군사재판제도가 성립될 수는 있으나 의무사항은 아니며 성립되더라도 국방부가 아니라 법무부의 관할에 속하게 된다. 노르웨이의 경우에는 군사법원은 있으나 군법의 내용은 징계벌에 한정하고 있다. 허가 없이 7일 이상 군무를 이탈하거나 그밖에 중대한 잘못이나 범죄를 저지른 자는 일반법원에서 재판 받는다.

현행 군형법을 한편으로는 일반형법으로 해소하고 다른 한편으로는 군사질서위반법(가칭)으로 대체하는 것이 바람직하다는 사실은 앞서도 지적하였거니와 그러한 실체법 개혁은 절차법 및 군사법원법의 개혁으로도 연결되어야 한다. 사실 군대 내에서 발생하는 사건의 대부분은 약식절차로 끝날 경미한 위법행위·범죄행위이다. 따라서 군사법원을 인정한다고 하더라도 그 관할권은 약식절차의 대상이 될 경범죄로 한정하는 것이 옳다. 나머지 사건은 민간법정에서 다루어야 한다. 현재와 같은 군사법원제도를 유지해야 할 이유로 국방부는 '지휘권 유지·확보'를 들고 있지만, 군사법원의 관할권을 그와 같은 사건으로 제한해도 지휘권을 유지·확보하는데 충분하리라고 본다.

한편 현행 군사법원법은 1994년 1월의 법개정을 통해 약식절차를 도입하고 있지만 "검찰관의 청구가 있는 때"(제501조의2)에만 법원이 약식명령을 내릴 수 있게 되어 있다. 약식명령을 할 수 있는 사건이 전적으로 검찰관의 재량에 맡겨져 있는 셈인데, 약식절차의 대상이 될 수 있는 범죄행위의 범위를 법으로 확정하되, 그 범위를 대폭 확대해야 할 것이다.

4) 만약 당분간 군 사법절차를 현재처럼 운용해야 한다면 이에 참여하는 인사들의 신분을 지금보다 독립적으로 만들 필요가 있다.

예를 들어 네덜란드의 경우 군사재판부는 민간재판부에 통합되어 있는데 군사부 구성 판사 3인 중 2명은 민간법원소속으로 되어 있다. 나머지 1인은 전문법조인 자격을 가진 군 측 인사이다. 덴마크에는 군인의 신분을 갖는 심판관으로 구성되어 있는 부대가 있으나 지휘명령계통의 밖에 있다. 이들은 수사권한 및 경범죄에 대한 사법권한을 갖고 있다(견책, 벌금 및 30일 내의 영창부과). 폴란드에서는 국방부장관이 군판사평의회의 추천을 받아 군판사를 임명한다. 스위스의 경우 전문법학교육을 받은 민간인들 중에서 군사법원의 구성원을 임명하는데, 임명된 이들은 임명 후에도 민간인 직업을 그대로 유지한다.

군 수사기구 내에서의 군 검찰관의 지위와 역할 또한 문제이다. 현행법상 군 검찰관은 국방부 소속의 군인이다. 군 검찰관은 당연히 국방부 소속이어야 하고 또한 군인이어야 한다고 생각하기 쉽지만, 외국의 입법례를 보면 그렇지 않은 경우도 눈에 띈다.

이런 외국의 입법례들은 군 사법절차에 참여하는 인물들의 독립성을 보장하려는 장치로 고안된 것이라 할 수 있다. 한국에서도 1994년 군사법원법 개정과 함께 군 판사와 군 검찰관의 임명방식이 개선되었다. 이중 군 판사 부분은 특별히 달라진 게 없다. 다만 군 판사의 소속을 국방부 또는 각군본부로 하여 군 판사의 독립성을 다소 강화하였을 뿐이다. 이와 달리 군 검찰관임명절차는 크게 달라졌다. 즉 1994년 법 이전에는 관할관이 군법무관중에서 군 검찰관을 임명했으나 이를 개선하여 검찰관 또한 군 판사 임명절차와 같은 방식으로 임명하도록 했다. 그런데 이 정도의 개선만으로 군 판사와 군 검찰관의 독립성이 확보될 수 있을지는 의문이다. 보다 실질적인 신분보장장치, 직무독립성보장장치가 필요하다.

당장에 우리의 군사법원법을 프랑스식으로 고칠 수가 없다면 적어도 군 검찰국만이라도 최근의 영국이 개혁했던 것과 같은 방식으로 개선해야 한다. 군 검찰국(군 소추국)과 같은 군 지휘부로부터 독립된 기구를 설치하던가 군 검찰에 대한 지휘 감독권을 군에서 검찰로 이관하여 군 검찰의 독립성을 강화해야 한다. 나아가 군 검찰과 민간 검찰이 공동으로 임무를 수행하는 이른바 공동기소제도의 도입도 고려해 볼 만 하다.

제5절 지휘권과 인권이 조화되는 군대를 위하여

군대는 더 이상 국가 속의 국가가 되어서는 안 된다. 규율과 군기의 유지, 지휘권의 확보를 최고의 덕목으로 보았던 시대와는 이제 결별해야 한다. 현대의 군대는 과거의 군대와 달리 군사기술의 발전에 힘입어 전통적인 군대구조에서 벗어나고 있다. 전통적인 권위적·지배적 관계를 완화하는 방향으로 군의 구조변화가 이루어지고 있다. 즉 계급과 권위로부터 기능과 인적 권위로의 이행이다. 이런 군대 하에서도 예전과 같은 명령·복종체계를 유지해야 할 지는 의문이다.

외국과 달리 한국에서는 하루가 멀다하고 군대 내에서 누군가가 죽거나 자살했다는 뉴스를 접하게 된다. 그러한 죽음이 군대 내 가혹행위, 폭행, 구타로 인해 일어난다는 얘기를 들으면 더욱 절망하게 된다. 우리의 군 조직이 여전히 사람을 때려서 가르친다는 낡은 전통에서 매어있는 한 민주주의사회에 걸 맞는 군은 존재할 수 없다.

"민주주의적 군대란 존재하지 않는다. 그러나 군대도 민주주의 사회 안에 있다." 군은 명령·복종을 그 기본적 속성으로 하므로 다수결원칙, 아래로부터의 지배라는 민주주의 원리에 맞지 않는 조직인 것은 사실이다. 그러나 그렇다고 하여 군이 민주주의 사회의 제 원리를 부정할 수 있다는 얘기는 아니다. 이러한 사실을 염두에 두어야 한다.

국가는 군인들에 대해 너무 많은 것을 요구해왔다. 그 과정에서 군인들의 인권이 지나치게 제한되거나 침해되었다. 군대내 구타사고 및 그로 인한 사망사고와 관련된 자료를 한번이라도 읽어본 사람이라면 누구나 '이 땅에서 군인과 그의 가족이 되는 것의 의미'를 이해할 것이다. 많은 이들이 무관심하게 이 문제를 지나치는 사이 안보논리, 군의 논리에 밀려 인권이 질식당하고 있다. 그러나 이제는 이러한 답답한 상황을 끝내야 한다. 장병 한 사람 한사람의 생명과 인격, 인권을 지켜줄 수 있을 때 군은 최고의 전투력에 도달할 수 있다는 사실을 군 지휘부는 물론 우리사회가 합의할 시점이 되었다. 그 합의를 출발점으로 하여 구체적인 제도개혁방안을 마련해나가야 한다. 이 연구를 통해 제기해 본 개혁방안은 다음과 같이 네 가지로 정리할 수 있다.

첫째, 군인의 법적 지위 및 권리에 관한 법률을 제정해야 한다. 이제까지 군인은 법적으로 볼 때 무에 가까운 존재였다. 의무복무를 해야 하는 장병들은 물론 직업군인들도 이러한 처지로부터 자유롭지 못했다. 이제까지 지휘관들은 이른바 '특별권력관계론'에 근거하여 명령권과 징계권을 마음껏 행사해왔다. 그 결과 군인의 지위, 권리는 법적으로 보장되지 못했고 이로 인해 발생하는 폐해도 컸다. 이제는 이들 폐해를 줄이면서, 동시에 전투력과 동원력을 갖춘 군대를 만들어 내야 한다. 그러자면 현대전에 걸 맞는 용병술을 채택해야 한다. 지휘권만 중요한 것이 아니라 인권을 아울러 중요시하고, 이 양 요소를 적절히 비교 형량(衡量)하고 고려할 때 군대도 살고 군인도 살 수 있다. 어떠한 명령에도 맹목적으로 복종하는 군인이 아니라 '함께 생각하는 개별전사'(mitdenkender Einzelkämpfer)[26]들이 모여 동료애로 뭉친 군대를 만들어 낼 때 군대는 그 전투력·동원력을 최대화할 수 있다. 그러한 군인과 군대를 만드는 데 법과 권리는 중요한 역할을 할 것이다. 국방부 측에서 계획하고 있듯이 국군기본법도 만들어야 하지만[27] 그와 함께 군인법(군인기본법, 군인권법)도 하루빨리 제정해야 한다.

둘째, 권리가 법에 규정되어 있다고 해서 권리가 보장되는 것은 아니다. 그 권리를 행사할 수 있는 법적, 제도적 뒷받침이 있을 때 권리는 실제로 보장될 수 있다. 본문에서 우리는 징계항고권이 군인사법에 의해 보장되고 있지만 실제로는 거의 이용되지 않고 있는 현실에 대해 지적한 바 있다. 권리란 주장하는 자가 늘어날수록 보장되는 속성을 가지고 있다. 군인법과 같은 법률이 만들어져서 군인의 지위와 이익이 법적으로 보호된다고 하더라도 그러한 이익들을 실제로 실현할 수 있는 장치들이 없다면 군인의 권리는 '종이 위의 권리'에 머무르고 만다. 따라서 군인의 권리실현을 위한 법제 정비는 그 권리실현을 위한 실효적 제도가 동시에 마련될 때 비로

26) 水島朝穗, 앞의 책, 83쪽.
27) 박선섭 외, 앞의 보고서, 139쪽 아래 참고.

소 완결된다고 볼 수 있다. 그러한 제도의 하나로 본문에서는 '군 옴부즈만제도'와 '중개위원제도'를 소개하였다. 이들 제도의 도입을 적극적으로 검토해야 한다.

셋째, 군대 내에서 발생하는 위법행위들을 제재하는 규범들의 예방력을 높이는 방안의 하나로 병 상호간 5대 금지사항 등을 법으로 정하고 징계, 처벌, 과벌절차를 개혁해야 한다.

넷째, 병영 내에서 일어나고 있는 위법행위, 범죄행위를 공정하고 독립적으로 조사하고 처리하는 기구와 체계를 만들어 내어 범죄(혹은 비행)억지력을 높여야 한다. 이를 위해 군 사법제도 및 군 수사기구의 개선방안에 대해 깊이 있게 연구해야하며, 지휘권과 인권을 적절히 조화시킬 수 있는 대안을 마련해야 한다. 본문에서는 군 사법제도를 민간법원형, 절충형, 특별군사법원형 등 대략 3가지 모델로 분류하였다. 이들 모델들의 장단점을 우리 실정에 비추어 적절히 평가하는 작업이 이루어져야 한다. 특히 앞으로 전개될 한반도의 긴장완화와 평화정착을 고려하여 준전시(準戰時)를 전제로 구성되어 있는 현행 군 사법제도를 대체할 새로운 모델을 지금부터 고민해야 한다. 그것은 평시, 국내 군사범죄에 대해서는 원칙적으로 민간수사기구 및 민간법원이 담당하는 체제로 될 수도 있고, 다른 방식이 될 수도 있다. 냉전이후 군민전환(軍民轉換, Conversion)이 세계적으로 확산되고 있는 점 등을 고려할 때 민간수사기구 및 민간법원에 대해 평시 국내 군사범죄에 대한 관할권을 인정하는 방향으로 논의가 이루어져야 한다.

[보론] 독일의 Wehrbeauftragter에 대한 적절한 번역어 및 동 제도의 한국 내 수용에 대하여

1. 본문에서는 독일의 Wehrbeauftragter(정식 명칭으로는 Der Wehrbeauftragte des Deutschen Bundestages)에 대하여 간단히 소개하였다. 필자가 본문의 글을 쓸 당시는 2003년 초반이었다. 그 글을 쓴 전후로, 그리고 지금까지 필자는 이 제도를 군 옴부즈만으로 번역해왔다. 그러나 앞으로는 이 제도를 다르게 번역해야 하는 것이 아닌가 하는 생각을 하고 있다.

Wehrbeauftragter를 우리말로 직역하면 '방위수탁자(防衛受託者)' 정도가 된다. 일본의 군사법학자 미즈시마 아사호 교수는 이를 방위감찰위원이라고 번역하기도 한다.[28] 일리 있는 번역이다. 그래서 필자도 Wehrbeauftragter를 '국방감찰위원'으로 번역하는 것은 어떨까 하고 생각해 보았다. 다만, 국방감찰위원이라고 번역하면 무언가 국방부 내부의 감찰기관 같은 느낌을 주는 것도 사실이다. 국방전권위원이라고 번역하는 예[29]도 있어 검토해 보았으나 이거다 하는 느낌은 오지 않았다. 군 일각에서는 '군 특명관'이라는 용어를 선택하기도 하는 데 동의하기 어려운 번역이다. 마치 국방부장관으로부터 '특명'을 받아 활동하는 군 내부 감독관이라는 느낌을 주기 때문이다.

그렇다면 어떤 번역어가 좋을까. 필자는 군사법에 관심 있는 동

---

28) 水島朝穗, 現代軍事法制の研究, 日本評論社, 2000, 115쪽.
29) 콘라드 헤세/ 계희열 역, 『통일독일헌법원론』, 박영사, 2001, 335쪽(옆번호 545번).

료들과 여러 번 토의 해본 끝에 '국방감독관'이라는 용어가 적절하지 않을까 하는 생각을 하게 되었다.

Wehrbeauftragter는 의회의 보좌기관으로서 국방에 대한 의회 통제를 실현하는 제도적 장치이며, 군인인권의 수호자, 민주적·시민적 지휘이념의 보장자로서 기능한다. 그 점에서 Wehrbeauftragter는 국방감찰위원, 국방감독관으로 번역하는 것이 제일 타당해 보인다. 이 둘 중에서도 국방감독관이라는 표현이 이 제도의 의의와 취지를 보다 더 선명하고 적확하게 전달해주는 것 같아서 이런 번역어를 선택해 보았다. 2003년 당시 이 제도의 도입필요성이 우리 사회에서 처음으로 논의 될 무렵 '평화를 만드는 여성회'와 같은 시민단체가 Wehrbeauftragter를 국방감독관으로 번역한 점도 고려하였다. 그러므로 국방감독관은 필자가 본문에서 '군 옴부즈만'이라고 번역했던 독일 제도를 의미하는 것으로 이해하면 되겠다.

2. 그러면 왜 이렇게 번역어를 바꾸어야 했을까. 그 사정은 우리 사회에서의 이른바 '군 옴부즈만' 도입 논의와 무관하지 않다.

국방부는 지난 2005년 신년 벽두부터 터지기 시작했던 군대 내 인권침해 사례에 대처하기 위해 2005년 이래 분주했다. 특히 국방부는 부내(部內)에 병영문화개선위원회를 설치하여(2005년 7월), 그 위원회에서의 논의를 정리하여 대통령에게 보고하기도 했다(2005년 10월 말). 그 보고서의 제목은 "가고 싶은 군대, 보내고 싶은 군대"였다. 그리고 2005년 11월. 국방부는 병영문화개선 후속 대책의 일환으로 독일이 운영하는 '군 옴부즈만' 제도의 도입을 연구해보겠다고 발표하기에 이른다.

독일식 '군 옴부즈만'의 도입 필요성은 이미 몇 년 전부터 '평화를 만드는 여성회' 같은 일부 시민단체에 의해 제기되고 있었고, 필자도 일찌감치 그 주장에 동참한 바 있다. '군 옴부즈만'제도가 어떤 것이며 어떻게 기능하는지를 잘 알고 있었던 필자였기에 국방부가 '독일식' 군 옴부즈만 제도의 도입가능성을 진지하게 연구해보겠다고 했을 때 반신반의하지 않을 수 없었다. 국방부가 자신들의 일상생활을 속속들이 들여다 볼 의회 소속의 국방통제 기구인 군 옴부즈만 같은 제도를 무엇이 답답해서 도입하려고 하겠는가 하는 것이 의문의 골자였다.

아니나 다를까 발표당시에는 국방부 차관보가 독일을 방문해서 군 옴부즈만을 만나고 독일 병영의 실태를 조사한다고 부산을 떨었으나 이후 내려진 결론은 실망스럽기 그지없다.

나름대로 호기 있게 독일식 군 옴부즈만 제도 도입을 연구하겠다고 발표했던 사람들이 며칠도 안 되어 군 옴부즈만을 국방부 내에 만들지 혹은 국민고충처리위원회(약칭은 '고충위') 내에 특별기구로 설치할 것인지, 아니면 전혀 다른 방식의 군 옴부즈만을 둘지는 논의해봐야 안다고 하였고, 곧이어 "군 장병들의 민원 사항을 처리할 군 옴부즈만 전담 창구를 고충위나 국가인권위원회에 설치하는 방안을 관계기관과 협의"하라는 대통령의 지시도 묵살하고 군 옴부즈만은 장병을 대상으로 활동하게 되는 만큼 업무의 연계성 등을 고려, 국방부 내에 설치하는 것이 타당하다고 재빠르게 상황정리를 해버렸다.

그러다가 그래도 대통령의 지시사항도 있고 해서였는지 고충위에 군 옴부즈만을 두는 쪽으로 입장을 바꿨다. 사실, 이러한 결론은 국방부의 양보라기보다는 국방부가 수용할 수 있는 마지노선이었을 것이다. 국방부 내에 군 옴부즈만을 둔다고 일단 주장해보고 여의치 않으면 양보하는 선에서 고충위에 일종의 '무늬만 군 옴부즈만'인 기구를 둔다면 국방부로서도 큰 불만은 없다고 생각했을 것이다. 일은 차질 없이 진행되어 2006년 11월 1일부로 고충위 내부에 위원 3명과 2개 조사팀(18명)으로 구성된 군사소위원회가 설치되기에 이르렀다.

안타까운 것은 이러한 논의과정에서, 중립적이어야 할 이른바 행정학 및 법학교수들이 국방부와 고충위의 의도를 그대로 추인해주는 '세미나' 발표문을 작성하여 제시한 점이다.30)

독일식 군 옴부즈만 제도의 도입문제는 세미나 발표문에서 교수들이 주장하듯이, 단순히 행정학적 관점에서, 그리고 새로운 조직을 하나 만드는 차원에서 바라볼 성질의 것이 아니다. 일찍이 독일식 군 옴부즈만에 주목한 이들은 하나같이 군 의문사라든가, 군 내부에서의 인권침해 문제의 심각성을 인식하고 세계 6위의 군사병력대국인 한국 군대가 안고 있는 인권 문제를 해결할 중요한 한 계기로 이 제도의 한국 내 도입에 관심을 가졌던 것이다. 이러한 역사적 맥락을 충분히 이해하지 못하고(혹은 애써 무시하고), 독일식

30) 군 옴부즈만을 국민고충처리위원회에 두는 것으로 모든 것이 결정이 난 뒤인 2006년 11월 14일에야 '고충위'와 옴부즈만포럼이 공동주최한 "군사·경찰 옴부즈만의 제도화 방향"이라는 '세미나'가 열렸다. 그런데 사실 이 날의 세미나는 말이 세미나이지 고충위의 입장을 지지하는 '간담회'였다고 하겠다. 이 날의 세미나에서 발표된 문건이 다음과 같은 공동연구이다. 박재창/이기우/김유환/권해수/하승수/윤태범, 『경찰옴부즈만 및 군사옴부즈만 설치·운영 방안 연구』, 국민고충처리위원회·옴부즈만포럼, 2006. 11. 14.

군 옴부즈만제도를 일종의 행정학적 제도연구 차원에서 접근하여 군 옴부즈만을 의회에 두느냐 행정부에 두느냐 하는 식으로 접근한 것은 매우 유감이다. 학자의 역할이 정부의 의도를 '학술적'으로 포장해주는 것에 있지 않은 다음에야 그럴 수는 없다는 생각이다.

다소 오래되었지만 1998년에 『한겨레21』에 실린 짧은 기사를 읽어보면 군 옴부즈만이라는 것이 군에 대해 어떠한 의미를 갖고 있는지가 잘 드러난다. 기사의 일부를 인용해 본다.

> 군대의 영향력이 강한 멕시코에서 군을 비판하는 것은 누구에게든 자신의 모든 것을 걸어야 하는 모험일 수밖에 없다. 멕시코군 기병대장을 역임한 호세 프란체스코 갈라르도(53) 준장의 경우도 그렇다. 그는 군의 내부비리를 고발했다 군법회의에 회부돼 14년형을 선고받고 복역 중이다. 갈라르도 장군은 지난 93년 '멕시코 군 감시를 위한 옴부즈맨의 필요'라는 글을 한 잡지에 기고했다. 그는 이 글을 보완해 그해 멕시코 국립자치대학에서 박사학위를 받았다. 군이 내부비리를 공개 비판한 그의 발언에 격분한 것은 당연했다. 군은 곧바로 그를 군법회의에 회부해 98년까지 4년 반 동안 군 형무소에 억류했다(밑줄은 필자).[31]

독일식의 군 옴부즈만 제도를 도입하자는 주장은 멕시코 같은 나라에서는 적어도 자신의 모든 것을 걸어야 할 정도로 위험한 일이다. 한국에서야 그 정도는 아니겠지만, 적어도 현재의 군 수뇌부에 의해서는 절대로 받아들여질 수 없는 제도가 독일식 군 옴부즈만 제도라고 생각한다. 그러므로 그것은 기성의 정치세력에 의해 선물로서 주어질 성질의 것이 아니다.

---

31) 「이래도 멕시코 군을 비판할래?」, 한겨레21, 1998년 5월 21일 제208호.

독일의 군 옴부즈만은 제2차 세계대전 후의 독일이라는 특수한 상황 하에서 비로소 등장할 수 있었던 것이고 독일만의 고유한 제도라고 하겠다. 그런 면에서 독일 사람들은 옴부즈만이라는 표현을 쓰지 않고 새롭게 독일식으로 국방감독관(정확하게는 방위수탁자)라는 명칭을 쓰고 있는 것이다. 그런 제도를 한국의 국방부가 아무런 유보 없이 도입할 리는 만무하다.

아무튼 고충위로서는 국가인권위원회와 관할문제로 경합하다가 군 옴부즈만이라는 제도를 하나 얻은 셈이니 만족스러울 것이다. 그러나 중요한 것은 국민들이 만족하는 일이다.

3. 국민고충처리위원회를 폄하할 마음은 전혀 없다. 그러나 그 위원회가 어떤 권한을 갖고, 무엇을 하는 기구인가 하는 정도는 간단히 짚고 넘어갈 필요가 있다. 이 위원회는 「국민고충처리위원회의 설치 및 운영에 관한 법률」에 의거 대통령 소속 하에 설치되어 있는 기구이다 — 2005년에 이 법이 제정되기 전에는 「민원사무처리에 관한 법률」에 의거 국무총리 소속으로 되어 있었다. 고충이란 행정에 대한 불평, 불만, 의문, 의견, 희망사항을 한마디로 요약한 말이고 고충처리위원회란 그런 고충을 처리하기 위해 특별히 설치된 기관을 말한다.

고충처리제도가 장점이 있고, 국민의 요망에 부응하는 간편한 제도라는 것은 맞다. 그러나 이 제도는 권리구제 면에서 근본적인 한계가 있다. 고충처리는 알선과 권고에 의해 관계 행정기관의 자주적인 선처를 촉진하는 데 그친다. 관계 행정기관은 권고 등에 반드시 대처해야 할 법적 의무를 지지 않는다. 즉, "권고 또는 의견을 받은 관계 행정기관 등의 장은 이를 존중"(법 제39조 1항)하기만 하면 된다. 권한의 측면에서도, 신고를 받은 고충에 대하여 적절한 조치를 취하기 위하여 필요하고도 충분한 조사권한이 고충처리기관에 부여되어 있지 않다. 공정성·중립성의 보장 면에서 보더라도, 고충처리기관은 신고인과 관계행정기관 사이에서 해결을 도모하지만, 고충처리가 어디까지나 행정 내부적인 통제인 이상 국민으로서는 이 기관이 공평한 제3자적 역할을 할 수 있는가에 대해 의문을 갖게 된다.[32)]

반면 원래 옴부즈만은 직권에 의한 전문적 의견표명권, 강력한 조사권한, 제3자적 지위에 의한 직무독립성 등을 갖추어 고충처리의 한계를 극복하고자 도입되는 제도이다. 국방부가 독일식 군 옴부즈만(국방감독관)을 도입하겠다고 했을 때 이런 것을 제대로 알고 얘기한 것인지 의심스럽다. 적어도 독일의 국방감독관이 단순한 고충처리기관은 아니라는 점은 이 장의 본문에서 이미 살펴본 대로이다.

한편 옴부즈만이라는 것이 원래 의회 소속의 독립된 기관으로 발전해왔는데 우리나라에서는 어찌된 셈인지 옴부즈만이라는 용어가 남용되고 있고, 이것저것에 모두 옴부즈만이라는 명칭을 갖다 붙인다. 그리고 국민고충처리위원회는 자신들의 홈페이지 주소를 http://www.ombudsman.go.kr로 쓰며 자신들의 영문 명칭을

32) 다만 2005년에 '고충처리위원회법'을 '민원사무처리법'에서 분리하여 별도로 제정하면서 "권고를 받은 관계 행정기관 등의 장이 그 권고내용을 이행하지 아니하는 경우에는 그 이유를 고충처리위원회에 문서로 통보하여야 한다"는 규정을 신설한 점이나, 실지조사권을 강화한 점은 고충처리제도의 한계를 부분적으로 보완한 것으로 평가할 수 있다.

“The Ombudsman of Korea”라고 공식적으로 쓰고 있다. 그러니까 독일식 국방감독관도 자신들 기구 속으로 포섭할 수 있다는 논리이다. 그러나 이것은 제도에 대한 대단한 왜곡이라고 하지 않을 수 없다.

4. 독일의 국방감독관과 우리의 고충위는 제도적으로 볼 때 전혀 별개의 것이라고 해야 할 터인데, 고충위가 옴부즈만이라는 명칭을 독점하고, 또한 자기 식으로 해석하고 있으므로 군 옴부즈만 혹은 국방 옴부즈만이라는 번역어를 두고도 필자와 필자의 동료들은 ‘국방감독관’이라는 새로운 번역어를 찾아 나설 수밖에 없었다. 그리고 그러한 새로운 번역어의 제시는 현재 고충위에 설치된 ‘군사 옴부즈만’은 시민인권단체들이 원래 주장했던 ‘독일식’ 국방감독관과는 전혀 별개의 것이며, 그러기에 우리에게는 여전히 독일식 국방감독관 제도의 도입을 위해 노력해야 할 의무가 있음을 각인시키는 의의도 함께 갖고 있다.

하늘에서 뚝 떨어지는 인권은 세상에 없다. 그것이 천부인권이라고 하더라도 말이다. 인권은 항상 쟁취하여야 한다. 인권의 역사는 투쟁의 역사이다. 독일 사람들이 자국에 고유한 ‘국방감독관’ 제도를 ‘쟁취’할 수 있었던 것도 냉전시기 독일의 재무장에 대해 극렬히 저항했기 때문이다. 그들은 군과 관련된 여러 가지 문제들에 대한 투명한 해결을 위해서, 군을 사회와 분리된 성역으로 인식하는 군 내부의 인식을 지양하기 위해서 그리고 ‘제복 입은 시민’인 군인에게도 기본권이 보장되어야 한다는 생각을 군 내부에서도 관철하기 위해서 현재와 같은 ‘국방감독관’ 제도의 도입을 생각해

냈고, 또한 이를 관철시켰다.

한국사회에서 독일식 국방감독관 제도의 도입이 논의될 수 있었던 것도 군에서 인권을 침해당하고 심지어 목숨까지 잃은 장병들과 군에서의 인권침해에 대해 끈질기게 항의하고 싸워왔던 (유)가족들이 있었기 때문이다. 그렇게 해서 군인인권은 이만큼이라도 진보해왔다.

대만의 '군인인권촉진회'의 '황마마(黃媽媽)' 어머니처럼 국가가 공식적으로 인정하지 않더라도 군인인권의 침해(가능)현장이라면 언제든지 달려가서 인권상황을 들여다보고, 항의하고 싸울 수 있는 사람을 '국가기관'의 지위와 권한을 갖는 군인인권호민관으로 세워야 한다. 그리고 그런 사람을 이제 우리는 국방감독관이라고 명명해야 한다.

그런 점에서 '진정한' 군 옴부즈만인 국방감독관 제도를 도입하는 논의 혹은 투쟁은 지금부터라도 다시 시작해야 한다고 본다. 우리는 무늬만의 옴부즈만이 아니라 그 명칭이야 어찌되었건 진정한 군 옴부즈만을 원한다. 그러한 제도의 도입이 성사되기 전까지 차별성을 위해서라도 독일식 군 옴부즈만은 앞으로 국방감독관으로 명명되어야 한다.

제7장
군 사법제도의 개혁방안*

제1절 군에 대한 입헌적 통제의 한 방안으로서 군 사법제도 개혁

1. 오늘날 군 사법제도의 개혁은 시대적 요청이자 냉전체제 붕괴이후의 변화된 환경과 조건을 고려할 때 더 이상 미룰 수 없는 과제로 부상하고 있다. 특히 인권보장에 적합한 사법제도의 구축, 최고법원을 정점으로 한 사법체계의 통일성 확보라는 헌법상의 요청은 군의 특수성, 군사법체계의 특수성 논리보다 우월한 가치를 갖고 있다는 생각이 보편화되고 있다. 군대를 시민사회로부터 분리된 특수사회로 보는 시각은 후퇴하고 있으며, 인권에 대한 국제적 관심, 국제인권기준의 강화, 프라이버시기준의 강화에 발맞추어 군 사법제도를 개혁해야 할 필요성이 그 어느 때보다 커지고 있다.

---

* 이 글은 「군 사법제도, 어떻게 개혁할 것인가」, 『민주법학』, 제26호, 2004년, 302-324쪽에 기고한 논문을 가필한 것임.

이런 관점에서 각국의 군 사법제도를 검토해보면 군 지휘관에게 사법권까지 부여하는 전통적인 군 사법 운용방식이 급격히 와해되고 있음을 알 수 있다. 군 사법권의 행사와 군 지휘권을 연계시키는 근대 초기 이래의 낡은 전통은 급격히 사라지고 있다.

2. 군 사법제도 개혁은 군에 대한 입헌적 통제를 강화하는 데 있어 반드시 거쳐야 할 과제라 할 수 있다. 군에 대한 입헌적 통제라는 과제의 수행은 일차적으로 국회의원과 같은 정치가들의 손에 맡겨져 있고, 구체적인 세부 과제의 수행은 군사 영역에 종사하고 있는 법률가들에게 또한 맡겨져 있는데, 이들 법률가들의 지위와 권한을 분명하게 설정하는 군 사법제도의 개혁은 군에 대한 입헌적 통제와 직결되지 않을 수 없다.

다만 여기서 구분해야 할 점은 군 사법제도 개혁 등을 통해 군대에 대해 민주주의적·입헌적 통제를 한다는 것과 군대를 완전히 민주주의적 기관으로 만든다는 것은 다르다는 사실이다. 군대 자체를 민주주의적 기관(지휘관 선임이 선거에 의해 이루어지고, 하급 장교들의 다수의사로 부대 운영을 결정하는 것을 생각해 볼 수 있다)으로 만들기는 어렵지만 군에 대한 민주주의적·입헌적 통제를 강화할 수는 있다.

그러나 우리 군은 그간 차원이 다른 양자를 의도했건 의도하지 않았건 동일한 차원으로 이해해왔고, 그 연장선에서 군에 대한 민주주의적, 입헌적 통제를 거부해 왔다. 헌법재판소도 예외는 아니었다. 동 재판소는 "군 지휘권을 확립하고 군사범죄를 정확히 심리, 판단할 수 있도록 하기 위하여 군사법원에 군 지휘관을 관할관으로 두고 관할관이 군판사 및 재판관의 인사권을 갖게 하고, 군의 사정을 잘 알고 군사문제에 관하여 경험과 학식이 풍부한 일반장교를 재판에 참여시킬 필요"가 있다고 하여 군대의 영역에 사법권 독립과 같은 입헌주의의 제 원칙을 적용하는 것을 거부하였다.[1)]

그 결과 어떤 일이 발생했는가? 1998년 3월 이탈리아 군 사법당국이 개최한 군 사법제도에 관한 국제청문회에서 이탈리아 군 검찰총장이 한 아래의 발언은 우리에게도 그대로 적용된다.

> 오랫동안 우리는 군 사법제도의 독자성을 숭상해왔다. 그 결과 내부적으로 갈등과 과도한 반발이 있었으며, 외부로부터도 강력한 비판을 받았다. 이것이 우리들의 실수였다. 우리는 군 사법제도의 독자성, 특수성만을 좇았을 뿐, 군 사법제도를 하나의 통일된 사법 내에서의 특수한 분과로 보는 (다른 나라의) 일반적 경향은 따르지 않았다. 그 결과 어떤 일이 발생했는가? 자기 혼자 고립되다 보니 정상적이고 단계적인 발전은 불가능했고, 어느 날 갑자기 긴급한 개혁을 강요당하는 참담한 사태에 직면하게 되었다.[2)]

3. 한국사회에서는 지금 전근대적 사법제도를 개혁하기 위한 노력이 한창 경주되고 있다. 전문 법과대학원제도(이른바 로스쿨)의 도입이 재차 추진되고 있는가 하면 사법제도 전반에 대한 개혁 논의가 진행 중이다. 사법개혁위원회에서 논의하는 대상에는 군 사법제도 개혁도 포함되어 있다. 군 사법제도도 사법의 한 부분이므

---

1) 군사법원법 제6조 등 위헌소원(전원재판부 1996. 10. 31. 93헌바25), 헌판집 제8권 2집, 443-456쪽.

2) Vindicio Bonagura의 발제문(http://www.giustiziamilitare.difesa.it) 중에서.

로 사법제도 개혁에서 함께 논의하는 것은 당연하다.

사법개혁위원회의 논의 주제 중에서 군 사법제도 개혁이 차지하는 비중은 그리 높지 않으나[3], 군 사법제도 관련 당사자들 사이에서는 이 문제가 매우 중요한 관심대상이 되고 있다. 국회도 국회 나름대로 의원입법의 형식으로 군 사법제도 개혁안을 내놓을 것이라는 보도도 나오고 있다.[4] 바야흐로 그 동안 공식·비공식적으로 군 사법제도 개혁을 주장해 온 사회 일부의 목소리가 법제개혁으로까지 연결되고 있는 느낌이다. 군 사법제도 개혁을 알게 모르게 외쳐온 두 세력은 '민주화실천가족운동협의회'(민가협), '군경 의문사 진상규명과 폭력 근절을 위한 가족협의회'(군가협)와 같은 이른바 (군) 의문사 가족들이 중심이 된 인권운동단체[5]와 군 법무관으로 복무하면서 군 사법제도의 문제점을 뼈저리게 경험한 전직 군 판사, 군 검사들이다.[6] 전자가 잘못된 군 사법제도(군 수사제도

---

3) 동 위원회는 위원장 1인과 부위원장 1인을 포함한 20인 이상 30인 이하의 위원으로 구성하도록 되어 있는데(규칙 제4조), 현재 20여명의 위원 중 군 사법제도와 관련된 인사는 1인에 불과하다. 한국일보, 2003. 10. 29자 참조.

4) 내일신문(인터넷판), 2004. 7. 22자 등 참고.

5) 참고로 대통령 소속 의문사진상규명위원회는 자신의 1년간의 활동을 마무리하는 보고를 대통령에게 하는 자리에서 전시가 아닌 때는 군사법원을 폐지해야 한다고 건의했다. 의문사위는 이 보고에서 "군 의문사 문제를 조사하는 과정에서 군사법원이 제 기능을 발휘하지 못해 문제가 악화됐다는 판단을 하게 됐다"며 군사법원의 폐지를 권고했다고 한다. 한국일보(인터넷판), 2004. 7. 30자.

6) 이들은 특히 2002년 10월의 기자회견을 통해 군 사법제도 개혁을 우리 사회가 시급히 논의해야 할 공식의제 중의 하나로 제기하였다. 오마이뉴스, 2002. 10. 17자. 기사제목. "군 조직 내 외압에 자유롭지 못했다. 군법무관 출신 법조인 9인 양심선언" 참고.

를 포함)로 인한 인권침해를 직접 목격하면서 군 사법제도의 개혁을 요구한다면, 후자는 '법의 우위'가 아니라 '명령의 우위' 앞에서 좌절했던 법률가의 목소리를 대변한다. 이들 두 세력에 비해 연구자들은 비교적 최근에야 이 문제에 대해 관심을 갖기 시작했다.

반면 군 사법제도의 주무부서인 국방부는 최근까지 군 사법제도 개혁논의를 이런 저런 이유를 들어 회피해왔고, 개혁을 말하면서도 실상은 '사소한 것의 양보를 통한 기존제도 유지하기' 혹은 '본질 흐리기'로 일관해왔다.7)

군 사법제도를 개혁하자는 쪽과 현행 제도를 유지하자는 쪽이 대립하는 지점은 어디일까. 군사법원을 행정부인 국방부본부와 그 예하 군부대에 설치하는 것(군사법원법 제6조)이 사법의 통일성 원칙, 삼권분립의 원칙에 어긋나고 사법권의 독립을 해치는 것은 아닌가? 군검찰관에 대한 임명·지휘·감독권을 가지고 있는 국방부장관, 각 군참모총장 및 관할관이 군판사 및 심판관의 임명권과 재판관의 지정권을 가지며(법 제38조, 제39조, 제40조, 제41조), 군검찰사무를 통합·관장하는 관할관이 군사법원의 행정사무도 관장하도록 한 것은(법 제8조) 권력분립주의와 사법권 독립의 원칙에 위반되는 것은 아닌가? 검찰권의 주체적 지휘·감독자인 관할관이 구속영장의 발부권과 판결에 대한 확인권(이른바 확인조치권)까지 갖도록 규정한 것은(법 제238조, 제379조 제1항, 제535조) 헌법적으로 용납될 수 있는가? 군사법원을 군부대 등에 설치하여 법관이

7) 국방부의 입장에 대한 전직 군 법무관들의 평가에 대해서는 다음 문헌을 참고하라. 이계수 외, 『군 사법제도 운영 및 인권침해실태현황 실태조사』, 2003년도 인권상황 실태조사 연구용역보고서, 국가인권위원회, 특히 123-123쪽, 140쪽.

아닌 군장교가 심판관의 자격으로 군사재판에 참여하도록 한 것은 (법 제23조~제27조) 헌법 제27조 제1항의 국민의 재판청구권을 본질적으로 침해하고 헌법 제11조의 평등의 원칙에 반하는 것은 아닌가? 등등. 쟁점은 많을 것이다.

그러나 그 무수한 쟁점을 아우르는 논의의 꼭대기에 필자는 '지휘권과 인권의 대립'이 위치해 있다고 본다. 군사법원법 제6조 등 위헌소원사건에서 청구인이 적절히 주장했듯이 현행 군 사법제도의 문제는 그것이 "지휘관의 권력의 집중에 의한 권력의 남용 가능성으로 인하여 인간의 존엄과 가치, 행복추구권, 평등권, 신체의 자유, 정당한 재판을 받을 권리 등은 물론 최소한의 정신적 자유마저 본질적으로 침해하고" 있는 것은 아닌가 하는 쟁점으로 결국 귀결된다. 그 점에서 현행 군 사법제도는 군대의 효율적 관리·운용이라는 가치와 군인의 인권보장이라는 가치가 충돌하는 영역이라고 할 수 있다.

최근 전직 고위 장성 출신들이 패널로 참여한 비공개 토론회에서 '지휘권과 인권의 문제'를 논의해 본 필자는 이 문제가 특히 가치의 문제이며, 양자의 대립이 쉽게 해결되기는 어렵다는 사실을 뼈저리게 느낀 바 있다. 그러기에 인권의 관점에서 군 사법제도 개혁을 논의하는 측에서는 군 사법제도 개혁이 인권 보장은 물론 지휘권 확립에도 기여할 수 있다는 사실을 객관적인 자료 등을 통해서 계속해서 제시하는 자세가 필요하다.[8)] 군 사법제도는 지휘권과

8) 레더러와 젤리프는 전 세계에 존재하는 군사법원의 체계를 크게 "규율에 기반한 체계(discipline-based court system)"와 "정의에 기반한 체계(justice-based court system)"로 나눈 뒤, 전자는 비용이 적게 들고 군대내 질서유지에 효과적이며 특히 지휘관의 권한행사에 적합하다

인권이 경합하는 지점이 아니라 인권의 보장을 통해서 궁극적으로 '진정한' 지휘권을 확보하는 지점이라는 사실을 끊임없이 지적할 필요가 있다.

이러한 점을 염두에 두면서 이하에서는 군 사법제도 개혁 논의에서 가장 원리적이고 핵심적인 쟁점인 지휘권과 인권의 대립 혹은 딜레마에 대해 살펴본 뒤 한국의 군 사법제도가 나아갈 방향에 대해 정리하였다. 이 글에서 사용하는 군 사법제도(軍 司法制度)는 절차적인 측면에서는 수사단계, 공소제기의 단계, 공판의 단계 및 공판 이후의 절차와 집행단계 등의 군 사법제도의 전 영역을 포괄하고 주체의 측면에서는 헌병, 군검찰, 군사법원 및 지휘관(그리고 법무참모) 등을 포함하는 것으로 일단 정의하기로 한다.

제2절 군 사법제도, 지휘권과 인권의 충돌영역?

1. 2003년에 발표된 국방부의 「군 사법제도 개선안」[9]을 보면

는 장점이 있는 반면에 일반 병으로부터 동의를 얻어내기 어려워서 자발적인 복종을 이끌어내지 못한다는 단점이 있다고 지적한다. 이에 반해 후자는 시간과 비용이 많이 들고 때로는 질서유지의 관점에서 비효적일 수 있지만 공정한 갈등해결절차를 통해 장기적으로는 보다 효율적으로 구성원간의 통합을 이루어낼 수 있다고 한다. Frederic I. Lederer & Barbara Hundley Zeliff, "Needed: An Independent Military Judiciary. A Proposal to Amend the Uniform Code of Military Justice", Eugene R. Fidell & Dwight H. Sullivan (Ed.), *Evolving Military Justice*, Annapolis, Naval Institute Press, 2002, 28쪽 이하.

9) 국방부의 군 사법제도 개선안은 국방연구위원회, 「군 사법제도 개선안」, 2003과 국방부, 『국방개혁추진계획』, 2003, 53-54쪽에 소개되고 있는

"현행 군판사 운용제도를 개선하여 재판의 공정성을 강화한다.", 관행적으로 적용되고 있는 일부제도의 인권침해 예방책을 강구한다."는 등의 주요목표들을 내세우고 있지만 이른바 '지휘관 사법(指揮官 司法)'의 전형으로 평가받는 현행 군 사법제도를 근본적으로 개혁하려는 시도는 하고 있지 않다.[10]

군 지휘관들은 사법권을 지휘권의 한 내용으로 포함시킬 때 군을 일사분란하게 지휘·통제할 수 있다고 생각하는 경향이 있다. 그러한 생각들은 현실적으로도 관철되어 해방 후 60년 가까이 흐른 지금에 이르기까지 한국의 군 사법제도에서는 사법권 또한 지휘권의 한 요소로 설정된 전 근대적 모델이 유지되고 있다.

2. 군 지휘권의 내용에 사법권까지 포함시키는 제도는 근대 국민국가 형성기의 상비군제에까지 거슬러 올라간다.[11] 당시의 사법제도 자체가 군주의 통제아래 있는 관방사법(官房司法)이었음을

내용을 참고하였다.

10) 자세한 비판은 국가인권위원회, 앞의 책, 62-65쪽 참고.

11) 스페인 군 사법제도를 설명한 곳에 보면 이른바 지휘관 사법의 전형이 다른 유럽 국가들과 마찬가지로 근대 초기 스페인에서 상비군이 창설되면서 등장했다고 한다. 이 시기 군 사법권은 1587년 국왕 필립 2세를 대신하여 알렉산드로 파르네세(Alessandro Farnese)왕자가 군에 대해 공포한 플랑드르의 제1명령(Primeras Ordenanzas de Flandes; Primary Orders of Flanders)과 같은 소위 군사명령(Ordenanzes Militares)에 의해 규율되었다. 이런 류의 법률들은 사법권의 행사와 군 지휘권을 연계시키는데, 즉 지휘권을 가진 자만이 재판권을 행사할 수 있게 하는데 그 특징이 있으며, 이는 이후의 법률에서도 계속해서 나타났다고 한다. 김형태/이계수/남상덕, 『군대 내 인권실태 및 개선방안 마련을 위한 기초연구』, 2002년도 인권상황 실태조사 연구용역 보고서, 국가인권위원회, 336쪽.

고려하면 근대적 사법체제가 성립하기까지는 이른바 '지휘관 사법'이 당연하게 받아들여졌을 것은 쉽게 추론해 볼 수 있다. 그러나 군 지휘관에게 사법권까지 부여하는 전통적인 군 사법 운용방식은 제1차 세계 대전을 기점으로 와해되기 시작한다. 덴마크는 군 사법권과 군 지휘권을 연계시키는 전통을 군국주의 유물로 이해하여, 제1차 세계대전 직후인 1919년에 이미 군사법원을 폐지하였다. 독일과 일본은 제2차 세계대전의 패전이후 군사법원을 폐지하였다. 프랑스는 인도차이나 반도, 알제리에 대한 식민지 지배권을 상실한 1960년대 이후 군 사법제도 개혁을 논의하여 1980년대 초에 군 사법제도를 근본적으로 개혁하였다. 스페인에서는 프랑코 독재정권 시절 만들어진 군사법제도를 1980년 이후 개혁하였다. 냉전체제가 해체된 이후에는 보다 많은 나라들에서 군 사법제도 개혁이 논의되거나 실천되었다. 네덜란드와 포르투갈은 1991년과 1997년에 각각 평시의 군사법원을 폐지하였다.[12] 스위스에서는 1973년과 1990년에 평시 군사법원폐지법안이 각각 제안되었으나 통과되지는 않았다. 이탈리아의 경우 1981년의 법 개정을 통해 민간인이 군사법원의 재판을 주재하도록 했다.[13] 이후 1990년대 중반 양원합동 헌법개혁위원회가 최소한 평시의 군사재판은 폐지해야 하는지에 대해 논의한 바 있다.[14] 미국에서는 군사법통일법전 시행 50

12) 이상 열거한 나라들 중 덴마크, 독일, 프랑스, 스페인, 이탈리아 등 유럽국가의 군 사법제도에 대한 설명은 이계수 외, 앞의 보고서, 172쪽 이하 참고.

13) Giuseppe Scandurra의 발제문(http://www.giustiziamilitare.difesa.it) 중에서.

14) Vindicio Bonagura 발제문(http://www.giustiziamilitare.difesa.it) 중에서.

주년을 계기로 동 법률에 대한 개혁이 논의된 바 있다. 그 대표적인 예가 콕스 위원회(Cox Commission)의 활동이다.[15)]

3. 군 사법제도를 개혁하였거나 개혁하고자 하는 나라들이 군 사법제도 설계에서 관심을 갖는 포인트는 두 가지이다. 그 하나는 군 사법제도도 사법부의 한 부분으로 통합함으로써 최고법원을 정점으로 한 '사법체계의 통일성 확보'라는 헌법적 요청을 실현해야 한다는 것이고, 다른 하나는 군 사법부 개혁을 통해 '군인 인권보장책'을 강화한다는 것이다. 사실 양자는 서로 연결되어 있다. 군 사법이 통일적인 사법체계에 편입되어 있는가 하는 것은 형식적인 기준이 아니라 실질적인 기준에 의거해서 판단해야 한다. 재판형식, 대법원에의 상소인정과 같은 형식적인 기준이 아니라, 실질적으로 법원과 법관의 독립이 보장되어 있는가, 재판의 공정성을 담보하는 장치들이 있는가, 수사, 기소, 재판이 지휘관의 영향력에서 벗어나 있는가 하는 점 등을 고려해야 한다는 것인데 사법의 통일성 원칙을 이렇게 이해한다면 사법의 통일성과 군인 인권보장은 하나의 목적을 지향하는 두 개의 하위원리가 되는 셈이다. 그 하나의 목적이란 결국 민간사법을 통한 군사영역의 통제를 통하여 인권 보장을 관철하는 군대를 만드는 것이 된다. 이를 한마디로 줄이면 "군사 영역에서의 입헌주의의 관철"이 된다.

---

15) 콕스 위원회에 대한 간단한 소개는 박주범, 「외국의 군사법원/군사법원의 존립목적」, 민주사회를 위한 변호사모임, 『군 사법 개혁을 위한 토론회』, 2003. 4. 16., 23쪽.

4. 반면 군대에만 적용되는 독자적인 군사법원, 군 사법제도를 유지해야 한다는 쪽에서는 여러 이유를 들어 군 사법제도 개혁 요청에 맞서고 있다. 예컨대 이탈리아 국제청문회에서 움베르토 카푸쪼(Umberto Cappuzzo) 장군은 다음과 같은 이유들을 들어 군 사법제도 개혁에 반대하고 있다.

> 첫째, 군사재판은 군이라는 특수하고 전문적인 조직을 이해하는 자만이 할 수 있다.
>
> 둘째, 군검찰과 군 판사 같은 군 사법제도 종사자들만이 사실관계와 범죄자의 성격 파악을 정확히 할 수 있다.
>
> 셋째, 군사재판은 신속한 재판을 통하여 범죄자를 처벌해야 한다는 군의 요청에 부응할 수 있다.
>
> 넷째, 군사재판을 일반법원이 담당하면 군의 정체성이 훼손될 수 있다.
>
> 다섯째, 군사재판은 일종의 확대된 징계위원회이므로 사법체계와는 무관하다.16)

그러나 군사영역에서 제기되는 전통적인 반대논리에도 불구하고 군 사법제도의 개혁은 시대적 요청이며 변화된 군사 환경·조건을 고려할 때 불가결하다는 공감대가 커지고 있다. 특히 인권의 원리, 사법제도의 통일적 운영원리 등 헌법적 요청이 군의 특수성, 군사법체계의 특수성 논리 보다 우월한 가치를 갖고 있다는 생각이 대다수 국가에서 공유되고 있다.

그러한 점을 잘 보여주는 예가 앞에서 언급한 콕스 위원회가 제

16) Umberto Cappuzzo의 발제문(http://www.giustiziamilitare.difesa.it) 중에서.

시한 이른바 ‘고려요소들’(Topics of Consideration)’이다. 동 위원회는 군 사법제도 개혁을 논의할 때 고려해야 할 점들을 항목별로 정리하여 그 쟁점들을 이해관계인들에게 제시한 바 있다.17) 특히 동 위원회는 아래와 같은 요소들이 군 사법제도 개혁 시 고려되어야 할 것인지를 묻고 있다.

> ① 여성 병력의 증가 ② 지원병 제도 ③ 현대전의 원리 ④ 합동참모부에 의한 지휘체계 ⑤ 다국적 지휘체계 ⑥ 기혼 및 유자녀 병력의 증가 ⑦ 전쟁 선포 없이 이루어지는 해외군사작전의 증가 ⑧ 해외파병에 동행하는 민간인이 존재한다는 사실 ⑨ 인권에 대한 국제적 관심 ⑩ 군 형사법 분야에서의 국제적 변화 ⑪ 국제형사재판소의 설립이 미치는 영향 ⑫ 국제인권기준의 강화 ⑬ 특히 지휘 및 통제문제에 적용되는 기술상의 변화들 ⑭ 세대차와 관련한 정보, 예컨대 인터넷 및 전자금융사회에 대한 접근 및 이용가능성과 관련한 세대별 대응 차이 ⑮ 장기간 지속되는 평화유지활동의 증가 ⑯ 프라이버시/성생활과 관련된 기준의 강화 ⑰ 교육수준이 높아진 병력.

이중 특별히 주목할 부분은 인권에 대한 국제적 관심, 국제인권기준의 강화, 프라이버시 기준의 강화에 발맞추어 군 사법제도를 개혁해야 할 필요성은 없는가 하고 물어보는 항목들이다. 실제로 군 사법제도의 개혁논의에서 외부적 충격은 인권과 관련된 부분에서 오고 있다. 예컨대 군인은 특별권력관계에 놓여있기 때문에 법률에 의거하지 않고도 기본권을 제한할 수 있다는 논리가 우리의 경우에는 예나 지금이나 관철되고 있다. ‘기본권을 제한할 때에는

---

17) http://www.badc.org/htmlmilitarylaw_art_specificfnl.htm에 그 내용이 수록되어 있다.

반드시 법률에 의거해서 하라'는 헌법상의 원칙은 군대행정에서는 거의 지켜지지 않고 있다.18)

그런데 외국의 입법례에서는, 군인이기 때문에 이들의 권리는 법률에 근거가 없더라도 제한할 수 있다는 식의 논리가 거의 인정되지 않는다. 일례로 유럽연합(EU) 국가 중 군인의 권리를 특별권력관계론에 입각하여 설명하거나 정당화하는 나라는 없다고 한다. 유럽연합의 회원국들은 군인의 권리제한은 반드시 법률로 해야 한다는 입장을 취하고 있다고 한다.19) 미국 연방대법원의 긴스버그 판사는 "군인이 입대할 때 자신이 갖는 헌법상의 권리와 법적 보호를 유보하는 것은 아니다. …… 군대의 구성원은 지휘관의 관대함에 의해서가 아니라 헌법에 보장된 대로 법적인 보호를 받을 권리가 있는 것"20)이라고 말하고 있는데, 그의 지적은 군인이라고 해서 헌법상의 권리와 법적 보호로부터 제외되어서는 안 된다는 당연한 이야기를 되풀이 한 것으로 보아야 한다.

군인의 권리 영역에서의 그러한 실체적 변화는 당연히 군인의 권리에 대한 절차적 보장에 대한 관심으로 나아가지 않을 수 없다. 즉, "사법권의 존재이유가 기본적 인권의 보장에 있다고 한다면 사법권의 한 부분인 군 사법권 또한 기본적 인권을 보장하는 장치들을 갖고 있어야 한다."는 요청이 자연스럽게 제기될 수밖에 없다.

18) 김철용, 『행정법』, 제9판, 박영사, 2006, 114-115쪽 참고.

19) Georg Nolte, "Europäische Wehrrechtssysteme als Ausgangspunkte für europäische Streitskräftestrukturen", 2002년 10월 11-12일 양일간 뮌헨에서 개최된 2002년 독일 군사법학회 발표문 중에서. www.deutsches-wehrrecht.de/DtGfWuHV/MuenchenerTagung.htm 참고.

20) Weiss v. United States, 000 U. S. u10446(1994).

그 결과 국민들은 "국가가 국민에게 군복무 의무를 부과한다면, 국민의 입장에서는 국가에 대해 권한 있고 공정한 군 사법당국을 제공해 줄 것"을 당연히 요청할 수 있는 것 아닌가 하는 강한 자의식을 갖게 된다.

5. 군인의 인권에 대한 관심은 사회·군대를 둘러싼 환경이 냉전체제 이후 근본적으로 변했다는 인식을 전제로 한다. 그리고 그러한 인식에는 각국의 군 사법제도의 근간이 된 1945년 이후의 법제를 국제인권규범에 맞추어 개정해야 한다는 생각도 당연히 포함된다.[21]

예컨대 국제인권규약 B규약 제14조에 따른 권리는 모든 법원에서 보장되어야 하므로 군사법원이 그러한 요청, 특히 "독립적이고 공평한 법원에 의한 공정한 공개심리를 받을 권리"를 충족시키지 못한다면 그 자체로 이미 개혁대상이 된다는 주장을 각국 정부들은 더 이상 외면할 수 없게 되었다. 실제로 국제인권규약 제14조의 유럽판인 유럽인권협약 제8조가 규정한 "독립적이고 공평한 법원에 의한 재판을 받을 권리"의 침해여부가 논란이 된 1997년의 '핀들리 대 영국 사건'[22] 이후 영국 정부는 군 사법제도를 대폭 개혁한 바 있다.[23]

---

21) Amnesty International, *Fair Trials Manual,* Amnesty International Publications, 1998, 150쪽 아래 참고.

22) 24 EHRR 221.

23) 핀들리 대 영국사건에 대한 개괄적 소개: 포클랜드 전쟁 참전 후 중대한 정신장애로 시달리고 있었던 원고가 동료를 총으로 위협한 일 때문에 군법회의에서 2년형을 선고받자 유럽인권법원에서 영국의 군사법원제도의 위법성을 다툰 사건. 이 사건에서 유럽인권법원은 영국의

인권의 관점에서 보면 현 시기는 전례 없는 격동의 시기임에 틀림없다. 인권이라는 쟁점은 군 사법제도개혁을 추동하는 가장 중요한 포인트이며 군 사법제도 개혁에서 빠질 수 없는 주제가 되었다. 진정한 군 사법제도 개혁은 인권을 더 이상 지휘권을 제약하는 요소가 아니라 지휘권을 입헌적 반석 위로 이끄는 중요한 동인(動因)이자 가치로 인식하는 데서 출발할 수 있다.

제3절 군 사법제도, 어떻게 개혁할 것인가?

1. 각국에서 진행되고 있는 군 사법제도 개혁의 내용을 일별해 보면, 각 나라의 실정에 따라 개혁에 다가가는 접근방식이 다름을 확인할 수 있다. 예컨대 군사법원의 설치를 전제로 군사법원의 공정성과 독립성을 강화하는 데 초점을 맞추는 나라가 있는가 하면, 군사법원의 폐지를 전제로 제도개혁·변경을 시도하는 나라들도 있다. 일반적으로 말다면 세계 최대의 파병국, 군사대국인 미국은 많은 문제제기에도 불구하고 군사법원제도를 유지한다는 입장아래

군사법원제도는 유럽인권협약 제6조가 보장하고 있는 '독립·공정한 재판을 받을 권리'를 침해한다고 선고하였다. 동 법원은 판결이유 부분에서 군법회의 소집권, 군법회의에 참여할 장교선임권, 군 검찰관 임명권을 모두 지휘관 한 사람이 갖도록 한 영국군사법원제도의 문제점을 집중적으로 거론하였다. 판결문 전문은 아래 주소에 수록되어 있다. http://hudoc.echr.coe.int/Hudoc1doc/HEJUD/sift/602.txt에 수록되어 있다. 김형태/이계수/남상덕, 앞의 보고서 부록에 우리말로 요약 번역되어 있다. 이 판결에 대한 해설은 Richard Clayton/Hugh Tomlinson, *The Law of Human Rights*, Vol. 1, Oxford Univ. Press, 2000, 686쪽.

동 제도의 공정성과 독립성을 강화하는데 제도개혁의 초점을 맞추고 있다. 유럽의 다수 국가들은 군사법원 혹은 군사재판 자체의 폐지에 보다 많은 관심을 갖고 있다. 따라서 후자의 경우에는 군사재판의 공정성도 문제 삼지만 군대내의 사건·사고를 조사·수사하고 기소할 권한을 누구에게 줄 것인가, 군대와 관련한 형사사건에 대한 심리를 누구에게 맡길 것인가 하는 문제에 관심을 더 기울인다.

우리의 경우는 어떠한 접근이 필요할까? 국방부와 군 관련 인사들은 한국의 현행 군사법원법은 미국의 군사법통일법전을 모델로 하고 있기에 한국의 군 사법제도는 미국의 그것에 가깝다고 평가하고 있다.[24] 군 체계 면에서도 한국군은 미군에 가까우므로 한국의 군 사법제도 개혁에서도 미국식으로 가야 한다는 주장을 펼친다.[25] 그러나 과연 그러한 평가가 올바른지는 의문이다.

2차 대전 이후 각국에서 군 사법제도를 새로이 설계할 때에 주로 고려한 요소 중에 특히 중요한 것이 군 사법제도를 시간적·공

---

24) 현행 군사법원법이 미국의 군사법통일법전(UCMJ: Uniform Code of Military Justice)을 참조하면서 제정되었다는 점은 부정하기 어렵다. 그러나 미국의 군사법통일법전을 전면적으로 받아들여 현행 군사법원법(군법회의법)을 제정 및 개정한 것은 아니었다. 현행 군사법원법은 오히려 일본의 제도와 미국의 군사법통일법전을 혼합 계수한 것으로 보아야 한다. 또한 우리의 입법자가 군사법원법의 계속적인 개정을 통해 그 법 내용을 일반형사절차를 규율하고 있는 독일식 형사소송법과 동일하게 규정하기 위한 노력을 계속해왔던 점도 무시할 수는 없다. 그리고 현행법은 미국의 그것과는 달리 실체법에 관한 규정은 별도의 군형법으로 규율하고 있으며 징계절차에 대한 규정도 포함되어 있지 않다.

25) 지광준, 「불신 받는 군의문사 수사 해결책 없나」, 한겨레신문, 2002. 9. 26자.

간적으로 한정하여 운용해야 할 것인가 여부이다. 다시 말해 군 사법제도를 운용한다고 하더라도 그것의 운용을 예외적인 것으로 할 것인지(독일 기본법 제96조 제2항),[26] 아니면 우리 헌법재판소가 밝힌 것처럼 "군은 그 임무의 특성상 전시에는 말할 것도 없고 평시에도 적의 동태나 작전계획에 따라 자주 이동하고, 급박하게 상황이 변화하므로 이에 대응하여 언제, 어디서나 신속히 군사재판을 할 수 있도록 하기 위하여 군사법원을 군부대 등에 설치할 필요가 있는"(밑줄은 필자)지 하는 것이 주요 고려사항이 되었다는 얘기이다. 그리고 이러한 '부분적·한정적 운용=군사법원 권한의 시간적·장소적 한정이냐' 아니면 '전면적 운용'이냐 하는 고민에서 다수의 국가들이 전자를 선택하였음은 앞에서도 잠시 살펴보았다.

입헌주의적 관점에 선다면, 언제(전시든 평시든), 어디서건(국내에서건 해외파병지에서건) 군사법원은 존재해야 한다고 주장하는 논자에 대해서는 "예외적인 조건이 헌법상의 권한을 창설하거나 확대하지는 않는다"[27]고 반박하면서 군 사법제도의 완전한 폐지를

---

26) 독일의 경우 방위상의 긴급사태시, 또한 외국에 파병하거나 군함에 승선하고 있는 군 복무자에 대해서만 군사법원이 형사재판권을 행사할 수 있도록 하고 있다. 그러나 그 경우에도 군사법원의 설치가 의무가 아니다. 군 형사법원이 설치되더라도 그 관할은 국방부가 아닌 법무부에 속하게 된다. 그리고 실제로 독일정부는 아직까지 한번도 군사법원을 설치하지 않았다. 군 형사법원법, 즉 기본법 제96조 제2항이 말하는 연방법률인 "군대에 관한 군 형사법원 설치 및 기본법 제96조 제2항에 기초한 방위사태시 군 형사재판권의 행사에 관한 법률"은 아직 제정되지 않았다.

27) 미국 연방대법원의 '쉐히터 양계장 사건'(295 U.S. 528)의 판결문 중에서. Winfried Brugger, *Einführung in das öffentliche Recht der USA*, München, 1993, 40쪽에서 재인용.

지지하는 것이 옳다. 특히 전시 혹은 비상상황이라고 하더라도 입헌주의의 기본 틀은 유지되어야 한다는 논지를 지지하면서, 부분적·한정적 운용을 최소한의 요구로 내세워야 한다.

여기서 부분적·한정적 운용을 지지하는 한 군사법원제도의 전면적 운용을 전제로 한 미국식 제도개혁론을 채택하기는 어렵다. 미국처럼 대규모로 군을 해외에 파병·전개(Deployment)하고 있는 나라가 아닌 한 군 사법제도를 별도로 전면적으로 운용할 실익도 없다. 실제로 제국주의 군대의 전통을 사실상 상실한 프랑스가 과거 제국주의 시대의 전통에 기반 해있는 군 사법제도를 개혁하여 군 사법원을 전시·국외 파병지에서만 운용하는 것은 이러한 논지를 뒷받침하는 주요한 증명자료가 된다. 우리의 군 사법제도 설계에서 미국형이 아니라 대다수 유럽국가가 채택하는 모델을 참고해야 할 이유도 여기에 있다.

2. 이상의 점을 염두에 두면서 현행 군 사법제도의 개혁방향을 법원제도와 군 검찰, 수사기관을 중심으로 간단히 정리하면 다음과 같다.

1) 법원제도

(1) 평시(시간적 제한) 그리고 국내(장소적 제한)에서는 군사법원을 운용하지 않는다. 군 형사사건에 대한 관할은 민간법원 형사부에서 담당한다. 「국방부 개선안」은 "재판에 대한 영향력 행사 금지의 법제화" 등 미국식 접근, 즉 군사법원은 존치시키되 그 독립

성을 강화하는 식의 접근을 취하고 있으나 군사법원은 적어도 평시·국내에서는 폐지하는 것이 바람직하다.

군사법원이 폐지된다고 해서 관할관 제도가 당연히 없어지는 것은 아니므로(군사법원이 폐지되더라도 지휘관이 관할관으로서 군검찰을 지휘할 가능성은 여전히 남게 된다), 관할관제도도 명시적으로 폐지한다. 군사법원 폐지의 당연한 결과이겠지만, 분명히 하기 위해 지휘관의 확인조치권도 폐지한다. 장교인 군인이 군사법원의 형사재판에 대해 확인조치권을 행사하는 것은 여러 모로 문제가 많으므로 대안을 제시하기 보다는 곧바로 폐지하는 것이 바람직하다. 지휘관의 확인조치권은 국제인권법의 관점에서도 문제가 된다. 예컨대 유럽인권법원은 "구속력 있는 판결은 사법부만이 변경할 수 있다. 이러한 사실은 사법제도의 본질에 속한다"28)고 판결하였음에 유의해야 한다.

(2) 평시·국내에서의 군사법원 폐지의 논거는 다음과 같다.

첫째, 평시·국내 지역에서 군사법원을 설치·운용하는 것은 비례원칙에 반한다. 군사법원의 설치논거가 지휘권확립, 전투력보존에 있다고 주장되나 현대적 의미의 지휘권은 지휘관의 자의적인 사법권 행사에 의해서가 아니라, 정당하고 적법한 절차를 매개로 군대내의 질서를 유지할 때 비로소 확보된다고 보아야 한다. 따라서 군사법원 제도는 군기 유지를 위해 적합한 수단이 아니다(적합성의 원칙 혹은 방법적정성의 원칙).

둘째, 군기유지를 위한 지휘권 확보는 징계권을 통해서도 충분

---

28) Morris v. United Kingdom, 2000.

히 가능하다고 본다. 가능한 한 경미한 인권침해 수단으로 군대의 규율과 질서가 확보될 수 있다면 그러한 원리가 군 사법행정에도 적용되어야 한다. 따라서 군사법원의 역할은 가능한 한 최대한으로 축소되어야 한다(필요성의 원칙 혹은 피해최소성의 원칙).

셋째, 군사적 필요성, 신속한 재판 등을 내세워 군사법원의 존치 필요성을 주장하나 그러한 군사법원의 설치로 인한 인권침해의 가능성, 인적 자원의 비효율적 운용 등과 비교형량하면 설득력이 약하다(상당성의 원칙, 협의의 비례원칙 혹은 법익균형성의 원칙).

(3) 군사법원의 폐지주장에 대해서는 일반(문민)법원에는 군사적 전문지식이 결여되어 있기 때문에, 군인의 범죄 특히 군사범죄를 정확하게 판단할 수 없다는 문제제기가 있을 수 있다. 이런 반론은 다른 나라에서도 군 사법당국에 의해 빈번히 제기된 바 있다.[29] 제2차 세계대전 패전이후 군대를 갖지 못하다가 나토의 중핵으로서 조기에 재군비화와 군사법제·긴급사태법제를 완성한 독일에서도 1950년대 중반 이래 그러한 반론이 제기되었다. 즉, 1955년을 기점으로 재군비화가 진행되면서 연방의회에서는 군 형사법원이 평시에도 활동해야 하는지가 문제되었다. 하지만 그러한 문제제기는 일반형사법원이 군사사건에서도 양호하게 재판처리를 하고 있다는 경험적 사실이 제시되면서 그 오류가 논증되었다고 한다.[30] 모든 사람이 병역의무를 지고, 민관법관의 대부분이 의무

---

29) 앞의 본문에 인용된 움베르토 카푸쪼 장군의 발언 참조.

30) E. Thurn, "Die verfassungsrechtlichen Grundlagen einer Wehrstrafgerichtsbarkeit im Verteidigungsfall—Gedanken zu einer Reform des Art. 96 Abs. 2 GG", *Neue Zeitschrift für Wehrrecht*, 1976, 224쪽; 水島朝穗,

복무를 하는 우리의 경우에는 독일에서보다 빨리 군사법원에 대한 신화가 깨어질 것으로 본다.

(4) 군사법원을 평시에도 설치하여 군대내의 일반범죄 등을 처리하는 것이 전시를 대비한 훈련이 된다고 하나, 그렇게 보기는 어렵다. 전시를 대비한 군 사법체계가 꼭 필요하다면 그러한 조직체계를 미리 계획해 두고 일정 기간마다 가상훈련을 실시하는 것만으로도 충분하다고 본다.

(5) 다만 군사법원의 폐지로 인한 혼선을 방지하기 위하여 중·단기적인 완충방안으로 지방법원 합의부에 군사부를 설치하도록 하며, 동 합의부에 1명의 군판사를 참여시키는 방안을 고려할 수 있다. 재판부에 참여하는 군판사의 선발은 군법무관 중에서 추첨하는 방식이 바람직하다. 단순한 회계부정, 단순 군무이탈 등의 경미한 범죄에 대해서는 단독판사가 재판해도 될 것이다. 1심 법원의 단독판사의 결정에 대한 불복 신청은 지방 법원 합의부 중의 군사부에 한다. 지방 법원 합의부 판결에 대한 불복 신청은 고등법원의 군사부에 할 수 있다. 고등법원 군사부에도 군 판사를 참여시킬 수 있다. 그러나 최종심이며 법률심인 대법원에서의 군사재판의 경우에는 군판사 참여권을 배제해야 한다.

앞의 책, 152쪽에서 재인용.

2) 검찰 및 수사기관

(1) 군사법원을 폐지하는 반면, 군 검찰은 국방부 직속의 독립된 조직으로 확대, 강화하여야 한다. 군 검찰을 존치시키는 이유는 군대 내에서 발생하는 여러 사건·사고에 대한 수사과정의 특수성을 부인할 수 없기 때문이다. 그러나 이 경우에도 사건처리를 둘러싼 지휘관의 개입을 방지하기 위해서 군 검찰이 조직적으로 독립될 것이 반드시 요청된다. 따라서 군검찰관은 현재처럼 단위부대가 아니라 국방부에 직속하는 독립적인 군 검찰청 소속으로 하거나, 아니면 폴란드처럼 아예 그 소속은 법무부로 하되, 사건처리에서 국방부와 법무부가 공동 협력하도록 하는 방안이 바람직하다.[31]

(2) 다만 단기적으로는 현행의 군 검찰조직을 외부의 민간검찰과 연계하여 운영하는 이른바 공동기소제도를 도입한다든지, 군 검찰에서 전역한 이들 중 일부를 민간검찰에서 재임용한다든지, 군 검찰과 민간검찰간의 인사교류를 실시하여 양자간의 유기적 협조를 가능케 하는 방안을 고려할 수 있다.

(3) 이러한 제도설계가 전제가 된다면 군 검찰의 권한은 강화할 수 있다고 본다. 다만 강화된 군 검찰 권한을 견제하고 군 검찰에 대한 관할관의 간섭을 줄이기 위해 군 형사사건의 경우 기소법정주의를 채택하는 방안도 고려해 볼 필요가 있다.

군 검찰권의 강화를 통해서는 다음과 같은 두 가지 효과를 얻을

31) 폴란드 군 검찰제도에 대한 소개는 이계수 외, 앞의 보고서, 185쪽 참고.

수 있다고 본다.

첫째, 보다 공정하고 적법한 절차를 통한 군대 내 형사사건처리가 가능해져서 군대 내의 질서를 효과적으로 유지할 수 있음은 물론, 일반 병들의 인권보장수준을 한 단계 높일 수 있다.

둘째, 군대 내의 각종 비리사건에 대한 수사에서 보다 실효성 있는 검찰권을 행사할 수 있다. 이것은 사회적 요구인 군사행정의 투명화에 기여할 것이다.

(4) 이와 같은 군 검찰권의 강화는 당연히 헌병에 대한 수사지휘권의 확보를 전제로 한다. 현재와 같이 헌병에 대한 수사지휘권이 확보되지 못한 상황에서는 효율적이고 적극적인 군 검찰권 행사를 기대할 수 없는 형편이다.

(5) 헌병은 수사전문헌병과 일반헌병(경호, 시설경비 및 영내 질서유지, 교통사건처리 등을 담당하는 행정헌병)으로 조직적으로 분리한다. 이러한 분리는 전문수사헌병을 전제로 한다. 즉, 수사전문헌병을 조직적으로 분리하여 선발단계에서부터 수사전문 요원으로 양성함으로써 그 전문성을 제고할 필요가 있다.

제4절 군 사법제도 개혁의 절차

이제까지의 군 사법제도 개혁은 그 내용도 내용이지만, 그 추진 절차에서도 문제점이 많았다. 국회와 언론은 관심이 없었고, 국민들은 알지 못했고, 국방부는 법안 입안단계부터 사실상 전권을 행사했다. 학계의 연구는 부족했고, 있다고 하더라도 피상적이었다.[32] 이 문제를 전문적으로 연구하는 단체도 많지 않거니와 연구하려고 해도 시간, 재정 면에서 어려움이 있었다. 그러한 상황에서 나온 적당한 타협안은 잘못된 제도를 공고화하는데 일조했다.

군 사법제도 개혁의 성패는 군 사법제도 개혁을 위한 전문집단을 어떻게 구성하느냐에 달려있다고 해도 과언이 아니다. 현재처럼 '사법개혁위원회'에 국방부 측 인사가 하나 혹은 둘 정도가 참여하여 곁가지로 군 사법제도 개혁을 논의하는 수준에서는 제대로 된 개선방안이 나올 수 없다. 물론 사법개혁위원회 차원의 논의에 대해서도 충분한 검증과 비판이 필요하다. 최근의 보도에 의하면 군 사법제도를 다루는 사법개혁위원회 내 해당 소위원회가 군 검찰을 국방부 소속 검찰청으로 독립시키고 군사법원은 1심 재판만 담당하고 2심은 민간법정에서 맡는 군사법제도 개편안을 잠정 확정한 것으로 드러나고 있다. 앞에서 지적하였듯이 이 글의 논지는 1심이건 2심이건 평시 군사법원의 완전 폐지이다. 사법개혁위원회가 채택한 '어정쩡한' 타협안, 이해대립상황을 적당히 봉합하는 개선안이 현행 군 사법제도의 문제점을 제거할 수 있을지 의문이다. 사법개혁위원회의 안이 공식적으로 확정되더라도 입법과정에서 그 안이 갖고 있는 문제점, 한계 등이 치열하게 검토되어야 할 것이다.[33] 이 과정에서 국회는 '전문가 활용제도'(국회법 제43조) 등

---

32) 이탈리아 군 검찰총장은 국제공청회 자리에서 "군 사법제도의 특수성, 독자성에 매달린 자신들도 잘못이지만, 군 사법제도 개혁 문제를 오랫동안 방치한 이들도 잘못을 저지른 셈"이라고 비판했다. Vindicio Bonagura발제문(http://www.giustiziamilitare.difesa.it) 중에서.

을 통해 민간전문가들로부터 충분한 조력을 받아야 한다.

외국의 사례를 통해서도 확인할 수 있듯이 군 사법제도는 사회의 변화에 발맞추어 진보(evolution)하고 있다. 독일의 경우 지금과 같은 제도를 채택한 것은 제2차 세계대전 이후이다. 프랑스는 1981년 이후 지금과 같은 제도를 채택했다. 시대의 요청에 맞게 군 사법제도도 얼마든지 바뀔 수 있고, 개혁될 수 있다는 믿음을 갖고 군 사법제도 개혁을 추진해가야 할 것이다. 과거의 군사법원법 개정논의 때마다 나타났던 '현실추수주의'는 지양하고, 어정쩡한 타협안, 이해대립상황을 적당히 봉합하는 개선에 그치는 군 사법제도 개혁 논의로부터 결별해야 할 시점이 다가오고 있다.

33) 내일신문(인터넷판), 2004. 8. 18자.

부록
군사안보법에 관한 독일에서의 논의

부록으로 실은 두 개의 글에 대해서는 간단한 소개가 필요할 것 같다. 첫 번째 것은 독일 하급심 법원의 판결문이고 두 번째 것은 독일 연방행정법원 판사인 다이저로트씨의 신문기고문이다. 다이저로트씨는 한국 독자들을 위해 이 기고문을 보완한 원고를 역자에게 보냈는데, 여기에 번역한 것이 바로 그 글이다. 이 두 개의 번역문은 각각 민주법학 제21호(2002년), 제23호(2003년)에 처음 발표되었다.

우선 첫 번째의 번역문은 (1) 요즘 우리사회에서도 본격적으로 다투어지고 있는 '양심적 집총거부' 문제는 물론 (2) 유엔(혹은 유엔안보리)의 승인을 받지 않은 무력사용의 국제법 위반여부문제를 다루고 있는데 독일 베를린 티어가르텐 구(區) 법원의 판결문이다.

이 판결문에서 리클레더 판사는 독일법 상의 일반적 해석에 따를 때 선택적 집총거부가 인정되지 않으므로 위법한 병력동원을 회피하고자 하는 병사에게는 탈영이나 군무이탈의 길이 허용되어야 한다는 논지를 펴고 있다. 일반적인 집총거부권도 인정되고 있지 않는 한국 상황과 이 판결 사이에는 상당한 시차가 존재한다.

국제법적 관점에서도 이 판결은 매우 훌륭하게 읽힌다. 사안에서 문제가 되고 있는 이른바 코소보 공습은 1999년 3월 24일 개시되었다. 북대서양조약기구 즉 나토군은 그날 코소보의 알바니아계와 유혈 내전을 벌여온 유고연방에 공습을 개시하였다. 동서독 통일이후 새롭게 유럽의 헤게모니세력으로 등장하고 있는 독일군도 그 공습에 동참했다. 크리스티디스씨 등은 바로 그 독일군의 참전에 반대하면서 참전 독일군인 등에게 직접 반전평화의 호소를 했고 그것이 형사처벌의 대상으로 되었던 것이다. 이 사건과 관련하여 모두 40건의 소송절차가 개시되었다. 크리스티디스씨 사건은 그 중 하나였다.

판결문에서 리클레더 판사가 그 위법성을 주장하고 있는 나토군의 코소보 공습은 실제로 국제법적 근거가 없는 것이었다. 나토 기본조약은 나토가 유엔헌장 제51조의 틀 내에서 만들어진 순수한 자기방어연대라고 밝히고 있다. 나토는 나토조약 제5조가 밝히고 있듯이 세계질서, 세계평화를 위한 기구가 아니다. 이 기구는 또한 유엔헌장 제52조의 범위 내에서 만들어진 유엔 산하의 지역적 기구가 아니다. 만약 그런 기구로 설립되었더라면 나토는 유엔헌장 제53조에 따라 유엔안보리 통제 하에 놓였을 것이고 헌장 제54조에 따라 안보리에 대한 광범위한 보고의무를 졌을 것이다. 나토의 설립자들은 그러한 사태를 바라지 않았으므로 나토 회원국의 영토방위를 벗어나는 임무를 설정하지 않았던 것이다. 물론 유엔안보리는 헌장 제42조에 의거하여 나토에게 무력행사를 위임할 수도 있다. (그러한 위임은 나토뿐만 아니라 개별국가에 대해서도 할 수 있다. 헌장 제48조.) 그 경우에 나토는 유엔안보리의 상시적 통제를 받게 된다.[1] 리클레더 판사는 바로 이러한 국제법적 원칙을 바탕으로 나토가 행한 유고공습의 위법성을 하나하나 따져나갔다. 그는 인도주의적 개입이라는 주장에 대해서도 정확하게 반박하고 있는데 그의 논리는 세계질서에 관한 표준적 저서에서 루이스 헨킨이 밝힌 내용과도 일치한다. 헨킨은 다음과 같이 말했다.

> 무력 사용에 대한 금지 조항을 무시하려는 움직임은 개탄스러운 일이다. 이러한 상황에서 무력의 사용을 합법화하자는 논리는 설득력이 없고 위험하다. 인권 유린은 정말로 너무 흔한 일이 되었다. 그러나 그것을 방지하기 위해 외부의 무력을 사용하는 것이 허용된다면, 거의 모든 국가가 모든 국가에 대해 무력을 사용하는 것을 금지할 법이 존재할 수 없을 것이다. 인권은 보호되어야 하고, 다른 불의도 치유되어야 한다는 것이 나의 믿음이다. 그러나 침략행위에 문을 열어 주는 수단에 의해서가 아니라, 전쟁을 불법화하고 무력의 행사를 금지하고 있는 국제법의 중요한 전진을 파괴하는 방법에 의해서가 아니라, 평화적인 수단에 의해 이루어져야 한다.[2]

이 판결에 불복하여 검찰 측은 항소했다. 그러나 역자는 이 사건

---

1) Norman Paech, “Kosovo im Fadenkreuz”, *Ossietzky*, Sonderdruck, 1999. 5. 13, 1-2쪽. 그러나 미국은 제2차 걸프전쟁 당시에 그러한 통제를 명시적으로 거부했다. 미국의 태도는 이후로도 변함없을 것으로 추측된다. Norman Paech, 위의 글, 2쪽.

2) Louis Henkin, *How Nations Behave*, 외교관계위원회, 콜롬비아 대학교, 1979, 144-45. 노암 촘스키, 장영준 옮김, 『불량국가: 미국의 세계지배와 힘의 논리』, 두레, 2001, 90-91쪽에서 재인용.

자체의 이후 추이에 대해서는 정확히 알지 못한다. 다만 크리스티 디스씨와 함께 '타게스차이퉁'지에 실린 호소문에 처음으로 서명했던 폴커 뵈게에 대한 재판결과가 독일신문에 소개되어 있어 이를 통해 2심 이후의 재판상황을 추측해 볼 수 있다. 평화 연구 학자(Friedensforscher)인 폴커 뵈게의 경우 1심에서 범죄행위를 공공연히 호소한 혐의로 벌금형을 받았으나 2심과 베를린 주 최고법원에서 모두 무죄판결을 받았다. 그런데 이들 법원은 무죄판단의 이유에서 티어가르텐 구법원의 판결과 달리 나토군의 코소보 공습이 국제법적으로 적법한 것이었는가 하는 점에 대해서는 전혀 언급하지 않았다. 그래서 무죄라는 결과를 받아냈음에도 불구하고 폴커 뵈게는 베를린 주 최고법원의 판결에 실망감을 감추지 않았다. 그가 계속 다툰 것은 벌금형을 면하려는 개인적인 동기 때문이 아니었다. 검찰은 군인은 원칙적으로 연방군대를 이탈할 수 없으며, 설사 국제법에 반하는 병력동원의 경우에도 탈영은 위법행위가 된다고 주장했는데 그는 법원이 검찰의 바로 그러한 주장을 논박해주기를 바라고 있었다. 나아가 재판과정에서 코소보 분쟁의 의미와 미국의 제국주의적 의도가 드러나기를 기대했을 것이다. 코소보 분쟁에 대한 무력개입의 주체를 유엔 평화유지군이나 미군이 아니라 나토군으로 설정한 미국의 의도가 대중들에게도 알려지기를 원했던 것이다.[3)]

---

3) 미국이 코소보 분쟁에 나토를 끌어들인 것을 두고 여러 해석이 있다. 일부 전문가들은 미국의 나토군 투입을 "냉전 체제의 해체이후 나토의 존재의미가 퇴색되고 유럽방위동맹 논의가 불거지고 있는 시점에서 유럽 내 미국의 지도력 저하를 막기 위한" 전략의 일환으로 해석하기도 한다.

그러나 2심 법원과 주 최고법원은 그 문제에 대해 전혀 언급하지 않음으로써 나토군 공습의 국제법 위반여부에 대한 논쟁에 끼어들지 않았다. 이들 법원은 무죄판단의 근거를 단지 의사표현의 자유에서 끌어왔을 뿐이다.[4] 이러한 사정에 비추어, 본 대상판결의 이후 추이도 이와 비슷할 것으로 추측된다.

두 번째 번역문의 원문은 앞서 지적한 대로 독일의 대표적 일간지인 『프랑크푸르트 룬트샤우』(Frankfurter Rundschau) 2002년 9월 11일자에 "헌법파괴의 심연에서: 미국이 독일 내 미군기지를 사용하면서 이라크에 대해 전쟁을 하는 경우 연방정부는 이를 묵인해도 되는가? Am Abgrund des Verfassungsbruchs: Dürfte die Bundesregierung es dulden, dass die USA im Falle eines Kriegs gegen Irak die deutschen Militärstützpunkte nutzen?"라는 제목으로 처음 실렸다. 이후 저자는 이를 보완하여 월간지 『학문과 평화』(Wissenschaft und Frieden) 2003년 1월 호에 같은 제목의 글을 게재했고[5], 한국 독자를 위해 위의 글을 다시 보완하여 본문 6. 이하를 추가하였다.

다이저로트 판사가 이 글에서 주장한 내용을 정리하면 다음과 같다: 미국정부가 독일 상공을 통과하여 이라크로 출격하거나 나토의 위임 없이 독일 내 미군병력을 이라크 전쟁에 동원하는데도 독일 연방정부가 이를 묵인한다면 그것은 곧 "헌법파괴"를 의미한

---

4) "Ihr Freispruch betrübt die Pazifisten", *die tageszeitung*, 2001년 6월 30일자. "Meinungsfreiheit zählt", *die tageszeitung,* 2001년 7월 24자.

5) 다만 부제는 "US-Stützpunkte in Deutschland im Falle eines US-Krieges gegen Irak"으로 바꾸었다.

다. 특히 그것은 침략전쟁을 금지하고 있는 독일 기본법 및 2+4조약(1990년 독일 통일을 규정한 조약)에 반한다. 독일헌법은 침략전쟁 자체뿐만 아니라 침략전쟁에 대한 지원도 금지하고 있다. 그런데 어느 모로 보나 미국정부가 계획하고 있는 대 이라크 전쟁은 국제법에 반하는 침략전쟁의 성격을 갖고 있으며, 나토조약의 틀 내에서의 '방위임무'도 아니다. 그러한 전쟁에 대해서는 '아니오'라고 말해야 할 뿐만 아니라, 나아가 독일 내 미군기지 등의 사용에 대해서도 거부해야 한다. 그렇지 않으면 독일은 침략전쟁의 지원국이 될 가능성이 있다. 분명하게 말하고 있지는 않지만 다이저로트 판사가 얘기하고 싶은 핵심은 바로 이 부분인 듯하다. 슈뢰더 수상은 미국의 이라크 전쟁에 대해 명확히 '아니오'라고 말하면서 독일은 '사람도 돈도' 댈 수 없다고 선언하고 있지만, 그러한 입장을 일관되게 관철하고자 한다면 국제법을 무시하는 미국의 행위를 묵인하지 말고, 상공통과와 독일 내 미군기지 사용에 대해 '노'라고 말해야 한다는 것이다. 이는 현재의 법적 틀 내에서도 가능한 저항이다. 다이저로트는 결국 국제질서를 자기 뜻대로 재단·형성하려는 미국을 적어도 미군이 주둔하고 있는 국가 내에서 견제할 수 있는 방안을 제시하고 있는 셈이다.

홍미롭게도 일본의 군사법학자 미즈시마 아사호 교수도 다이저로트 판사의 글에 동의하면서 자국의 상황을 아래와 같이 요약하고 있다.

> …이에 반해서 일본은 어떠한가? 1995년 오끼나와 소녀강간사건을 계기로 미군지위협정을 다시 보자는 요구가 높았다. 그러나 일본정부는 미국 측과의 개정교섭에 관심을 보이지 않았다. 독일이 1993

년에 나토 군 지위협약의 보충협약을 대폭 개정하여, 전술한 것과 같은 허가권을 도입한 것과는 다르다. 미일안보조약에 의한 '전토기지 방식'(全土基地方式, 전국토를 기지로 본다는 뜻-역주)의 결과, 미군은 일본 각지에서 제멋대로 저공비행훈련을 되풀이하고 있다. 이라크공격이 시작되면 일본정부는 안보조약 제6조의 교환공문에 의거, "일본을 기지로 하는 전투작전행동"에 대해 사전협의를 신청해야 할 것이다. 협의를 하는 경우에는 안보조약 제6조에 의거 기지를 제공하는 것은 일본 및 '극동'의 평화와 안전을 위한 것이며, 이라크에 대한 선제공격을 위해 일본 내 미군기지를 사용하는 것은 안보조약에 반하는 것임을 명확히 해야 한다. 안보조약 제1조는 나토조약 제1조와 마찬가지로 유엔헌장을 존중하고, "무력에 의한 위협과 무력의 행사는, 그것이 어떤 국가의 영토보전 혹은 정치적 독립에 대한 것이라도 자제해야 하며, 또한 유엔의 목적과 양립하지 않는 그 어떤 방법에 의한 무력위협과 행사에 대해서도 신중할 것을 약속한다"고 규정하였다. 일본은 안보조약에 기하여, "유엔헌장의 목적과 양립하지 않는" 이라크의 "영토보전 혹은 정치적 독립에 대한" 무력행사에 협력하지 않을 것을 분명하게 말해야 할 것이다. 허나 1960년의 신안보조약으로부터도 42년이 흘렀지만 비참하게도 일본정부는 단 한 번도 사전협의신청을 미국 측에 한 적이 없다. 핵을 적재한 항공모함의 일본 기항(寄港)이 문제가 되었을 때도 그러했다. 이번의 대 이라크 공격은 종래 미국이 행했던 무력행사 중에서도 가장 말도 안 되는 오만한 부류에 속한다. 만약 이를 묵인하고, 그것을 지지한다면 일본도 또한 침략에 손을 빌려주는 것임을 명심해야 한다.6)

유엔의 승인을 받지 않은 채 미국과 영국이 일방적으로 이라크 전쟁을 시작한다면 현행 국제법은 이를 침략전쟁이라고 선언할 것이다. 유엔의 국제평화주의에 참여하는 나라는 이러한 전쟁을 지

6) Mizhushima Asaho, 「在獨米軍基地使用拒否の論理」, 今週の直言, 2002. 10. 7자. http://www.asaho.com/jpn/index.html.

지해서도 도와주어서도 안 된다. 또한 자국에서 그러한 전쟁을 위한 준비가 진행되고, 자국으로부터 전쟁지역으로 향하는 전투기와 병력이 발진하는 상황을 묵인해서도 안 된다. 이와 같은 국제법논리는 독일에서건 일본에서건 그리고 한국에서건 모두 동일하게 적용된다. 우리 헌법도 침략전쟁을 부인하고 국제평화주의를 지지하고 있다(헌법 제5조 제1항). 그러나 이러한 인식은 한국사회에서 아직 충분히 공유되지 않은 것 같다. 한국정부는 최근 국무총리의 국회답변을 통해 이라크 전쟁이 발발할 경우 전투병력의 파병까지도 고려하고 있음을 밝힌 바 있다. 국방부는 한미동맹을 내세워 미국의 파병요청에 응해야 한다는 입장이다. 그러나 한미동맹을 내세운다고 해서 침략전쟁을 금지한 헌법을 무시할 수 있는 것은 아니다. 나아가 한미동맹의 법적 표현인 한미상호방위조약을 끌어온다고 하더라도 한국의 이라크 전 참전을 정당화할 수는 없다. 다이저로트 판사의 글은 이러한 너무나 당연한, 그러나 간과되고 있는 중요한 법리를 우리 앞에 분명하게 펼쳐 보이고 있다.

1. 국제법과 인권에 반하는 명령에 불복할 권리 – 독일 하급심 판결

티어가르텐 구법원
사건번호. 239 Ds 446/99

국민의 이름으로

1953년 8월 16일 테살로니끼(그리스) 생,
주소 잔트가 35번지, 63739 아샤펜부르크,
기혼, 독일 및 그리스 국적의
엔지니어 아리스토불리스 크리스티디스 박사가

범죄행위를 공공연히 호소한 데 대한

형사사건에서

티어가르텐 구법원은

재판관 리클레더 판사
검찰청 관리 예거 검사
변호인 로전크란즈 변호사
사법관리 카라지코비치

가 참석한 2000년 3월 20일 공판에서

다음과 같이 선고한다.

피고인은 무죄이다.

소송비용과 피고인이 지출한 필요경비는 베를린 주의 부담으로 한다.

이유

I

피고인에 대한 검찰의 기소내용은 아래와 같다.

1. 1999년 7월 2일자로 제기한 검찰의 기소내용에 따르면, 피고인은 1999년 4월 21일 '1차 서명자'들과 공동으로 문건(文件)의 유포를 통해 공연히 위법행위, 즉 탈영(군형법 제16조) 및 명령거부(군형법 제20조)를 유도하였다. 1999년 4월 21일자 "타게스차이퉁"에는 아래와 같은 내용의 호소가 담긴 광고가 게재되었다.

> 유고전쟁에 참가한 연방군 소속의 모든 군인에게 호소합니다.
> 전쟁참여를 거부합시다.
>
> 우리는 모든 군인에게 유고 공화국에 대한 전쟁에 더 이상 참가하지 말기를 호소합니다. 우리들은 직접 폭격에 가담하고 있는 조종사들, 마케도니아에 주둔하고 있는 군대 및 수송·보급 등 병참업무를 담당하고 있는 모든 이들 — 국방부에서 일하고 있는 이들을 포함하여 — 에게 호소합니다. 전쟁참여거부의 근거는 기본법 제4조 3항(양심에 따른 집총거부) 혹은 군형법 제22조입니다.[1] 이들 규정은 인간

1) 특히 독일군형법 제22조는 제1항은 다음과 같이 규정하고 있다. "당해 명령이 구속력이 없으면, 특히 그 명령이 직무상의 목적에서 발령된 것이 아니거나 인간의 존엄성을 해치거나 그 명령에 따를 때 범죄행위가 되어 그러할 때에는 하급자의 행위가 제19조에서 제21조(각각 불복종, 명령거부, 명령불수행을 규정-역자 첨가)에 해당해도 위법하지 않다. ……." 판결문에 대한 각주는 모두 역자가 붙인 것이다.

의 존엄성을 해하거나 혹은 범죄행위가 될 명령에는 복종하지 말아야 한다고 지시하고 있습니다.

유고전쟁은 기본법 제26조에 의해 금지되어 있는, 국제법상 위법한 공격전쟁에 해당합니다. 독일연방공화국에서도 효력이 있는 유엔헌장에 따를 때 이 전쟁은 국제법을 위반하고 있습니다. 기본법 제25조는 일반적으로 승인된 국제법규(die allgemeinen Regeln des Völkerrechts)는 연방법의 일부분이라고 명시하고 있습니다. 현재의 전쟁은 무력을 금지한 유엔헌장을 위반하고 있습니다. 안전보장이사회의 위임도 없습니다. 그러한 위임은 러시아와 중국의 반대에 부딪쳐 처음부터 성립할 수 없었을 것입니다.

폭격은 모든 사람을 전쟁의 희생자로 만듭니다. 군인이든 민간인이든 불문합니다. 나토의 공격은 1차적으로 세르비아 군대에 향해 있습니다. 그러나 폭격은 세르비아, 몬테네그로, 코소보에 거주하는 사람들 모두에게 똑같이 두려움과 상처, 죽음을 안겨줍니다. 이 공습으로 인해 코소보에서의 학살과 추방은 더욱 극심해질 것입니다. 나토는 코소보 내의 세르비아 군대에 대해 공습한다고 하지만, 그 공습으로 인해 알바니아와 세르비아의 민간인들도 희생될 것입니다.

공습은 대참사를 막으려는 인도적 차원에서 이루어진 것이라고 합니다. 그러나 지금은 나토군의 공습이 대참사를 불러오고 있습니다. 1999년 3월 28일 일요일, 국방부장관 샤핑은 코소보에서 인종학살이 일어날 것이라고 말했습니다. 평화운동 및 평화연구 단체들은 전쟁 전부터 바로 이점을 경고했습니다. 적어도 분쟁당사자간의 완충역할은 해냈으며 대중들에게 관심을 환기시켰던 유럽안보협력기구(OSZE)[2)]의 활동은 처음 얼마간 성공하고 있었는데 전쟁으로 인해 중단되고 말았습니다.

---

2) Die Organisation für Sicherheit und Zusammenarbeit in Europa. 영어 약자는 OSCE이다.

이제는 전쟁을 즉각 끝내야 합니다. 이탈리아 의회는 전쟁에 반대하는 입장을 분명하게 표명했습니다.[3] 독일연방의 국회의원들이 결정을 내리지 않고 머뭇거린다면 군인들 자신이 그 양심에 따른 결단을 내려야 합니다.

이 전쟁에 참여하는 것은 어떤 식으로든 정당화될 수 없습니다.
그러므로 전쟁참여명령을 거부하십시요!
군대를 이탈하십시요!
이 전쟁에 반대합시다!

아무 일도 하지 않거나 아니면 폭격을 가하는 외에 달리 대안은 없다고 합니다만 그것은 사실이 아닙니다. 전쟁을 계속할 게 아니라 완전히 새롭게 협상을 시작해야 합니다. 여기에 나토가 낄 자리가 아닙니다. 유엔과 러시아는 발칸지역에서의 건설적이고, 영구적인 분쟁해결모색을 위해 개입해야 합니다. 전쟁과 살인적 폭력이 아닌, 유고슬라비아나 알바니아계 민족해방군(UCK) 혹은 나토국가가 내놓는 해결책이 아닌 다른 분쟁해결방식이 발칸지역에서 모색되어야 합니다. 동시에 발칸지역의 모든 국가들에 대해 유럽연합이 대대적으로 경제적인 지원을 해야 합니다. 거기에 필요한 돈을 지금 공습으로 쏟아 붓고 있습니다.

참전을 거부하는 군인에게는 군형법상 명령불복종이나 탈영 혹은 반란죄를 물을 지도 모릅니다. 만약 그런 일이 실제로 일어난다면 우리는 그들을 돕기 위해 우리의 힘을 다 할 것이며 대중들에게 호소하여 형사상의 처벌을 막을 수 있는 여건을 조성하겠습니다. 인간의 존엄성에 대한 우리들의 이해에 따르면 모든 사람은 자신의 결정에 대해 스스로 책임을 집니다.

---

3) 유고 공습에 대해 당시 나토 안에서도 그리스와 이탈리아의 반대가 있었고, 프랑스는 나토군의 배치에 대해 유엔 안전보장이사회의 결의를 주장했다.

우리는 또한 전쟁을 거부하며 유고군대나 알바니아의 군대를 탈영한 자들, 특히 독일연방공화국을 탈출지로 택한 자들을 위해 우리들의 모든 힘을 다 해 도울 것임을 천명합니다. 참전 군인은 모두가 잠재적 살인자입니다. 그리고 그들은 살인적 전쟁의 희생자들입니다. 그러나 탈영병과 군복무거부자들은 평화의 사도들입니다.

(최초 서명자들의 명단)
폴커 뵈게 박사, 반스그라벤 33번지, 22459 함부르크
아리스 크리스티디스 박사, 산트가 35번지, 65739 아샤펜부르크
……

1999월 4월 13일 베를린에서

1999년 8월 2일 및 1999년 9월 14일 내려진 약식처벌명령에 대해 피고인은 1999년 9월 22일자로 이의를 제기하고 동년 9월 24일 이를 정식으로 법원에 제출하였다.

2. 1999년 11월 25일 허가된 검찰의 기소내용에 따르면 피고인은 (신문지상의 광고 외에) 1999년 5월 4일부터 7일 사이 본(Bonn)에서 다른 사람들과 함께 공개적으로 위의 문건을 살포하여 위법행위, 즉 탈영과 복종거부를 호소했다고 되어 있다. 그는 타인과 공동으로, 특히 별도로 기소된 헤르만 타이센과 그 밖의 최초서명자들과 함께 공개적으로, 그리고 가능한 다양하게 연방군대의 군인들에게 명령거부 및 탈영을 호소하기로 결심했으며, 이러한 목적을 위해 위의 Ⅰ. 1.에 게재된 호소문에 서명했다는 것이다. 특히 별도로 기소된 타이센은 공동의 실행계획에 따라 호소문의 사본 하나를 1999년 5월 4일의 공한(公翰)과 함께 본의 검찰청으로 보

냈는데 위 사본은 1999년 5월 7일 검찰청에 전달되었다. 또한 타이센은 카톨릭교회의 군(軍)주교청과 본에 있는 두 군데의 국방관서, 크라이스 징병국…… 등에 보냈다고 되어 있다.

II.

공판절차에서 피고인은 그 일이 있고 난 후 "타에스차이퉁"지에 게재할 호소문에 서명했다고 분명하게 밝혔다. 서명당시에는 위 호소문이 다양한 방식으로 자신의 이름 하에 배포될 것임을 알았을 뿐 아니라 그렇게 되도록 의도했다고 한다. 호소문이 타게스차이퉁에 게재될 것도 알았다고 한다. 증인 타이센을 통해 호소문이 여러 사람들에게 전달되었다는 사실은 기소장을 통해 비로소 구체적으로 알게되었다고 한다. 그러나 그는 (만약 타이센이 그렇게 해도 좋은가 물어왔더라도-역자 첨가) 아무 조건 없이 그것을 승인했을 것이며 서명당시에 이미 그러한 일이 일어날 것을 확실히 각오했다고 한다. 그는 그의 목적이 범죄행위를 호소하는 것은 아니었다고 주장한다. 반대로 그는 군인들이 대 유고슬라비아 전쟁에 참여함으로써 범죄를 저지르는 것을 막으려고 했다고 한다. 그는 군인이 그의 호소에 따른다고 해도 그것이 법에 저촉되는 범법행위가 되는 것은 아니라는 점을 확신하고 있었다.

III.

피고인을 기소하도록 만든 그 행위는 처벌할 수 없으므로 피고인을 처벌할 법적 근거는 없다. 피고인은 무죄이다. 형법 제111조 1항 및 3항에 규정된 '공공연하게 범죄행위를 할 것을 호소한다'는 구성요건은 Ⅰ.1.의 경우든 Ⅰ.2.의 경우든 충족되지 않았다. 위 규정은 행위자가 (타인에게) 위법한 행위를 할 것을 호소할 것을 전제로 한다. 형법 제11조 1항 5호에 따르면 행위는 형법상의 구성요건을 실현시켰을 때에만 위법하다. 설사 호소의 대상이 된 연방군대의 군인이 그 호소에 따랐다고 하더라도, 그 군인을 탈영이나 명령불복종으로 처벌할 수는 없다. 연방군대를 유고슬라비아 공화국에 투입하는 것이 위법하기 때문에 명령불복종 및 탈영의 구성요건이 적용될 여지는 없다.

1. 국제법에 반하는 전투병력의 파병에 참가하는 것을 거부하거나 이러한 파병에 참가하지 않기 위해 군대에서 도주한 군인은 처벌할 수 없다.

a) 군형법 제20조에 의하면 군인은 말 혹은 행동으로 명령에 불복하거나 재차 반복된 명령에 따르지 않기로 고집할 때 명령불복죄로 처벌된다. 그러나 군형법 제22조 1항은 그 명령이 구속력이 없다면 명령에 불복하는 하급자의 행위도 위법성이 없다고 한다. 하급자에 대한 명령이 일반적으로 승인된 국제법규에 위반할 경우 명령의 구속력은 당연히 부정된다. 국제법상 허용될 수 없는 파병

중에 내려진 명령이 특별히 그러한 경우에 해당한다. 명령의 발령이 주관적 관점에서 보았을 때 범죄적인 불법을 구성하느냐 하는 것은 중요하지 않다. 국제법에 반하는 명령은 그것이 최선의 의도 하에서 내려졌다고 하더라도 구속력이 없다. 명령권자에게 일정한 책임을 지울 수 있는가 없는가 하는 점에 따라 구속력을 판단하는 것은 아니다. 하나의 명령이 구속력이 없는 이유는 명령된 행위가 객관적으로 무가치하기 때문이다.

b) 군형법 제16조 1항에 의하면 군인이 지속적으로 혹은 무장병력투입 기간동안 병역 의무를 다하지 않을 목적으로 혹은 군복무관계를 종료시킬 목적으로 군대를 이탈하거나 복무에서 빠지는 경우에는 탈영죄로 처벌된다. 그렇다면 위의 호소가 병역의무나 군복무관계를 지속적으로 방해하거나 해체할 탈영을 부추겼는가 하면 그렇지는 않다. (호소대로 따르는) 군인이 있다면 그는 단지 유고 연방에 대한 무장파병에 참가하는 것을 회피하기 위한 의도 및 목적에서 군대를 이탈하게 될 것이다. 따라서 특정한 전투참여로부터 벗어나려는 한정된 목적에서 행하는 군대 이탈에 대해서는 군대의 투입이 합법적인 경우에 한해서만 탈영으로 처벌할 수 있다.

이러한 판단은 군형법 제16조가 법문상 군형법 제22조에 해당하는 제한을 전혀 두고 있지 않다고 해서 달라지지 않는다. 군형법 제22조를 군형법 제16조 1항의 구성요건에 아무렇지도 않게 준용하는 것도 법률의 체계상 있을 수 없는 일이다. 군형법 제22조와 같은 제한은 오히려 군형법 제16조 1항 자체로부터 곧바로 끌어낼 수 있다. 군형법은 탈영이 죄가 되려면 무장병력투입의 합법적이어야 한다는 점을 불문의 객관적 조건으로 달고 있다고 보는 것이 법률의 의의 및 목적에 적합한 해석이다. 온전한 전투력과 동원력이 있는 군대를 유지하겠다는 것이 국가의 뜻이라고 할 때 입법자는 탈영이라는 범죄구성요건을 통해 이러한 국가의 의도를 실현시켜주려고 하는 것이다. 그러나 법률상 해서는 안 되는 일에 국가가 군대를 동원하려고 한다면 전투력과 동원력 있는 군대의 유지라는 국가의 이익은 더 이상 보호받을 가치가 없다. 위법한 병력동원은 법적으로 허용되지 않는다. 그런 식의 동원까지도 형사처벌의 위협을 통해 장려해야 할 무슨 입법적 필요가 있는가 하면 그런 것은 없다. 그렇게 하라고 입법자에게 요구할 수도 없다. 합법적인 병력동원에 장애가 생기지 않도록 하기 위해 그런 경우까지도 처벌할 필요가 있다는 논리도 성립될 수 없다. 전투에 참여하지 않을 목적으로 군대에서 이탈하는 군인은 자신의 위험부담 하에서 그러한 행동을 하게 마련이다. 객관적으로 위법하기 때문에 병력투입을 해서는 안 되는 그런 경우에만 그는 탈영죄의 처벌을 면하는 것이다.

군형법 제16조 1항을 헌법 합치적으로 해석한다고 하더라도 결론은 같다. 국가는 형사처벌의 위협을 해서라도 군인들을 전투에 투입시키려 하겠지만 군인들은 그들의 주관적 권리로서 그러한 국가에 맞설 수 있다. 무장 병력의 동원기간 동안에 국가는 말하자면 가능한 한 강도 높은 기본권침해를 참전군인에게 하게 된다. 국가의 목적을 위해서라면 군인은 타인도 죽일 수 있고 최악의 경우에는 자기 목숨을 잃을 수도 있다. 합법적 목적을 달성하기 위해 그러한 기본권 침해가 행해진다면 형법상 처벌을 면하게 될 것이고 또한 그런 경우에 한해서 형사처벌을 면제하는 것만이 헌법적으로 정당화된다. 국가는 어떤 관점에서건 군인으로 하여금, 그의 의지와 무관하게 그리고 목숨까지 내놓고 국제법적으로 허용되지 않은 행위에 협력하도록 강요할 권한이 없다. 이러한 논리는 전선에 직접 배치되지 않은 군인들에게도 마찬가지로 적용된다. 현대적 노동분업 하에서의 용병술에서는 전투부대원 뿐만 아니라 병참업무에 종사하는 군인들이 제대로 임무수행을 해야 군사적으로 성공할 수 있다. 군인이 제자리를 지키며 항상적인 동원준비상태에 있는 게 전쟁의 성패에서 아주 중요하다고 할 수 있다. 그러므로 각각의 군인은 구속력이 없다고 생각하는 명령을 일일이 거부할 필요 없이, 위법한 전투동원에 참여하라는 명령이 떨어지면 곧바로 합법적으로(형사처벌을 받지 않고서) 군대를 이탈할 권리가 있다. 만약 기본법 제4조 3항이 일반적 집총거부권만이 아니라 상황에 따른 집총거부권 즉 특정한 병력동원을 거부하고 곧바로 위법한 병력투입에 참여하는 것을 회피할 수 있을 권리를 부여하고 있다고 한다면 상황은 달라질 것이다.[4] 그러나 일반적 해석에 따를 때 상황에 따른 집총거부는 인정되지 않는다. (……)

2. 유고연방에 독일연방군대를 투입한 것은 현행 국제법에 반한 것이었으므로 객관적으로 위법했다. 그것은 (또한) 일반적으로 승

4) 군대를 이탈할 필요 없이 그때그때 상황에 따라 집총거부를 하면 된다는 뜻. 상황에 따른 집총거부권은 선택적 집총거부권으로 번역되기도 한다. 이에 대해서는 이미 이재승과 조국이 『민주법학』 제20호에서 다룬 바 있다.

인된 국제법규를 위반했다.

a) 유고연방에 대한 공습은 유엔헌장 제2조 4호의 절대적 무력금지원칙을 위반하였다. 위의 무력금지는 타국 영토의 완전성이나 정치적 독립을 해하려고 하거나 유엔의 목적에 반하는 모든 형태의 무력사용을 금지하고 있다. 군사력을 사용할 수 있다고 유엔헌장이 명시한 사유가 있었던 것도 아니다. 유엔헌장 제39조, 42조에 따른 유엔안보리의 병력동원승인도 없었다. 유고연방이 유엔회원국에 대해 무력공격을 한 것도 아니므로 유엔헌장 제51조에 따른 집단적 자위권을 행사할 수 있는 상황도 아니었다. 유고슬라비아가 코소보 지역의 알바니아계 인종에게 무력을 사용했다고 해서 상황이 달라지는 것은 아니었다. 기존의 국제법에 따를 때 한 국가가 자국 국민에 대해 자행하는 인권침해를 타국에 대한 침공과 동일시 할 수는 없다. 유엔헌장에는 이상 말한 것 이외의 사유로서 예외적으로 무력을 사용할 수 있는 경우를 언급하고 있지 않다.

b) 대 유고전쟁을 불문의 국제관습법으로 정당화할 수도 없다. 유엔안보리가 유엔헌장 제7장에 따른 조치를 취하지 않거나 취할 처지에 있지 않다는 것을 이유로 병력투입을 정당화하려고 하지만 그러한 정당화사유를 끌어댈 수 있을 사실상의 전제조건이 이미 결여되어 있다는 점을 상기할 필요가 있다. 전쟁은 안보리의 의결을 기다리지도 않은 채 개시되었다. 상임이사국이 비토권을 통해 결의를 방해하면 그것은 유엔헌장 제27조 제3항에 따른 권리남용이 되며, 이 경우 그 밖의 국가들은 안보리의 우선논의권을 무시하

고 스스로 필요한 조치를 취할 권한을 갖게된다고 하는 주장도 설득력이 없다. 안보리 내에 상임이사국을 두고 상임이사국에게 비토권을 준 것은 그런 주장과는 정반대로 군사적 대치(충돌)가 가장 중요한 국가들의 의사에 반해서 획책되는 것을 막기 위해서였다.

긴급구조이론을 끌어들여 정당화할 수도 없다. 원래적 의미의 인도주의적 개입 – 한 국가가 외국에 있는 자기국민을 구하기 위해 무력개입을 하는 것 –이 국제법적으로 허용되는지 하는 문제는 여전히 미해결인 채로 남아 있다. 어쨌건 자국국민을 보호할 목적에서 유고연방을 상대로 전쟁을 한 것은 아닌 점은 분명하다. 또한 종종 검토되었던 유엔헌장 제51조를 이 사안(대유고전쟁)에 적용할 수 있는 것도 아니다. 군사력 동원이 유고슬라비아가 자행하는 인권침해에 맞선 코소보지역내 알바니아계 사람들의 군(軍) 자위권 행사를 직접 지원할 목적에서 이루어진 것은 아니었다. 만약 그런 목적이 있었다면 지상군을 코소보의 전투현장에 투입했어야 했다. 그러나 전쟁은 사실상 세르비아 공화국 내 영토에 대한 공습의 형태를 띄었고, 유고공화국을 약화시킬 목적을 갖고 있었다. 그런 식으로 해서 유고공화국이 코소보 내의 정책을 바꾸도록, 그곳에서 자행된 인권침해를 끝낼 것을 압박하려 했던 것이다.

현행 국제법에 따를 때 이런 형태의 독단적 개입은 그것이 비록 인도주의적 동기에서 이루어진 것이라고 하더라도 허용되지 않는다. 그것은 유엔 헌장의 정신에 반한다. 유엔헌장의 의도는 집단적 자위권이라는 제도적 장치가 아닌 다른 방식으로 국제분쟁을 폭력적으로 해결하려는 것을 더 이상 허용하지 않는 것이다. 유엔헌장은 국가간의 무력 사용을 더 이상 개별 국가의 처분에 맡겨두지 않고 그 문제를 유엔의 해당 위원회가 결정하도록 했다. 그밖에 유엔헌장 제51조에서도 개별적으로 행사할 수 있는 긴급권은 허용하고 있지 않다. 유엔의 기관이 배제된 채 행해지는 타국에 대한 무력행사는 위법하며, 이익형량을 내세워 이러한 금지를 무시할 권한이 개별 회원국에게 허용되어 있는 것도 아니다(짐마/란델쯔호퍼, 유엔헌장(1994), 제2조 4호, 옆번호 51번; 이와 다른 견해로는 특히 되링, 국제법(1999), 옆번호 1008-1015). 절차상 적법하게 성립한 유엔안보리의 결정에 보다 큰 정당성을 주려고 이렇게 한 것은 아니다. 어떤 조치의 실질적 적법성을 판단할 역할을 안보리에게 주려는 의도도 아니다. 안보리의 상임이사국의 지위는 그 국가가 법치국가라서가 아니라 그 국가가 국제정치상 차지하는 무게 때문에 보유하는 것이라는 사실을 상기하면 이 점은 쉽게 이해될 수 있다. 유엔헌장 규정들의 기저를 이루고 있는 가치판단의 중점은, 동기야 어떻든 간에 대량학상무기를 보유하고 있는 강대국들의 – 그 국가들이 비록 정치적, 인권적으로 동의할 수 없는 목적으로 추구하더라도 – 의사에 반한 전쟁은 더 이상 허용하지 않겠다는 데 있다. 유엔헌장은 핵무기보유국의 의사에 반하여 수행되는 전쟁의 위험성이라는 측면을 그 전쟁을 가장 성공적으로 수행했을 때 제거할 수 있는 무질서, 폐해의 측면보다도 더 중요한 요소로 보고 있다. 현행국제법 및 1945년 이후의 국가관행은 확고하게 이 원칙을 고수해왔다. 그로 인해 인권의 세계적 실현에 장애가 생길 수 있으므로 그러한 원칙이 불만스러울 수도 있다. 그러나 아직까지는 이러한 원칙을 폐기하는 관습법의 발전이 눈에 띄지 않는다.

유고연방에 독일연방군대를 투입한 것은 처음부터 현행 국제법을 위반한 것이었으므로 국제법적으로 볼 때 전투수행방식에도 문제가 많다고 하는 부분은 이 판결에서 더 이상 다룰 필요가 없다. 그 밖에 병력동원의 책임자들이 (코소보에서 벌어지고 있는) 인권침해, 종족말살을 방지할 선의에서 동원명령을 내린 것은 아니라는 점에 대해서도 더 이상 다툴 필요는 없다. 동원명령이 형사적 불법이 되는지 여부는 이 판결의 판단에서 중요하지 않기 때문이다.

IV

소송비용은 형사소송법 제467조 제1항에 따른다.

리클레더 판사

2. 미국이 이라크 전쟁을 위해 독일 내 미군기지를 사용하는 것에 대한 헌법적 평가

미국이 사담 후세인 정권을 전복할 의도를 갖고 이라크를 상대로 전쟁을 한다면 이는 정치, 군사, 경제적으로 아주 심각한 결과를 초래하게 될 것이다. 나아가 그것은 중요한 법적 문제들을 안고 있는데, 이에 대한 독일 내 논의는 최근까지 아주 미미했다. 미국의 대 이라크 전쟁이 시작되면 독일은 자신의 영토(주권영역) 내에서 적어도 다음과 같은 네 가지 방식으로 연루될 수 있다:

(1) 독일정부는 독일 영공에 대한 상공통과권을 허가해달라는 요청을 미국정부로부터 받을 수 있다.

(2) 미군용기들이 독일 내 미군비행장(예컨대 라인-마인 미공군기지)에 급유를 위해 중간 기착한 뒤, 그곳에서부터 재차 출동영역을 향해 비행을 속개하는 사태가 발생할 수 있다.

(3) 미국 정부는 독일 내 미군기지에 비축되어 있는 미국의 전쟁물자 및 그곳에 주둔하고 있는 부대를 항로 및 해로를 통해 전쟁지역으로 실어 나르려고 할 것이다.

(4) 독일 내에 있는 미군 사령부시설(예. 슈투트가르트-바이힝겐에 있는 미군 EUCOM 부대) 및 통신 및 기반시스템이 대 이라크 군사작전계획 및 집행에 편입될 수 있다.

제1절 기존의 유엔 결의들은 전쟁을 위한 정당화 근거가 되는가?

이라크 전쟁을 수행할 권한을 미국정부에게 부여하는 유엔 안전보장이사회(이하 유엔안보리라 함)의 결의는 아직까지 내려진 바 없다.

(a) 이라크 침략군으로부터 쿠웨이트를 해방하기 위해 쿠웨이트 측 동맹국들에게 "가능한 모든 수단"을 동원할 권한을 부여했던 유엔 결의 제678호(1990. 11. 29)는 더 이상 전쟁을 위한 수권(授權)의 근거가 되지 못한다. 이라크 침략자들을 쿠웨이트에서 추방하도록 한 당시 유엔결의의 수권목적은 1991년에 이미 달성되었기 때문이다. 당시 미국과 동맹국은 사담 후세인과 그 정권을 군사적 수단을 동원해 붕괴시키고 체제변화를 꾀할 권한을 부여받지 않았다. 그렇기 때문에 당시 미국대통령이었던 아버지 부시는 영향력 있는 여러 세력들이 군대를 "바그다드까지 진격시켜라"고 요청을 했음에도 불구하고 이를 거부했던 것인데, 결과적으로 그것은 국제법에 부합한 행동이었다.

(b) 휴전협정체결[1] 및 혹시 있을지도 모를 핵무기·생화학무기의 탐지와 폐기를 담당할 유엔무기사찰단(UNSCOM, 1999년 이후 UNMOVIC[2])의 임명 및 파견을 규정한 이후의 유엔 결의들[3] 또한

1) 1991년 3월 2일 결의 제686호(1991), 1991년 4월 3일 결의 제687호(1991) 참고.

2) 결의 제1284호(1999) 참고.

3) 특히 1991년 4월 5일 결의 제688호(1991), 1991년 8월 15일 결의 제707

이라크에 대한 무력행사권한을 부여하고 있지는 않다. 이들 결의에는 유엔사찰단의 활동에 대한 협력을 무력을 통해 강제할 수 있다거나 전쟁을 통해 후세인 정권을 무너뜨릴 수 있다는 내용이 담겨져 있지 않다.

(c) 또한 그후 유엔안보리가 채택한 관련 결의 어디에도 미국 정부와 그 동맹국이 이라크에 대해 전쟁을 하는 것을 승인하는 내용은 포함되어 있지 않다. 몇 주간의 협상 끝에 2002년 11월 8일 유엔안보리에서 만장일치로 채택된 결의(제1441, 2002년)[4]도 마찬가지다. 이라크가 언제까지 어떤 내용의 의무를 실천해야 하는지 하는 부분 및 UNMOVIC과 국제원자력기구(IAEA) 사찰단의 활동에 관한 기본원칙에 대해 이 결의가 상대적으로 자세하게 규율하고 있는 것은 사실이다. 즉 늦어도 유엔 결의안이 채택된 후 45일 안에, 다시 말해 2002년 12월 23일이 지나기 전에 사찰단이 이라크에서 활동을 개시해야 하고, 활동개시 후 60일 안에, 그러니까 늦어도 2003년 2월 21일까지 유엔안보리에 보고서를 제출함과 동시에 활동을 종료해야 한다.[5] 이라크 측이 유엔결의를 집행하는 사찰단의 활동에 대해 불완전하게 협력한다거나,[6] 어떤 식으로든 사찰단의 활동을 방해하는 경우에는[7] UNMOVIC의 책임자인 한스 블릭

호(1991), 1991년 10월 11일 결의 제715호(1991), 1995년 4월 14일 결의 제986호(1995) 및 1999년 12월 17일 결의 제1284호(1999).

4) 영어로 된 원문은 아래 주소에서 찾을 수 있다. www.un.org./doc
5) 결의 제1441호(2002) 제5조 참고.
6) "failure by Iraq at any time to comply with, and coopertate fully in the implementation of, this resolution shall constitute a further material breach of Iraq's obligations…"(Ziff. 4)
7) "…any interference by Iraq with inspection activities…"(Ziff. 11)

스와 국제원자력기구 사무총장인 모하메드 엘바라데이는 그 사실을 즉시 안보리에 보고하도록 되어 있다. 보고를 받으면 안보리는 "국제평화와 안보"를 지키기 위해 그 상황에 대해 논의할 수 있다.[8] 물론 그러한 상황에서 유엔안보리가 어떠한 결정을 내려야 하는가 하는 부분에 대해서는 결정된 바 없다. 다만 안보리는 그 결의에서, 과거 안보리는 이라크가 계속해서 의무위반을 한다면 "심각한 결과"를 각오해야 할 것이라고 이라크에 대해 끊임없이 경고해왔다는 사실을 상기시켰다.[9] "심각한 결과"의 내용이 무엇이 될까 하는 부분은 아직까지 구체화된 바 없다.

지난 몇 달 동안 부시행정부가 공개적으로 밝힌 입장만을 놓고 보면, 미국정부가 위 결의에 규정된 절차와 무관하게 결의가 강조하고 있는 "심각한 결과"를 스스로 일방적으로 정의하고 집행할 가능성도 배제할 수 없다. 미국정부는 유엔안보리가 미국의 기준에서 볼 때 불충분한 조치를 사담 후세인 정권에 대해 취할 경우 일방적 행동에 나설 것임을 이미 오래 전부터 밝힌 바 있다. 예컨대 리차드 체니 미국 부통령은 2002년 8월 말 예비역군인들을 상대로 텍사스에서 행한 연설에서 사찰은 별 쓸모가 없고 유해하기까지 하다. 이라크에서의 정권교체가 보다 바람직하다는 식으로 말했다.[10] 조지 W. 부시 미국 대통령의 대변인도 이러한 입장을 지지했다. 그는 체니가 정부의 입장을 대변하고 있다고 설명했다.

---

8) "in order to consider the situation and the need for full compliance with all of the relevant Council resolutions in order to secure international peace and security"(Ziff. 12)

9) 결의 제13조.

10) 한델스블라트(독일신문), 2002. 9. 2자 참고.

독일에서는 미국의 이러한 정책이 시민사회는 물론 슈뢰더 연방수상[11] 및 다른 당파의 정치인들[12]에 의해서 여러 차례 공개적으로 비판을 받았다. 유엔헌장에 규정된 국제연합의 집단안보체제의 틀을 벗어나는 부시 행정부의 그와 같은 일방적 —궁극적으로는 이

11) 2002년 9월 13일 연방의회에서의 연설. "무기사찰단이 들어가서 조사해야 한다는 것은 너무나 당연하다. —그것은 또한 한번도 논란이 된 적이 없다. 그러나 이런 목적 이외에 다른 목적을 논의의 중심으로 끌어들여도 되는지에 대해서는 논란이 되었고 여전히 논란거리다. 물론 우리도 그 논쟁에 참여했다. 나는 이렇게 말하겠다. 누군가 무기사찰단을 이라크에 보내는 목적 외에 정권을 폭력적으로 제거하려는 목적을 설정했다면 유엔이 과거 및 현재 갖고 있는 입장을 잘못 이해한 것이다. … 우리가 중동에 대해 논쟁할 때에는 이 지역에서의 안정이 언제나 중요하다는 사실, 아주 민감하고 어려운 이 지역에 군사적 개입을 했을 때 나타날 수 있는 결과를 염두에 두어야 한다. 생각해볼 수 있고, 가능하며 계획된 군사적 개입이 행해지고 난 다음에 일어날 사태와 관련해 아직까지 그 누구도 그 자체로 논리정연하고 자명한 구상을 공식적으로 제출한 바가 없다. 따라서 나는 이렇게 말하겠다. 군사적 개입을 반대하는 나의 논지는 여전히 유효하다. 또한 이 점도 분명하다. 내가 수상으로 있는 한 독일이 군사적 개입에 참여하는 일은 없을 것이다."

12) 예컨대 기독교사회연맹(CSU) 지방그룹 의장인 미하엘 글로스는 이라크에 대한 공격을 공개적으로 경고했다. "현재와 같은 상황에서" 개입은 "예측할 수 없는 위험"이 될 것이라는 게 그의 논지다. 이라크를 공격하려면 최소한 유엔의 위임이 있어야 한다는 지적도 덧붙인다. 그는 그러나 유엔의 결의가 있다고 하더라도, 집권 기독교사회연맹/기독교민주연맹(CDU) 연방정부(2002년 9월 총선에서 승리할 경우 - 역자)가 이라크 전쟁에 독일도 참여하겠다고 결정하게 될 것인지는 확실하지 않다고 보았다. 따라서 글로스는 선거팀 내 외교전문가인 볼프강 쇼이블레의 입장과 선을 그었다. 쇼이블레는 미국의 태도에 대해 동조하는 입장을 보였다. 이에 대해서는 www.tagesschau.de 및 프랑크푸르트 룬트샤유, 2002. 10. 8자, 7쪽 등을 참고할 것.

라크 내에서의 정권교체를 목적으로 하는— 대응은 결의 제1441호(2002)의 문언은 물론, 안보리의 토의내용으로부터 도출해 낼 수 있고 또한 도출해 내어야 하는 결의의 참뜻과도 맞지 않다. 특히 상임이사국인 프랑스, 러시아, 중국은 물론 대부분의 비상임 회원국들은 유엔안보리에 대해 원래 미국정부가 요구한 "수권-결의"에 대해 처음부터 강력하게 반대했다. 그들은 일단은 —이후는 어떻게 되더라도— 이라크에 대한 근본적인 요구사항을 담은 첫 번째 결의안을 채택해야 한다고 주장했다. 사찰단의 활동결과와 이라크의 행동을 지켜본 뒤, 두 번째 안보리 결의안을 채택해야 하는데, 상황에 따라서는 필요한 후속조처를 논의하고 결정할 수 있다는 입장이었다. 몇 주간의 논의 끝에 결국 유엔안보리는 결의 제1441호(2002) 제14조를 통해 안보리가 이라크 문제에 대해 결정권한을 갖겠다(2002년 11월 8일의 결정 이후에도 또한 같다)는 입장을 분명히 했다. 결국 안보리는 이라크문제에서 손을 뗄 생각이 없으며, 이라크가 해당 유엔 결의의 집행과 관련하여 잘못된 행동을 보였을 때 어떤 식으로 대응해야 할 것인가 하는 부분에 대해 유엔헌장에 따라 앞으로도 자신이 결정할 것임을 분명히 했다. 따라서 안보리가 결의 제1441호(2001) 및 특히 동 결의 제13조의 표현("심각한 결과")을 통해 이미 장래의 무력행사에 대해 결정했다거나 정당화했다고 볼 여지는 전혀 없다. 안보리는 "다만" 불명확한 경고를 발했을 뿐이다.

유엔안보리가 —유엔헌장의 한계 안에서[13)] — 무력행사를 적극

13) 유엔헌장 제39, 42조에 따라 유엔안보리가 개별사안에서 무력행사를 결의한 경우, 유엔안보리는 어떤 법적 한계·통제하에 놓이는지에 대

적으로 승인했을 때에만 이라크에 대한 무력행사는 현행 국제법상 허용될 수 있다. 유엔안보리가 "침묵" 혹은 공백으로 남겨둔 "심각한 결과(가 초래될 수 있음)"이라는 부분만으로는 이라크에 대한 무력행사를 정당화할 수 없다. 왜냐하면 유엔헌장 제2조 제4항에 따를 때 다른 국가에 대한 "모든" 형태의 무력의 위협이나 무력행사는 유엔안보리가 유엔헌장이 정하는 바에 따라 무력행사에 응수하는 대응조치를 결의하거나, 유엔헌장 제51조에 따라 예외적으로 자위권이 인정되는 경우가 아닌 한 국제법에 반하기 때문이다.

제2절 유엔헌장 제51조 상의 자위권

사담 후세인 정권을 전복하고 이라크를 미국의 영향권 아래 끌어들이려는 목적의 대 이라크 군사공격을 감행하기 위해 미국정부는 유엔헌장 제51조를 끌어들이려 하나 이는 가능하지 않다고 보아야 한다. 유엔헌장 제51조에 따르면 단지 "무력공격이 발생한 경우에"만, 그것도 안보리가 국제평화 및 안전을 유지하기 위하여 필요한 조치를 취하기 전까지만 개별적 혹은 집단적 자위라는 고유한 권리가 인정된다. 자위권의 범위와 한계와 관련해 해결되지 않은 문제들이 많은 것은 사실이나 자위권이 "무력공격"(armed attack)이 "발생한 경우"에만 인정된다는 점은 분명하다. 즉 군사적

해서는 여기서 더 이상 자세히 다루지 않겠다. 자세한 것은 Jochen Herbst, *Rechtskontrolle des UN-Sicherheitsrates*, 1999와 이 글에 대한 나의 서평을 참고하라. 나의 서평은 *FW(Die Friedenswarte)* Heft 2-3-2001, 311쪽 아래 수록되어 있다.

방어작전이 허용되기 이전에 공격자에 의해 이미 무력이 행사되거나 행사되었어야 한다.

그러나 어느 시점에서 "무력공격"에 대한 자위조치를 취할 수 있는지에 대해서는 아직 명확하게 정리된 게 없다. 이스라엘, 미국 같은 나라들은 유엔헌장 제51조 혹은 국제관습법에 근거하여 이른바 "예방적 자위"를 계속해서 주장해 왔다. 이들 국가들은 현대무기가 도달한 발전상태 및 파괴력, 그리고 짧은 사전경고시간을 고려할 때 각국은 자신들의 눈앞에 닥친 파괴의 위협을 보고도 적국의 최초 무기사용을 "기다렸다가" 무력동원을 해야 하는 것은 아니라는 식의 논지를 펴고 있다.[14)]

그러나 국제관행 및 국제법 문헌상의 지배적 견해는 예방적 공격 및 예방적 자위는 국제법상 원칙적으로 허용되지 않는다는 입장이다.[15)] 이스라엘이 1967년 유엔헌장 제51조를 근거로 이집트에 대한 예방적 공격과 함께 이른바 6일 전쟁을 개시했을 때, 당시 대부분의 국가들은 이스라엘의 예방전쟁을 유엔 총회에서 명시적으로 거부하지는 않았다. 그러나 이스라엘이 1981년 6월 7일, 당시 건축 중이던 이라크 핵원자로 타무즈 I에 대한 폭격의 근거로 예방적 자위권을 주장했을 때는 상황이 달랐다. 유엔안보리는 만장일치로 이스라엘이 공격을 감행한 것으로 판단했다. 아프리카, 아

---

14) 자세한 것은 입센이 편집한 책, K. Ipsen(Hrsg.), *Völkerrecht*, 4판, 1999에 수록되어 있는 H. Fischer의 글을 ―특히 옆번호 29번― 참고하라.

15) 짐마가 편집한 책, Simma(Hrsg.), *Charta der Vereinten Nationen*, 1991 중 Randelzhofer가 유엔헌장 제51조에 대해 쓴 부분, 특히 옆번호 9-14번 및 여러 문헌들을 소개한 옆번호 34번을 참고하라.

시아 국가들뿐 아니라 대다수 유럽국가들도 군사적 예방조치를 명시적으로 거부했다.[16] 그랬음에도 불구하고 미국의 여러 정권들은 이후에도 계속해서 그와 같은 권리를 자국과 타국을 위하여 주장해왔다. 예방공격(혹은 나아가 선제공격)에 대한 국제법적 허용성을 둘러싼 아주 명백한 견해차이는 법적으로 볼 때 어쨌건 의미가 있다. 왜냐하면 그로 인해 국제법상의 일치된 국제관행 및 "예방적 자위권"의 존재에 대한 공통의 법적 확신이 생겼다고 말하기 어렵고, 그 결과 국제관습법을 이야기하기도 어렵기 때문이다. 그렇게 되면 결국 유엔헌장 제51조의 해석만이 문제가 될 뿐이다.

국제법학자들 중에는 확대해석을 통해 유엔헌장 제51조에서 "예방적 자위"권을 도출해내는 사람들도 있지만, 그들도 그러한 자위권을 행사할 수 있는 경우를 제한하고 있다. 우선 그러한 자위권을 행사하기 위해서는 "명백하고 현존하는 중대한 위험"이 존재해야 한다. 또한 그 상황에서 현존하는 위험을 방어할 다른 수단이 없을 때 그러한 권리를 행사할 수 있다. 그런데 현재 미국정부와 사담 후세인 정권 사이의 갈등이 위의 조건을 충족시키고 있는 것은 아니다. 왜냐하면 이라크 정부가 당장이라도 미국이나 동맹국에게 대해 직접 공격을 가하게 될 것이고 그러한 현재의 절박한 위험을 방어할 수단으로 예방전쟁 외에는 대안이 없다는 사실을 미국 정부조차 충분히 해명할 수 없는 상황이기 때문이다.

이 논의의 결론이 어찌되었건 유엔헌장 제51조를 확대 해석하여

---

16) 이에 대해서는 특히 Hailbronner, *Berichte der Deutschen Gesellschaft für Völkerrecht(BDGV)*, 26 (1986), 82쪽; Fischer, 앞의 글, 옆번호 30번을 참고하라.

"예방전쟁"을 자위권의 행사로 보는 견해에 대해서는 찬성할 수 없다. 문언("무력공격이 발생한 경우")으로 보나, 유엔헌장의 관련 조항들에 대한 체계적 해석 및 목적론적 해석론의 관점에서나 보나 예방전쟁(예방적 자위)권은 인정될 수 없다. 특히 국제관계에서 "모든" 형태의 무력행사를 명시적으로, 그리고 오해의 여지가 없이 금지한 유엔헌장 제2조 제4호는 논의의 출발점으로 보아야 한다. 무력행사를 엄격히 금지하는 유엔헌장의 원칙에 대해서는 아주 제한된 범위에서만 그 예외가 인정된다. 나아가 그러한 예외 즉 군사적 강제조치의 동원도 일차적으로 유엔안보리(유엔헌장 제42조, 제43조-제47조)가 직접하거나 혹은 안보리의 위임 하에서(유엔헌장 제42조, 제48조, 제53조)만 인정된다.

유엔헌장은 개별국가의 무력행사를 예외적으로만 인정한다. 무력공격을 받은 개별국가는 유엔헌장 제51조에 의거 정당방위나 긴급구조조치만을 할 수 있을 뿐이다. 그것도 유엔안보리가 무력공격에 대해 필요한 조치를 취하지 않은 경우에 그리고 필요한 조치를 하지 않고 있는 동안에 한해서 그러하다. 국제관계에서 일방적으로 한 국가가 무력행사를 하는 것을 가능한 한 제한하려는 것이 헌장 제51조의 목적이기 때문이다. 이러한 사실을 무시하고 "예방적 자위"권을 인정하는 것은 결국 개별국가에게 그들의 자의적 판단에 따라 "급박한 위험"을 판단하도록 내버려두는 것과 같다. 그렇게 되면 개별국가의 자위권을 "무력공격의 경우"로(무력공격이 발생한 경우) 제한한 유엔헌장 제51조는 사실상 폐기되는 꼴이 된다. 이처럼 유엔헌장의 규범구조 및 체계를 고려해보더라도, 유엔헌장 제51조는 무력행사를 일반적으로 금지한 헌장 제2조 제4호에 대한 예외가 된다는 사실을 알 수 있다. 예외조항은 ―따라서 유엔헌장 제51조도 마찬가지인데― 확대해석을 해서는 안 되는 것이 원칙이다("singularia non sunt extendenda" 특별규정은 확대해서는 안 된다).

한 국가가 개별국가의 무력행사를 제한하는 유엔헌장을 무시하고 ―자신이 설정한 전제와 조건하에서― 예방전쟁을 수행할 권리를 주장한다면 그 국가는 국제법에 반하는 행동을 하는 게 된다. 그 국가는 침략행위자이다.

제3절 나토조약 상의 침략금지

나토회원국이 침략행위를 계획하고 실행한다면 그 국가는 유엔헌장은 물론이고 동시에 나토조약 제1조에 반하는 행위를 한 것이 된다. 나토조약 제1조에서 모든 나토회원국들은 "관련될지도 모르는 어떠한 국제적 분쟁이라도 국제적 평화와 안전과 정의를 위태롭게 하지 않는 방법으로 평화적 수단에 의하여 해결하고 또한 국제관계에 있어서 국제연합의 목적에 배치되는 모든 형태의 무력위협이나 무력행사를 삼가 할 것을" 약속하였다.[17] 조약체결 당시 나토조약 제1조는 강력한 집단안보체제를 만들 수 있도록 한 유엔헌장(헌장 제51조를 근거로 함)을 근거로 그러한 조직을 만들되 유

17) 역주: 나토조약 제1조는 한미상호방위조약 제1조, 미일안보조약 제1조와 거의 동일한 텍스트로 되어 있다. 이 점을 고려하여 나토조약 제1조의 번역에서는 한미상호방위조약 상의 표현을 참고하였다.

엔헌장이 설정한 한계를 엄격히 지키겠다는 의지의 표명으로써 채택되었다.

결국 이는 유엔헌장 제51조를 통해 정당화될 수 없는 "예방전쟁"은 나토조약으로도 ―특히 나토조약 제5조 상의 "나토-동맹사태"(NATO- Bündnisfall)[18] ― 정당화될 수 없다는 뜻이 된다. 즉 나토는 동맹국 정부의 요청이나 혹은 압력이 있다고 하더라도 유엔헌장에 반하는 것을 결의·집행할 수 없으며 해서도 안 된다. 나토조약 제7조는 재차 모든 나토회원국의 유엔헌장에 대한 구속을 특별히 강조하고 있다. 동 규정에 따르면 나토조약은 유엔회원국이기도 한 나토회원국들의 유엔헌장상의 권리와 의무를 변동시키지 않는다. 또한 동 조항은 나토조약의 해석을 통해 이들 권리와 의무를 변동시키려해서도 안 된다는 점도 분명히 하고 있다. 그러므로 "동맹의무상황"을 원용한다고 해서 나토회원국이 행하는 유엔헌장에 반하는 침략전쟁이 방어전쟁이 되는 것은 아니다.

---

18) 역주: 나토는 나토조약 제5조에서 회원국 중 일개국 혹은 다수국이 무력공격을 받을 경우 집단안보를 보장하는 것을 근본임무로 하는 군사동맹임을 밝히고 있다. 나토조약 제5조에 규정되어 있는 NATO-Bündnisfall을 여기서는 동맹사태로 번역하였다. 이하에서 동맹사태라고 하는 것은 '나토-동맹사태'를 지칭한다.

제4절 묵인 및 지원을 통한 침략?

물론 침략국만이 국제법을 위반하는 것은 아니다. 침략국가를 돕는 국가, 예컨대 자신의 영토 내에서 이루어지는 전쟁관련 행위를 묵인하거나 나아가 지원하는 국가도 국제법을 위반하기는 마찬가지이다. "A국이 자국의 영토를 B국이 사용할 수 있도록 하였고, B국이 사용권을 위임받은 A국 영토를 이용해 제3국인 C국에게 공격을 감행했을 경우, B국의 이러한 행위를 묵인한 A국의 행위"는 침략행위로 간주되며, 따라서 국제법상의 무력금지에 위반하는 것이 된다. 이 점은 1973년 12월 14일 유엔총회에서 의결된 결의 제3조 f항을 통해 분명하게 확인되었다.[19] 비록 유엔총회 결의가 원칙적으로 아무런 법적 구속력도 없다고 하더라도 "침략개념"을 위와 같이 의결하기까지 유엔 차원에서 오랫동안 논의가 있었다는 사실, 나아가 결국 1974년에는 그러한 의결내용이 국제사회에서 일반적으로 합의되기에 이르렀다는 사실을 간과할 수 없으며 간과해서도 안 된다. 물론 국제법에 반하는 침략행위 판정을 위해 유엔총회가 침략개념에 포함시킨 대표적 사례들은 예시적인 것이지만, 그런 사례들이 거의 만장일치로 채택된 결의 속에 예시되어 있고, 이후 실제로 일반적으로 승인되고 있다는 점에서 그것은 말하자면 국제관습법의 성격을 획득한 것으로 보아야 한다. 따라서 각국은 그에 따라야 한다.

독일연방공화국은 기본법 제25조에 따라 "국제법의 일반원

19) UN-Generalversammlung, GA-Resolution 3314 (XXIX), 독일어 번역은 *Vereinte Nationen (VN) 1975*, 120쪽.

칙"(die allgemeinen Regeln des Völkerrechts)에 그리고 기본법 제20조에 따라 현행법에 구속되므로, 모든 독일 정부는 — 어느 당파의 정부인가와 관계없이 — 자신의 영토가 국제법에 위반되는 행위에 휘말리거나 혹은 나아가 의도적으로 휘말려 들어가지 않도록 하기 위해 어떤 조치를 취할 수 있는지, 나아가 취해야만 하는지 하는 문제에 직면하게 된다. 독일정부는 이미 예전에도 여러 번 그러한 상황을 경험했다. 이미 베트남 전쟁 당시에도, 국제법에 반하는 미국의 베트남전쟁을 지원하기 위해 전쟁물자를 동남아시아 지역으로 실어 나르는 전초기지로 독일 내 미군시설을 이용하는 것이 국제법에 반하는 것이 아닌가 하는 의구심이 끊임없이 표출된 바 있다. 물론 당시 독일의 대중들은 그러한 논란에 대해 거의 주목하지 못했다. 당시까지 독일정부는 주요동맹국인 미국에 대해 순종하는 태도를 보여왔기 때문에 그런 식의 비판적인 문제제기들을 봉쇄해버렸다. 1973년 이스라엘에서 욤-키푸르 전쟁(제4차 중동전쟁-역주)이 발발하자 비로소 처음으로 독일영토가 나토지역 밖에서 일어나는 군사분쟁에 연루되어도 되는지 하는 문제가 중요한 이슈가 되었다. 1973년 10월 미국정부의 요청에 의해 세 척의 이스라엘 배가 독일 주둔 미군의 군사물자를 선적하기 위해 브레머하펜 항구에 도착했다. 당시 연방수상이었던 빌리 브란트는 당시 부수상 겸 외무장관이었던 발터 쉘과 공동으로, 선적을 즉각 중단할 것과 이스라엘 선박이 독일의 영해를 즉각 떠날 것을 결정하였다.[20] 유럽주둔 미군사령관인 로저 장군이, 미국 공군기가 1986년

20) 이에 대해서는 특히 Paul Frank, *Entschlüsselte Botschaft*, 1985, 267쪽 아래; Dieter Deiseroth, *US-Basen in der Bundesrepublik*, 1판, 1988(현

4월 14일과 15일 양일에 걸쳐 리비아에게 행한 공습은 독일 내 사령부가 있는 슈투트가르트-바이힝겐에서 준비되고 조종되었다고 공개적으로 선언했을 때도 앞서 말한 것과 똑같은 문제상황이 재연되었다.[21] 마지막으로 1987년에는 미 정부당국이 500 토우(TOW)-대전차로켓을 람슈타인에 있는 미군공군기지를 거쳐 이란으로 넘겨주었다는 사실이 당시 미국 대통령에 의해 임명된 이른바 이란-콘트라 사건조사위원회의 보고서를 통해 독일인들에게 알려지게 되었다. 그러한 행위가 미국법 및 국제법에 위반한 것임은 물론이고, 당시 미국정부는 그와 같은 행위를 하면서 사전에 독일 정부에 대해 일언반구도 없었다.[22]

제5절 독일영공 및 미군기지의 사용

국제협약에도 이미 그 내용이 들어가 있는(특히 1944년 시카고협약 제1조 참고) 일반국제법에 따라 모든 국가는 자기 영토 위의 영공에 대해 "완전하고 배타적인 지배권"을 갖는다. 그런데 — 독일에서처럼 — 외국군대가 주둔하는 경우에는 이들 주둔군의 이동권의 범위와 한계는 통상 특별한 국제협약에 의해 규율된다. 독일에서 이러한 협약은 연합국에 의한 독일점령정책이 끝나면서 이른

재 제2판을 준비중), 44쪽 아래 참고.

21) 이에 대해서는 프랑크푸르트 룬트샤우, 1986. 4. 21자; 벨트 암 존탁, 1986. 4. 20자, 타게스차이퉁, 1986. 4. 23자 참고.

22) *BT-Drucksache*, 11/736, 3쪽. Deiseroth, *US-Basen in der Bundesrepublik*, 6쪽 참고.

바 나토 군 지위협약에 대한 보충협약의 형태로 체결되었다.

이 보충협약(ZA-NTS 1959)은 조약법의 형태를 띠었지만 실제로는 점령시기의 규정들을 그대로 계승하였다. 이 협약은 나토군의 형태로 독일에 주둔하고 있는 미군에게 독일 영공을 거의 마음대로 이용할 수 있는 권리를 부여하였다. 즉 "군대"는 항공기를 이용해 "연방공화국의 국경을 가로지를 수 있으며 연방의 영토 내부 및 상공에서 이동할" 권리를 부여받고 있었다.

그러다가 1994년 위 보충협약(이하 ZA-NTS 1994[23]))이 개정되면서 해당 규정도 바뀌었다. 독일 내에 주둔하고 있는 미군이라고 하더라도 지상, 해상 혹은 공중운송수단을 통해 연방공화국 내로 "들어오거나 연방의 영토 내부 및 상공에서 이동하고자" 할 때에는 원칙적으로 매번 독일연방정부로부터 허가를 받게끔 되었다(1994년 보충협약 제57조 제1항 제1문). 그러나 이처럼 원칙적으로 허가를 받아야 하는 의무는 1994년 보충협약 제57조 제1항 제2문에 의해 재차 부분적으로 제한되고 있다. 동 규정은 다음과 같다.

> 독일법의 — 여기에는 이 협약 및 연방공화국과 (군대의-역자첨가) 파견국 중 일국 혹은 다수국이 협약당사자에 속하는 다른 국제협약, 그리고 이들 협약과 결합되어 있는 기술적 협약 및 절차가 포함된다 — 범위 내에서 이루어지는 수송 및 기타의 이동은 허가를 받은 것으로 본다.

다른 말로 하면 제2문에 해당하는 한 "입국" 및 항공기를 이용해 "연방의 영토 안과 위를" 이동하는 모든 행위들은 허가 받을 필

23) Bundesgesetzblatt 1994 Teil Ⅱ, 2594쪽 아래.

요가 없다는 얘기가 된다. 그러나 이 규정은 모든 국가는 자신의 영토에 대한 완전한 주권을 가지며, 자기영토의 상공에 대한 "완전하고 배타적인 영공고권"을 가진다는 일반국제법상의 원칙에 대한 예외조항으로 보아야 한다. 예외조항이므로 일반적인 해석원칙("singularia non sunt extendenda")에 따라 좁게 해석해야 한다. 이 조항은 ―동 조항의 문헌을 통해 이미 분명한 것처럼― "군"(및 그 "민간인 수행원", "구성원 및 직원") 항공기의 이동에 대해서만 규율한 것으로 보아야 한다. 따라서 미군 군용기로 미국에서 독일 연방공화국으로 "입국"하는 행위가 모두 이 조항의 적용을 받는 것은 아니다. 이 조항에서 말하는 "군대"의 의미는 나토 군 지위 협약 제3조에 정의되어 있다. 이에 따르면 "군대"란 (나토 군 지위 협약)의 일방 당사국의 육, 해, 공군에 속하는 인원으로서, "그들의 복무의무와 관련하여" 어느 협약 당사국의 "영토"에 ―여기서는 독일이 될 것임― "체류"하는 병력을 말한다. 따라서 보충협약 제57조 제1항 제2문에 따라 일정한 조건하에서 미군 군용기에게 일반적으로 허가된 "입국" 및 "독일 연방의 영토 내부 및 상공에서" 이동할 수 있는 자유는 나토의 틀 내에서 독일에 주둔하고 있는 미군 병력에게만 인정될 수 있다. 반면 미국 내에 주둔하고 있는 미군 병력이 항공기를 이용하여 중동지역(이라크 등)으로 이동하기 위해 독일영공을 단순히 이용한다거나 연료공급과 물자와 무기의 선적을 위해 그리고 궁극적으로는 ―나토의 위임 없이― "나토지역" 이외의 전쟁지역으로 비행을 속개하기 위해 독일에 중간기착을 하고자 한다면 일반국제법 및 1994년 보충협약 제57조 제1항 제1문에 의거하여 허가를 받아야 하는 것이 원칙이다. 그러므로

1994년 보충협약 제57조 제1항 제2문에 의거 미군 군용기에게 광범위하게 부여된 독일 영공 내에서의 이동권을 주장하기 위해서는 해당 미국 항공기가 나토의 범위 내에서 독일에 주둔하고 있는 부대에 속하는가 그리고 그 항공기가 나토의 범위 내에서 나토의 위임에 따라 임무를 수행하고 있는가 아니면 미국이라는 나라의 (국가적) 이익을 위해 동원되고 있는가 하는 점이 중요하다. 이 말은 결국 대 이라크 전쟁이 발발할 경우 미군 군용기가 독일의 허가 없이 독일 영공을 이용할 수 있는지 하는 법적 문제에 대한 답변은 나토가 그 전쟁에서 어떠한 역할을 떠맡게 될 것인가에 달려 있다는 뜻으로 해석할 수 있다. 만약 나토가 집행부의 결정, 명령체계 및 부대배치 등을 통해 볼 때 이라크에 대한 작전과 무관한 위치에 있다면, 다시 말해 이라크에 대해 나토가 전쟁을 선언하지 않는다면 미국 군대는(경우에 따라서는 몇몇 나토 회원국에 의해 지원을 받는다고 하더라도) 자국의 "국가적 차원"에서만 행동하는 것이다.

독일 내 미군기지에 대해서도 똑같은 얘기를 할 수가 있다. 미군에게 "배타적 사용권이 부여된" 이들 기지에서 미군은 보충협약 제53조 제1항에 의거 "방어임무의 수행을 위해 필요한 조치"를 취할 수 있다. 동조 제2항은 "기지 위 상공에서 조치를 취하는 것도 또한 같다"고 규정하고 있다. 이들 조항을 둘러싼 여타 해석상의 난점은 일단 제쳐놓더라도 이들 조항에서도 알 수 있듯이 독일 당국, 즉 독일 정부는 문제가 되는 경우 주둔군이 주둔지(및 그 상공)에서 보충협약 및 나토조약에서 말하는 "방어임무"를 수행하는지 아니면 다른 조치를 준비하거나 나아가 실행하고 있는지를 사안별로 판정·통제할 법적 권한을 갖고 있다. 보충협약 제53조 제3항에 의하면 — 협약조문에 따르면 — 독일당국은 "독일의 이익을 위해 필요한 조치"를 미군 기지 안에서 실행할 수 있다. "독일의 이익을 위해" 필요하다는 말의 의미가 무엇인지는 이 규정 혹은 다른 개별 협약 어디에도 정의되어 있지 않다. 따라서 "독일의 이익"을 구체화하고 이를 관철하기 위한 수단을 확정하는 것[24]은 당연히 독일당국, 즉 독일정부의 임무이다. 그러한 임무의 수행에서 독일정부는 기본법 제20조 제3항, 제25조에 따라 각각 "법과 법률", "국제법의 일반원칙"에 구속된다는 사실을 잊어서는 안 된다. 어쨌건 위 규정에서 말하는 "독일의 이익을 위함"에는 독일 연방공화국 내에서 국제법에 반하는 작전이 행해지거나 그러한 작전을 지원하는 일이 발생하는 것을 방지하는 데 필요한 모든 조치를 취하는 것이 포함되는 것만은 틀림없다. 이러한 결론은 독일은 독일통일의 과정에서 체결한 2+4조약 제2조에 의거 "독일 땅에서는 오직 평화만이 생겨나도록 배려" 해야 할 의무를 지고 있다는 사실을 고려할 때 더욱 설득력을 얻는다.

물론 법률적, 사실적으로 볼 때 논란이 되는 부분이 있는 것도 사실이다. 특히 적어도 두 가지 점에서 그러하다. 첫째, 미국본토를 출발하여 독일로 들어오는, 즉 독일 영공을 이용하는 군용 항공기와 군 병력을 나토의 범위 내에서 독일 내에 주둔하는 부대에 할당된 병력으로 보아 그들에게 1994년 보충협약 제57조 제1조 제1항 제2문에 규정된 특권을 부여할 것인지 아니면 나토임무가 아닌 순전히 "미국의 국가적 임무"를 수행하는 병력으로 보아 독일 영공의 이용에 대해 독일 정부의 허가를 각각 받도록 해야 할 것인지

---

24) Deiseroth, *US-Basen in der Bundesrepublik*, 44쪽 참고.

하는 문제를 매번 어떻게 구별할 것인가 하는 게 문제가 된다. 둘째, 이미 나토의 임무수행을 위해 독일 내 미군 기지에 주둔하고 있는 미군 군용기, 군대 및 무기체계들을 이라크전쟁에 투입하는 경우에도 법률적, 사실적 논란은 남는다. 독일 주둔 (나토)"군"이 나토 군 지위협약 제3조에서 말하는 군 병력인 것은 사실이나, 이 경우처럼 그 나토군 및 그 무기체계를 전쟁지역으로 이동시키는 것은 나토가 예정한 "역외이동"("out of area" disloziert)에 해당한다고 보기는 어렵다. 왜냐하면 이들 병력 등이 나토의 임무를 위해 전투에 배치되었다고 보기도 어려울 뿐 아니라 나토 사령부 및 사령관이 그 병력을 지휘·통제할 수도 없을 것이기 때문이다.

이처럼 국제협약에 비추어 볼 때 의문이 있는 법적, 사실적 문제를 궁극적으로 어떻게 해결할 수 있으며 해결해야 하는지 하는 문제에서는 정치적 판단변수가 결정적으로 작용한다. 앞서 언급한 협약 및 관련 법규정에 포함되어 있는 법적 판단변수를 구체화하고, 그것을 국가실무에서 집행하려면 정치적 "지지"와 실천이 필요하다. 다시 말해 문제해결을 위한 명확한 정치적 구상이 있어야 하고 그것을 국내·국제적 차원에서 정치적으로 관철·확보할 수 있어야 한다. 이와 관련해서는 예컨대 국제법에 반하는 미국의 이라크 공격이 있을 때 나토로 하여금 그 분쟁에 휘말리지 않도록 할만큼 독일정부가 역량이 있는가, 자신의 정치적 입장에 대한 지지를 다른 나토 회원국으로부터 끌어올 수 있는가, 그렇게 해서 나토 내에서 독일만이 고립되지 않도록 할 수 있는가 하는 점이 관건이 될 것이다. 나아가 독일정부가 자신의 정치적 입장에 대해 "여론", 즉 (독일 및 나토 회원국 내의) 시민사회의 지지를 얻을 수 있는가 혹은 나아가 이들 시민사회가 가진 역량을 동원해 낼 수 있는가 하는 점도 중요할 것이다. 자국 내에서조차 격렬한 논쟁의 대상이 되고 있는 정책을 펼치고 있는 현재의 미 행정부를 한편으로 하고, 독일정부 및 다른 나토회원국을 다른 한편으로 하는 분쟁·충돌이 어떤 식으로 결론 날지는 알기 어렵다.

반면 미국이 이라크에 대해 명백한 국제법 위반의 군사력투입을 자행하는 과정에서 독일 내 미군 기지와 독일의 상공을 사용하여 미군 전투기와 병력을 이동시키고 있음에도 불구하고 독일정부가 아무런 이의 없이 그 상황을 묵인한다면 나타날 결과는 불을 보듯 뻔할 것이다. 우선 독일정부가 독일의 영공 및 영토가 국제법에 반하는 침략전쟁수행에 연루되는 것을 의식적으로 묵인한다면 이것은 장래에 대해 치명적인 "선례"를 될 가능성이 높다. 왜냐하면 형성 중에 있거나 나아가 고착화되고 있는 국제관행은 국제법규에 대한 공인된 해석의 확립에 결정적으로 기여하기 때문이다.

다른 한편으로는 모든 독일정부들이 헌법파괴의 나락에 빠지는 상황에 직면하게 될 것이다. 독일영토가 국제법에 반하는 전쟁수행에 연루되는 상황을 독일정부가 의식적으로 방치한다면 기본법 제26조와 2+4 조약 제2조와 충돌하는 상황이 발생한다. 이 두 규범은 침략전쟁의 수행을 "준비하는 것"을 명시적으로 금지하고 있다. 문언만으로 보면 침략전쟁금지조항이 금지하는 것은 단지 침략전쟁의 "준비"이다. 그러나 헌법이 침략전쟁을 "준비"해서는 안된다고 못박고 있다면, 그 헌법규정의 의미와 목적을 고려할 때 그러한 전쟁을 수행하거나 어떤 형태로건 지원하는 것은 더더욱 안된다고 보아야 한다. 형법에 의해서도 그 실효성이 담보되고 있는 기본법상의 침략금지조항은 무조건 금지라는 형태로 규범화되어 있다. 즉 침략전쟁을 준비, 수행, 지원하는 것은 어떤 경우든 "위헌적"이며 "형사처벌을 받는" 행위가 된다. 바로 이 점이 기본법 제26조가 금지하고 있는 또 다른 행위유형과 — "국가간의 평화로운 공동생활을 교란시키기에 적합하고 또한 교란할 의도에서" 하는 행위들 — 다른 점이다. 다른 말로 하면 기본법 제26조에서 말하는 침략전쟁은 그것이 사실상 혹은 추정컨대 방금 말한 의도가 없는 혹은 그런 것을 주된 의도로 내세우지 않은 것이라 하더라도 위헌이며 또한 형법상 금지된다. 왜냐하면 헌법은 그러한 전쟁은 무조건 금지된다는 전제에서 출발하고 있기 때문이다. 기본법은 침략전쟁을 언제나 "국가간의 평화로운 공동생활을 교란"하는 데 객관적으로 적합한 것으로 상정하고 있는 셈이다.

제6절 보충[25]: 미국의 이라크 전쟁에서의 나토의 동맹의무?

6.1. 나토 동맹사태에서의 군사적 원조의무?

나토조약 제5조는 모든 조약당사국은 "유럽 및 북아메리카에 있는 일 회원국 혹은 여러 회원국이" 무력공격을 받았을 경우 원조의무를 진다고 규정하고 있다. 그런데 원조의무의 범위는 그냥 공백으로 남겨 놓았다. 동 조항 제2문은 "모든 조약당사국은 즉각 각

25) 이하의 원고는 2003년 1월 14일 완성했다.

자 개별적으로 그리고 다른 당사국과 함께 그들이 북대서양 지역의 안전을 회복·유지하는 데 필요하다고 생각하는, 무력행사까지 포함하는 조치를 취함으로써 원조한다"고 규정하고 있다.

동맹사태가 되기 위해서는 공격목표물의 공간적 위치가 중요하다.[26] 조약 제6조에 따르면 아래 지역에 대해 무력으로 공격하면 조약 제5조에서 말하는 일 회원국 혹은 여러 회원국에 대한 무력공격이 된다.

1. 유럽 혹은 북아메리카 지역 내 회원국 지역, 프랑스령 알제리,[27] 터키지역 혹은 북회귀선 이북의 북대서양 지역에 있는 회원국 관할 도서(島嶼)
2. 이들 지역 혹은 이들 지역 상공에 있는, 혹은 이 조약 발효당시 회원국이 점령하는 기타 유럽지역, 지중해 혹은 북회귀선 이북의 북대서양에 있는 회원국 군대, 선박, 항공기

---

26) 반면 나토회원국의 원조행위가 이루어질 지리적 장소에 관한 문제에 대해서는 조약본문에 규정되어 있지 않다. 이에 대해서는 Deiseroth, *US-Basen in der Bundesrepublik*, 33-34쪽; von Bülow, Der Einsatz der Streitkräfte zur Verteidigung, 1984, 169쪽 및 동면에 소개된 문헌들 참고.

27) 이 영토와 관련하여 1963년 1월 16일, 나토 상임이사회에서 프랑스 대표는 "프랑스령 알제리"는 프랑스 공화국 대통령에 의한 알제리 독립승인에 의해 1963년 7월 3일자로 더 이상 존재하지 않는다고 선언했다. 이 선언이 있자 나토 상임이사회는, 이전의 프랑스령과 관련한 나토조약상의 관련조항들은 1963년 7월 3일자로 그 대상을 상실했다고 확정했다. *NATO - Tatsachen und Dokumente*, Brüssel, 1969, 266쪽; K. Ipsen, *Rechtsgrundlagen und Institutionalisierung der atlantisch-westeuropäischen Verteidigung*, 1967, 16쪽 참고.

따라서 예컨대 선박이나 항공기가 조약 제6조에서 자세히 특정된 영역 밖에서 공격받는 경우라거나 혹은 나아가 나토조약 제6조에 규정된 "나토지역"에 대한 군사공격은 없었지만 나토조약의 한 당사국 혹은 여러 당사국의 정치, 경제, 혹은 군사적 이익이 "단지" 침해된 경우라면 나토조약 제5조에서 말하는 무력공격은 존재하지 않는다. 또한 나토 회원국에 의한 국제법에 반하는 무력행사로 인해 촉발된 공격도 엄밀히 유엔헌장 제51조에 맞춘 나토조약 제5조 및 제6조 상의[28] 공격개념[29]에 해당하지 않는다.

나토조약 제6조에서 말하는 "무력공격"의 발생여부에 대한 판단을 누가 하는지에 대해 동 조약은 아무런 말도 하지 않고 있다. 조약 제6조에 규정된 조건이 존재하면 동맹사태는 자동적으로 발생한다는 견해도 예전에는 일부 있었다.[30] 사실 조약원문만 따지면

---

28) 이에 대해서는 1954년 10월 23일 런던 9개국 회의를 폐회하며 채택한 미국, 프랑스, 영국의 선언을 아울러 참고하라. 그 선언에서 이들 3개국은 "… 유엔헌장을 위반하여 대서양 동맹의 불가침성과 통일성 및 그 동맹의 방어적 목적을 위협하는 모든 무력행사는 자국의 평화와 자국의 안전에 대한 위협으로 간주한다"는 점을 분명히 했다. 그와 같은 사태가 발생 시 동맹의 의무를 다하지 않는 정부는 북대서양조약과 그 의정서에 규정되어 있는 안전보장 및 군사적 지원에 관한 권리를 상실한다는 데도 의견의 일치를 보았다. 선언문은 Rauschning, *Die Gesamtverfassung Deutschlands*, 1962, 448쪽; 나머지 6개국도 이 선언에 동참했다. K. Ipsen, 앞의 글, 10쪽 참고.

29) K. Ipsen, 앞의 글, 55쪽아래; K. Ipsen, "Die rechtliche Institutionalisierung der Verteidigung im atlantisch-westeuropäischen Raum," *JöR 21 (1972)*, 18쪽 참고. 이하 입센의 두 번째 글은 K. Ipsen(1972)로 인용.

30) 예컨대 Mahnke, *Das Problem der Einheit der Völkerrechtsgemeinschaft und die Organisation der internationalen Sicherheit*, Berlin, 1965, 150쪽;

그렇게 볼 수도 있다. 왜냐하면 원문에 조약 제6조 제1, 2호에 열거된 목표물에 대한 모든 무력공력은 제5조에서 말하는 "무력공격"으로 "본다"고 되어 있기 때문이다.

그러나 미국 상원 외교위원회는 조약에 대한 협상이 이루어지던 1940년대 말, 분쟁이 발생하는 경우 "모든 당사국에게 조약 제6조상의 공격이 이루어졌는지에 대해 스스로 사실문제를 판단할 책임이 주어져야 한다"는 입장을 분명하게 제시했다.[31] 미국 측의 이러한 입장에 대해 다른 당사국들은 협상 당시와 그 이후 아무런 반대도 하지 않았다. 그렇게 본다면 적어도 다른 당사국들도 미국 측의 입장을 수용한 것으로 보아야 한다.

연방헌법재판소는 퍼싱 미사일 판결(1984. 12. 18.)에서 ―자세한 이유제시는 하지 않은 채― "나토조약은 모든 당사국들에게 조약 제5조 제1항 상의 동맹사태가 발생했는지 여부에 대해 판단할 권한을 위임하고 있다"고 밝혔다.[32] 이러한 해석은 미국의 소관상원 상임위원회가 협상당시 자기들의 입장으로 제시하고 성공적으로 관철한 앞의 견해 외에도 "의심스러울 때는 보다 유리한 쪽으로 판단한다(in dubio mitius)"는 국제법상의 해석원칙에 의해 비추어 보아도 타당하다. 즉 조약문언 혹은 다른 자료를 동원하더라도 합의내용에 대한 실제 당사자들의 의사를 충분히 알 수 없는 상

Colombos, *Internationales Seerecht*, 1963, 994쪽; Fox/Fox, *NATO and the Range of American Choice*, New York 1967, 231쪽; 이들 견해에 대한 단호한 반대 입장은 특히 K. Ipsen, 앞의 글, 17쪽.

31) 1949년 6월 6일자 미 상원 외교위원회 보고서, 835쪽 참고; K. Ipsen, 앞의 글, 17쪽.

32) BVerfGE 68, 1(93) 참고.

황에서 국가의 결정권 및 형성권을 제한하는 내용을 담고 있는 국제조약법상의 규정을 해석해야 할 때, 해석상 논란이 있으면 그 규정에 대해서는 제한적 해석을 해야 한다.33)

조약당사국에 의한 신뢰할 만한 해석이 아직까지는 제시된 바가 없다는 사실은 분명하다. 1956년 수에즈운하를 둘러싼 분쟁 당시 프랑스와 영국의 무력개입은 나토조약 제6조상의 동맹사태문제가 제기되지 않은 채 종결될 수 있었다. 입센은 당시 이집트가 프랑스와 영국의 병력(그들이 수에즈운하지역의 일부를 점령한 이후)에 대해 군사적 공격을 감행했을 시 그것이 유엔헌장 제51조가 말하는 이집트의 "무력공격"이 되는지 아니면 영국과 프랑스의 무력공격에 대한 반격이 되는지에 대해 당연히 검토가 될 수 있었다는 사실을 적절히 지적하고 있다. 만약 후자라고 본다면 아마도 두 나토국가의 병력에 대한 "도발에 의한 공격"이 있었던 것으로 볼 수 있었을 것이다.

나토국가들이 동맹사태에 해당하는 것으로 확정한 유일한 사례인 뉴욕과 워싱턴에서의 9·11테러사안에서도 모든 회원국들에게 조약 제5조 제1항 상의 동맹사태에 대해 판단할 권한을 위임하고 있는 나토조약의 원칙에 따라 문제가 처리되었다. 회원국 대표들은 2001년 10월 초, 당시 바로 직전에 각국 정부가 나토이사회에서 내린 결정(만장일치)에 따라 9·11테러가 나토조약 제5조와 제6조

33) Menzel/Ipsen, *Völkerrecht*, 2판, 1979, §43 Ⅲ 3a, 320쪽; Bernhardt, *Die Auslegung völkerrechtlicher Verträge*, 1963/1971, 143쪽 아래, 155쪽 및 각주 729번에 기술된 참고문헌 참고; Dahm, *Völkerrecht*, 3권, 1961, 42쪽 아래; Deiseroth, *US-Truppen und deutsches Recht*, 1986, 58쪽 및 그곳에 게시된 참고문헌 참고.

에 의거 동맹사태가 됨을 공식적으로 확정했다. 이런 결의가 있고 일반적 확신이 섰을 때 비로소 나토조약에서 말하는 "동맹사태"가 인정된 것이다.

몇몇 당사국 혹은 모든 나토 동맹국들이 조약 제6조상의 무력공격이 행해졌다는 사실에 의견일치를 보아 동맹사태가 결의된 경우, 조약 제5조에 의거 조약당사국이 공격당한 동맹국에 대해 지는 원조의무의 수행방식은 각국의 재량[34]에 맡겨져 있다. 연방헌법재판소도 퍼싱 미사일 판결(1984. 12. 18.)에서 바로 그러한 입장에서 논지를 펼치고 있다.[35] 왜냐하면 조약 제5조 제1항은 ─ 1947년 미국에 의해 체결된 리오조약 제3조[36]와 달리 ─ 모든 조약당사국은 동맹사태시 "개별적으로 그리고 다른 당사국과 함께" "그들이 생각하기에" 북대서양 지역의 안전을 회복·유지하는 데 "필요하다고 생각하는" 조치를 취할 수 있다는 식으로 분명하게 표현하고 있기 때문이다. 조약당사국들은 그들 국가의(국내 헌법에 의거) 책임 있는 기관이 동맹사태에 대처하기 위해 필요하다고 판단한 각각의 조치들을 "단지" 서로 조율하기만 하면 된다.[37] 나토조약 제5조가 어떤 특정한 대응조치를 지시하고 있는 것은 아니다. 극단적으로

---

34) 개별 조약당사국이 갖는 이러한 재량은 원조조치가 북대서양 지역의 안전을 회복·유지하는 데 적합한 것이어야 한다는 점에 의해서만 구속된다.

35) BVerfGE 68, 1(93) 참고.

36) 리오조약 제3조에 의하면 아메리카 지역의 한 국가에 대해 공격이 행해지는 경우, 모든 조약당사국들은 유엔헌장 제51조상의 자위권을 행사하여 공격받은 국가가 행하는 "방어를 원조할" 의무를 진다. 이에 대해서는 K. Ipsen(1972), 앞의 글, 20쪽 및 그곳에 게시된 관련문헌 참고.

37) K. Ipsen(1972), 앞의 글, 19쪽 참고.

제5조가 정한 무력행사를 할 수도 있고, 그냥 "호의적 중립"을 지킬 수도 있다.[38] 미국 상원 외교위원회는 제5조의 문언에 비추어 볼 때 이렇게 결론이 날 수밖에 없음을 이미 인용한 1949년 6월 6일의 보고서(인준절차의 일환으로 제시된)에서 분명하게 밝혔으며 원조의무의 이행과 관련하여 다음과 같이 강조했다. "원조의무가 있다고 해서 당사국들이 전쟁선언을 할 의무를 지는 것은 아니다. 공격의 정도에 따라 극단적으로 무력행사 등 상황에 맞는 여러 조치들이 강구될 수 있다. 외교적 항의에서부터 동원할 수 있는 가장 강력한 형태의 압력행사까지 취할 수 있는 조치는 다양하다." "필요하다고 보는 행위들"이라는 표현이 조약 제5조에 들어온 것은 "모든 당사국들은 자신들의 결정권 안에서, 북대서양 지역의 안전을 회복·유지하는 데 공헌하기 위해 어떤 조치를 취해야 할 지 진지하게 판단할 자유를 갖고 있다는 사실을 아주 분명하게 표현하기 위해서"였다.[39] 나토조약의 협상에 참여한 유럽국가들이 원조의무를 보다 강력하게 그리고 구속력 있게 만들려고 시도했으나 미국의 반대로 성공하지는 못했다.[40]

이는 다른 말로 유엔헌장 제51조의 해석상 금지되어있는 "예방전쟁"은 법적으로 볼 때 결코 나토조약 제5조에서 말하는 "동맹사태"가 될 수 없거니와, 설혹 나토이사회에 의해 (위법하게 혹은 합

---

38) 이에 대해서는 Menzel, *Völkerecht*, 1962, 399쪽을 인용하는 K. Ipsen (1972), 앞의 글, 19쪽 참고. 또한 Deiseroth, *US-Basen in der Bundesrepublik*, 1988, 34쪽.

39) *American Foreign Policy 1950-1955, Basic Documents*, 제1권: Department of State Publication 6446, 1957, 836쪽; K. Ipsen(1972), 앞의 글, 19쪽.

40) Heindel, 앞의 글, 647쪽; Trelles, *El Pacto del Atlantico*, Madrid, 1950, 366쪽; K. Ipsen(1972), 앞의 글, 19쪽 참고.

법적으로) 동맹사태가 발생했다는 판단이 내려진다고 하더라도 나토회원국들은 다른 나토회원국을 무력적 수단으로 지원할 의무는 지지 않는다는 뜻이다. 따라서 법적으로 강제되는 군사동맹의무는 존재하지 않는다.

6.2. 나토조약 제11조 제1문상의 헌법유보 ("보장조항" protective clause)

나아가 나토조약은 이미 지적한 것처럼 "관련될지도 모르는 어떠한 국제적 분쟁이라도 국제적 평화와 안전과 정의를 위태롭게 하지 않는 방법으로 평화적 수단에 의하여 해결하고 또한 국제관계에 있어서 국제연합의 목적에 배치되는 모든 형태의 무력위협이나 무력행사를 삼가는 것"이 모든 나토회원국들의 의무임을 명시하고 있다. 유엔헌장 제51조의 해석상 금지되어있는 "예방전쟁"은 이미 앞에서 살펴보았던 것처럼 결코 나토조약 제5조상의 "동맹사태"가 될 수 없다. 나토는 동맹국정부의 요청이나 압력이 있다고 하더라도 유엔헌장에 위배되는 사항을 결의·집행할 수 없으며, 해서도 안 된다. 그러므로 "동맹사태"를 원용한다고 해서 침략전쟁이 유엔헌장 제51조에서 말하는 방어전쟁이 되는 것은 아니다. 나토조약 제1, 5, 6조에 비추어 볼 때 —특히 나토조약 제21조가 분명히 밝히고 있듯이— 침략전쟁시에는 원조의무가 없다.

나토조약은 여기서 한 발짝 더 나아가 어떤 조약당사국도 나토조약이나 조약의 집행과정에서 내려진 이후의 결정들(예컨대 나토위원회들에서의 결의들)에 의해 자국 헌법에 반하는 행위를 하도록 강요받지 않는다고 하여 이 부분에 대한 법적 유보를 분명히 하고 있다(이른바 보장조항). 당시 트루만 행정부의 강력한 권고에 의해[41] 조약의 승인과 집행은 헌법유보에 놓이게 됨을 명시하는 제11조 제1문이 나토조약의 "초안"에 들어왔다.[42] 나토조약은 "각 당사국의 헌법절차에 따라 승인 및 집행되어야 한다"는 사실이 동 조항에 명시되었다. 따라서 나토조약과 그것의 집행 및 그로부터 (각 회원국에게) 부과되는 의무와 개별 당사국들의 헌법간에 발생할 수 있는 충돌을 해결할 답은 애초부터 내려져 있었던 셈이다. 다시 말해 양자 사이에 충돌이 발생하면 각 동맹 및 조약당사국의 헌법

---

41) Heindel 등, "The North Atlantic Treaty in the United States Senate," *American Journal of International Law*, 1949년, 634쪽, 649-650쪽; K. Ipsen(1972), 앞의 글, 1, 22쪽 참고.

42) 헌법합치조항(Konformitätsklausel)은 원래 나토조약 전문에 규정되어 있었다. 그러다 미 상원 외교위원회의 제안에 의해 제11조로 자리를 옮겼다. 동 조항이 각국 헌법 및 그 헌법에 규정된 결정권한에 유리하게끔 하는 유보조항의 기능을 한다는 점을 아주 분명하게 하기 위해서였다. 이에 대해서는 특히 Heindel, 앞의 글, 649-650쪽; K. Ipsen(1972), 22쪽 참고. 상원 외교위원회의 1949년 6월 6일자 보고서에는 이와 관련해 다음과 같이 기술되어 있다. 제11조는 "각국의 헌법절차에 맞는" 승인뿐만 아니라 "(조약상의) 모든 조항의 합헌적 집행"을 보장한다. 말하자면 체약국들은 제11조를 통해 "보장조항"을 채택하였는데, "동 조항은 예컨대 조약 제5조는 물론 조약상의 모든 조항과 관련하여 어떤 의문도 제기되지 않도록 하는 데 그 목적이 있다. 따라서 여기서 말하는 유보는 조약상의 모든 조항을 포괄한다." 특히 이 규정이 있음으로 해서 나토조약이 군대의 총사령관으로서의 대통령의 권한 혹은 전쟁선언에 관한 의회의 결정권한을 변동시키지 않는다는 사실에 의문의 여지가 없어졌다. *American Foreign Policy 1950-1955, Basic Documents*, 제1권: Department of State Publication 6446, 1957, 841-842쪽 및 K. Ipsen, 앞의 글, 22쪽.

규정이 나토조약규정들(및 조약의 집행을 위해 내린 결정들)에 우선한다.[43] 퍼싱 미사일 판결(1984. 12. 18)의 별개의견(Sondervotum)에서 연방헌법재판관 마렌홀쯔는 이 점을 특별히 지적한 바 있다.[44]

만약 미국이 — 유엔안보리의 수권 없이 — 일방적으로 이라크에 대해 전쟁을 하고, 나토이사회가 미 행정부와의 연대를 이유로 이 상황을 "동맹사태"로 확정·결의한다고 하더라도 독일정부가 그것에 구속되어 침략전쟁의 준비 및 수행을 금지한 기본법 제26조 혹은 다른 헌법규정(예컨대 국제법의 "일반원칙"에 구속됨을 명시한 기본법 제25조 혹은 "법과 법률"에 구속된다고 규정한 기본법 제26조에 반하여)에 반하는 조치를 해야 할 의무를 지는 것은 아니다. 따라서 법률적으로 볼 때 각 회원국의 헌법에 반하는 법적 동맹의무는 존재하지 않는다.

---

43) K. Ipsen, 앞의 글, 22쪽; K. Stern, *Das Staatsrecht der Bundesrepublik Deutschland*, 제2권, 1980, §54 I c, 1392쪽.

44) BVerfGE 68, 1(116-117) 참고.